China y el Desarrollo Global

Sun Jingying, Zhang Yuyan

China Intercontinental Press

图书在版编目（CIP）数据

全球发展的中国方案：西班牙文 / 孙靓莹，张宇燕著；中外翻译译 . -- 北京：五洲传播出版社，2021.9

（全球治理的中国方案）

ISBN 978-7-5085-4532-5

Ⅰ．①全⋯ Ⅱ．①孙⋯ ②张⋯ ③中⋯ Ⅲ．①世界经济 – 研究 – 西班牙文 Ⅳ．① F11

中国版本图书馆 CIP 数据核字（2021）第 027439 号

**“全球治理的中国方案”丛书**

出 版 人：关　宏

全球发展的中国方案（西班牙文）

著　　者：孙靓莹　张宇燕

西文翻译：中外翻译

西文审定：Natalia Rodríguez　孔繁一

责任编辑：苏　谦

装帧设计：澜天文化

出版发行：五洲传播出版社

地　　址：北京市海淀区北三环中路 31 号生产力大楼 B 座 7 层

邮　　编：100088

发行电话：010-82005927，82007837

网　　址：http://www.cicc.org.cn　http://www.thatsbooks.com

承 印 者：中煤（北京）印务有限公司

版　　次：2021 年 9 月第 1 版第 1 次印刷

开　　本：787mm × 1092mm 1/16

印　　张：20.5

字　　数：200 千字

定　　价：158.00 元

ÍNDICE

INTRODUCCIÓN

La apertura trae progreso y el aislamiento, naturalmente, retraso. Los grandes logros obtenidos por China en su desarrollo económico y social se deben a las políticas de apertura y reforma promovidas de manera continua durante los últimos 40 años, y si miramos al futuro, el avance en la reforma y la apertura continúa siendo un factor clave para lograr el desarrollo de alta calidad al que aspira la economía china. El 26 de abril de 2019, durante la ceremonia inaugural del II Foro de la Franja y la Ruta para la Cooperación Internacional, el presidente Xi Jinping anunció una serie de importantes medidas reformistas que tomará China en la próxima etapa, destacando que "se harán los pertinentes arreglos institucionales y estructurales para una mejor apertura", y manifestando al mundo entero la determinación y confianza de China en "abrir cada vez más sus puertas al exterior". Un nuevo punto de partida, un nuevo camino por recorrer. Explorar los orígenes de la teoría de la apertura y entender profundamente por qué debemos mantener con tanta firmeza una estrategia de apertura que permita el beneficio mutuo, nos ayudará a promover el proceso de apertura en esta nueva era partiendo de un punto de inicio más elevado, y por lo tanto, no solo aportará un nuevo dinamismo, una nueva vitalidad y un mayor espacio para el desarrollo de la economía nacional, sino que también traerá mayores oportunidades para el mundo, permitiendo que el desarrollo de China beneficie al resto del planeta.

La lógica económica de la apertura de China consiste básicamente en explicar cómo es que el proceso de apertura promueve el crecimiento económico a largo plazo mediante la expansión del mercado. La expansión del mercado abarca cinco dimensiones: la primera dimensión es el aumento del número de participantes en el mercado dentro de la población; la segunda dimensión es la mejora de la capacidad de creación de riqueza de los participantes gracias a la acumulación de capital humano y a la innovación tecnológica; la tercera dimensión es la ampliación del alcance de los objetos de transacción; la cuarta dimensión es el aumento del nivel de monetización; y la quinta dimensión es la ampliación del alcance de los arreglos institucionales efectivos y el fortalecimiento de su implementación. Las cinco dimensiones son complementarias entre sí y actúan de manera combinada, provocando en última instancia la expansión del mercado. La relación entre la expansión del mercado y el crecimiento económico puede ser explicada mediante el siguiente modelo: el mercado se expande → aparecen o aumentan las potenciales "ganancias del comercio" → derechos de propiedad y derechos contractuales debidamente protegidos por el gobierno → las transacciones comerciales se hacen factibles y es posible realizarlas con éxito → aumenta el nivel de profesionalización y de división del trabajo → la innovación y la investigación promueven el avance tecnológico → aumenta la productividad laboral → crece la economía. Esta secuencia lógica nos permite entender mejor a nivel teórico la apertura de China hacia el exterior, y es también en sí el punto central del concepto de desarrollo de China.

El presente libro intentará exponer en orden principalmente temporal los logros obtenidos, los conceptos rectores y las políticas adoptadas en cada una de las etapas del proceso de desarrollo de China, y mediante el análisis retrospectivo de las prácticas concretas en cada etapa, buscará sintetizar el plan de desarrollo con características chinas para el desarrollo mundial. Uno de los temas centrales del presente libro será el proceso de apertura y reforma iniciado en la Tercera Sesión Plenaria del XI Comité Central, en 1978. Justamente a partir de este momento, China pudo apoyarse en sus bases económica y social previamente establecidas para dar inicio a una nueva etapa de avance integral y de plena integración al sistema económico mundial. Mediante diversas medidas domésticas de reforma, China fue poco a poco distribuyendo de manera más razonable sus factores productivos, hasta establecer un sistema de economía de mercado socialista caracterizado por la predominancia de la propiedad pública junto con el desarrollo común de diversas formas de propiedad, respetando y explotando plenamente el rol determinante del mercado en la distribución de recursos. Partiendo de esta base, se puso especial énfasis en el papel del capital laboral, se concedió especial atención a la innovación tecnológica así como al cultivo y el despliegue del espíritu emprendedor, y mediante una serie de medidas, se logró mejorar de manera integral el sistema de derechos de propiedad, haciendo de este un sistema moderno, con una adscripción clara, derechos y responsabilidades claramente definidos, protección estricta y transferencia fluida.

En lo que respecta particularmente al proceso de apertura hacia el exterior, China fue avanzando "del punto a la línea y de la línea al plano", ampliando gradualmente las áreas y los sectores industriales implicados. China fue dejando atrás la etapa de ampliación del intercambio económico y tecnológico con el extranjero en base a los principios de igualdad y de beneficio recíproco, lo cual en su momento permitió la profundización y expansión del alcance de la apertura, para dar lugar a la formación de un nuevo escenario de apertura total en múltiples niveles y múltiples canales; fue también dejando atrás la etapa de atraer recursos externos ("bring in") para pasar a alentar a las propias empresas a internacionalizarse ("go out"); y fue dejando atrás la etapa de focalización en el desarrollo del comercio de procesamiento, para pasar a estimular la producción y manufacturación de alta tecnología. Gracias a esto es que China se ha podido incorporar integralmente al sistema económico mundial. El paradigma de crecimiento Smith-Olson-Schumpeterian mencionado en este libro es un resumen de la experiencia de China en su proceso de reforma y apertura, la cual puede servir como referencia para los demás países en desarrollo del mundo.

Como la segunda economía del mundo, China ha mantenido por largo tiempo un ritmo acelerado de crecimiento económico. En el año 2019, el PIB total de China superó los 99 billones de RMB, ubicándose establemente en el segundo puesto a nivel mundial y con un crecimiento real del 6,1%, lo cual es altamente superior a las principales economías desarrolladas tales como Estados Unidos, la Unión Europea o Japón. Asimismo, durante muchos años el aporte de China al crecimiento de la economía mundial se ha mantenido en una tasa aproximada del 30%. A principios de 2020, la pandemia de coronavirus golpeó fuertemente a la economía china, no obstante, gracias a las efectivas medidas y políticas para el control de la pandemia y la estabilización económica, la situación de emergencia sanitaria fue mejorando constantemente, la producción y la vida de las personas se restablecieron rápidamente y la economía volvió gradualmente a encaminarse hacia el orden y la estabilidad, demostrando una fuerte resiliencia de desarrollo. En efecto, en el año 2020 el PIB total de China alcanzó los 101 billones de RMB, superando por primera vez la gran barrera de los 100 billones, y mantuvo una tasa de crecimiento del 2,3%, convirtiéndose en el único país dentro de las principales economías del mundo en tener un crecimiento económico positivo durante este período. Por otro lado, China no solo se ha preocupado en resolver sus propios asuntos, sino que además, defendiendo la idea de comunidad con destino compartido para la humanidad, ha fortalecido la coordinación y cooperación con la comunidad internacional, y ha tomado medidas concretas que han contribuido fuertemente a la promoción de la cooperación para el control de la pandemia y a la estabilización de la economía mundial.

El presente libro busca además explorar profundamente los caminos de desarrollo elegidos por China y las formas de materialización del nuevo concepto de desarrollo de la China actual, explicando con hechos concretos la razonabilidad y la necesariedad de este nuevo concepto de desarrollo. El desarrollo es la base y la clave para resolver todos los problemas del país, por lo tanto, China no puede más que elegir el camino de un desarrollo de carácter científico, implementando con firmeza su concepto de desarrollo basado en las ideas de innovación, coordinación, ecología, apertura y beneficio compartido. En sus últimas páginas, el presente libro realiza una comparación entre los distintos planes de desarrollo desde una perspectiva internacional. Actualmente, la sociedad humana se encuentra en una encrucijada histórica en la que debe decidir qué curso tomar, y la discusión aquí expuesta sobre el camino del desarrollo adoptado por China seguramente brindará cierta inspiración a aquellos lectores interesados en el tema.

Capítulo I

Los Logros de China en su Desarrollo y la Evolución del Concepto de Desarrollo

Desde el inicio de los tiempos modernos, el pueblo chino ha luchado incansablemente en pos de lograr la gran revitalización de la nación. Luego de la instauración de la República Popular China, la fisonomía del desarrollo social y económico nacional cambió rotundamente, el país se fortaleció de manera significativa y tanto la gente como la economía se llenaron de vigor y vitalidad. En el año 2000, el producto interno bruto (PIB) de China superó los 10 billones de RMB; en el 2012, alcanzó exitosamente los 50 billones de RMB; y ocho años después, en el 2020, superó la gran barrera de los 100 billones de RMB. En los últimos 20 años, el PIB de China aumentó 10 veces, logrando el despegue total del proceso de desarrollo social del país. El 25 de febrero de 2021, durante la Conferencia Nacional para la Revisión y Ponderación de la Lucha Contra la Pobreza, el secretario general Xi Jinping declaró solemnemente que la lucha contra la pobreza obtuvo finalmente una victoria total, ya que China logró erradicar completamente la pobreza absoluta, marcando un hito sumamente trascendental en la historia de su desarrollo. Los logros de China se han ido obteniendo en distintas etapas, caracterizadas cada una de ellas por un concepto rector de desarrollo específico, lleno de valiosa experiencia y sabiduría china.

1.1 Logros de China en la etapa previa a la reforma y la apertura (1949-1978)

La etapa comprendida entre la instauración de la República Popular China en octubre de 1949 y la reforma y apertura en 1978, es la etapa en la que los líderes del Partido Comunista de China guiaron al pueblo en la transformación socialista e iniciaron la construcción integral del socialismo. En 1981, en la Resolución sobre Determinadas Cuestiones de la Historia del Partido desde la Fundación de la República Popular China, emitida por el Comité Central del Partido Comunista, se señaló que "la historia del Partido Comunista de China desde la fundación de la República en adelante, ha sido en líneas generales la historia en la que nuestro Partido, bajo la guía del Marxismo-leninismo y del pensamiento de Mao Zedong, ha dirigido al pueblo de todos los grupos étnicos del país para llevar a cabo la revolución socialista y la construcción del socialismo, obteniendo grandes logros en ello". Esto sintetiza de manera bastante acertada el tema central, la línea principal, la esencia y la corriente fundamental de la historia del Partido durante este período.

China cometió graves errores en el proceso de búsqueda de un camino de construcción del socialismo acorde a sus condiciones nacionales, particularmente en el período del "Gran Salto Adelante", iniciado en 1958, y sobre todo en la época de la "Revolución Cultural", iniciada en 1966. De todas maneras, en términos generales los logros alcanzados fueron sumamente significativos. En efecto, las originales teorías y los resultados en general obtenidos durante el proceso de construcción del socialismo sirvieron de preparación conceptual, de base material y de valiosa experiencia para la creación del socialismo con características chinas en la nueva etapa histórica.

En este período, tras la victoria de la Nueva Revolución Democrática, China instauró su sistema nacional y político socialista: como forma de Estado, una dictadura democrática popular liderada por la clase obrera y basada en la alianza de trabajadores y agricultores; como forma de gobierno, un sistema de asambleas populares de centralismo democrático; como estructura nacional, un país multiétnico unificado y un sistema de autonomía étnica regional dentro de un único país; como sistema partidario, un esquema de cooperación multipartidaria y consulta política con la dirección del Partido Comunista.

Mediante la transformación socialista, China estableció un sistema económico básico con características socialistas basado en la propiedad pública. La instauración integral de este sistema se convirtió en la reforma social más grande y más profunda de la historia de China, permitiendo afianzar los logros de independencia nacional y de liberación popular, al mismo tiempo que creó las condiciones políticas y sentó las bases institucionales para todo el desarrollo y el progreso de China en la era contemporánea[1].

1.1.1 Formación inicial del sistema industrial y económico nacional

A partir del inicio del I Plan Quinquenal (1953-1957), el Estado comenzó a realizar grandes inversiones, centrándose principalmente en las 156 obras clave y los 694 proyectos de construcción de mediana y gran escala desarrollados con la ayuda de la Unión Soviética, y se fue configurando poco a poco un conjunto de proyectos industriales básicos con una gama de categorías bastante completa, abarcando las áreas de metalurgia, automóviles, maquinaria, carbón, petróleo, energía eléctrica, comunicaciones, química y defensa nacional, entre otras, lo cual proveyó sólidas bases para el desarrollo subsiguiente de la economía nacional. Durante el período comprendido entre el I Plan Quinquenal y el IV Plan Quinquenal (1971-1975), la inversión nacional en construcción de capital básico fue de 495.643 millones de RMB, con significativos avances en el área de construcción de infraestructura para el ferrocarril y el transporte. En ese entonces, China no solo tenía ya la capacidad de diseño autónomo y producción en masa de automóviles,

1 Zhongyang Dangshi Yanjiushi [Centro de Investigación de la Historia del Partido del Comité Central del PCCh] (2016). *Zhongguo Gongchandang de Jiushi Nian [90 Años del Partido Comunista de China].* Beijing: Gongchandang Shi Chubanshe [Editorial de Historia del PCCh]. Junio de 2016.

aviones, tanques y tractores, sino que también había realizado explosiones de bombas nucleares y de hidrógeno, y pruebas y lanzamientos exitosos de misiles de mediano y largo alcance y de satélites. Asimismo, mediante el desarrollo de proyectos de conservación hídrica, la construcción de capital de tierras de cultivo, el cultivo y la difusión de semillas mejoradas, y la promoción de una agricultura científica, se mejoró significativamente el nivel de producción de alimentos y la capacidad de resistencia a desastres naturales.

En septiembre de 1979, durante la ceremonia de celebración de los 30 años de la instauración de la República Popular China, un líder chino expresó con orgullo en un discurso que "sobre las bases de pobreza económica y cultural heredadas de la vieja China, hemos podido construir un sistema industrial y un sistema económico nacional independientes y relativamente completos". Los logros de desarrollo obtenidos por China entre 1949 y 1978 sentaron sólidas bases para el desarrollo económico independiente, autónomo y sostenible del país.

1.1.2 Crecimiento de la economía relativamente acelerado

Desde 1953 hasta 1976, la tasa media de crecimiento anual del producto bruto interno de China fue del 5,9%, y la del sector industrial, del 11,1%. A juzgar por los principales productos industriales, la producción de acero aumentó de 160.000 toneladas en 1949 a 20,46 millones de toneladas en 1976; la producción de electricidad aumentó de 4.300 millones de kWh en 1949 a 203.100 millones de kWh en 1976; el petróleo crudo aumentó de 120.000 toneladas en 1949 a 87,16 millones de toneladas en 1976; el carbón crudo aumentó de 32 millones de toneladas en 1949 a 483 millones de toneladas en 1976; y el sector automotriz pasó de una producción anual de 100 vehículos en 1955 a una producción anual de 135.200 vehículos en 1976.

A juzgar por la solidez económica nacional, calculado al precio del año, China pasó de un PIB total de 67.900 millones de RMB y un PIB per cápita de 119 RMB en 1952 a un PIB total de 296.500 millones de RMB y un PIB per cápita de 319 RMB en 1976. Si bien estos nú-

El 13 de julio de 1956 se completó la producción del primer lote de camiones "Jiefang" en la fábrica First Automotive Works, en la ciudad de Changchun, poniendo punto final a la historia de China como país carente de industria automotriz.

meros no son todavía muy altos, representan un significativo aumento respecto a los valores originales.

1.1.3 Mejora de la vida material y cultural de las personas

Tanto el Partido Comunista como el gobierno de China siempre han tenido como objetivo fundamental del desarrollo económico la satisfacción de las necesidades básicas de las personas. A medida que la construcción nacional fue avanzando, la vida material y cultural de la gente comenzó poco a poco a mejorar. Al mismo tiempo que la pobla-

En 1973, el científico chino Yuan Longping (izquierda) desarrolló exitosamente el arroz híbrido de alto rendimiento, cuyo cultivo y propagación contribuyeron a un enorme aumento en la producción de alimentos de China, permitiéndole a China resolver la alimentación de un 22% de la población mundial con menos del 10% de la tierra cultivable de todo el mundo.

ción total del país pasó de 540 millones de habitantes en 1949 a 940 millones en 1976, la producción per cápita de granos creció de 209 kg a 307,5 kg, con lo cual no solo fue posible alimentar a casi 400 millones de personas más, sino que incluso fue suficiente para que más de 900 millones de personas gozaran de una posesión per cápita casi 100 kg mayor que los originales 500 millones.

El consumo per cápita a nivel nacional también fue aumentando de manera constante, con una evolución de 65 RMB en 1949 a 131 RMB en 1976 en la población rural, y de 154 RMB a 356 RMB en la población urbana. En una situación en la que los habitantes de todo el país se encontraban economizando en ropa y alimento para colaborar con la causa de industrialización nacional, si bien su nivel de vida no mejoró de manera tan significativa año a año, aun así se logró satisfacer las necesidades básicas de una población que representaba ¼ del total mundial. En ese entonces, esto fue reconocido en el mundo como un verdadero milagro.

La educación también avanzó a pasos agigantados. Desde 1949 hasta 1976, la educación primaria pasó de 24,39 millones de alumnos a 150 millones de alumnos, la educación secundaria pasó de 1,39 millones a 58,365 millones de alumnos, y la educación superior pasó de 117 mil a 566 mil alumnos; asimismo, la tasa de matriculación de niños en edad escolar superó el 90%. Por otro lado, mejoró significativamente la calidad general de los trabajadores y creció fuertemente la columna vertebral de la construcción económica y cultural nacional. La salud también progresó sustancialmente durante este período. Los 2.600 hospitales con los que contaba el país en 1949 pasaron a ser 7.850 en 1976. A finales de la década de 1950, las zonas rurales contaban con la presencia generalizada de instituciones médicas de jerarquía de condado y distrito (comuna), mientras que en la década de 1960, la gran mayoría de brigadas de producción contaba con instituciones médicas. A su vez, la tasa de mortalidad a nivel nacional disminuyó del 20% en 1949 al 7,25% en 1976, y en consecuencia, la esperanza de vida promedio aumentó también de manera significativa, pasando de los 35 años en 1949 a los 63,8 años en 1975. Las actividades deportivas populares también fueron ampliamente difundidas. Durante este período, los atletas chinos ganaron 22 campeonatos mundiales y rompieron o superaron 171 récords mundiales.

En 1979, Deng Xiaoping declaró expresamente que "la revolución socialista permitió una gran reducción de la brecha entre China y los países capitalistas industrializados en términos de desarrollo económico. Si bien China ha cometido algunos errores, aún así pudo en 30 años lograr un progreso que la vieja China no consiguió ni en cientos, ni en miles de años." Estos avances se lograron con la dirección del Partido Comunista de China, son el fruto de la lucha conjunta de todos los grupos étnicos del país, y son una demostración inicial pero contundente de la superioridad del sistema socialista.

1.1.4 Establecimiento de ciertos principios fundamentales de la construcción del socialismo

En cuanto a la construcción económica socialista, Mao Zedong sostenía que había que implementar políticas que tuvieran a la agricultura como base y a la industria como tronco, y consideraba que había que manejar correctamente la relación entre la industria pesada, la industria liviana y la agricultura, proponiendo el desarrollo prioritario de la industria pesada como condición general, acompañado de políticas de avance "sobre las dos piernas", es decir, políticas destinadas al desarrollo paralelo de la industria liviana y la agricultura, de la industria liviana y la industria pesada, de la industria nacional y la industria local, y de las grandes, medianas y pequeñas empresas. Proponía además desarrollar la producción socialista de mercancías y hacer uso de la ley del valor; resolver correctamente los problemas de equilibrio general, tratar adecuadamente los problemas de acumulación y consumo y de producción y vida, y manejar correctamente la relación entre el país, el colectivo y el individuo, planificando de manera general y pertinente.

En cuanto a la construcción de la democracia socialista, Mao Zedong proponía trabajar en pos de una configuración política que integrara "el centralismo con la democracia, la disciplina con la libertad y la voluntad unificada con la serenidad individual". Proponía además focalizar la energía política en el correcto manejo de las contradicciones internas del pueblo, defendiendo la democracia popular y unificando todas las fuerzas posibles; manejar correctamente la relación entre el Partido Comunista y otros partidos democráticos, manteniendo una política de "coexistencia duradera y supervisión recíproca" que permita la consolidación y expansión del frente único patriótico; y garantizar efectivamente el derecho del pueblo a ser dueño de su propio país, y especialmente el derecho a participar en la gestión de asuntos sociales y estatales. En cuanto al sistema legal socialista, este debía proteger los intereses de los trabajadores, las bases económicas del socialismo y las fuerzas productivas sociales.

En lo que respecta a la construcción cultural socialista, Mao Zedong entendía que había que mantener al marxismo como ideología rectora, e implementar la política orientada a "que florezcan cien flores y que compitan cien escuelas". Respecto a las culturas antigua y moderna, interna y extranjera, Mao Zedong proponía "hacer que lo pasado sirva al presente, hacer que lo extranjero sirva a China, dejar que cien flores florezcan e innovar dejando atrás lo anticuado". Asimismo consideraba que el trabajo ideológico y político es la línea vital para el trabajo económico y todos los demás trabajos, por lo tanto era necesario implementar políticas destinadas a la unificación de la política y la economía, y de la política y la tecnología, y que fueran de tinte socialista y altamente competentes. Entendía también que los intelectuales jugaban un rol fundamental en la revolución y la construcción nacional, por lo que proponía la formación de un enorme equipo de intelectuales de clase trabajadora. También entendía que para avanzar hacia la ciencia, no podían seguir el viejo camino de desarrollo científico-tecnológico ya transitado por los demás países desarrollados, sino que debían alcanzar y ponerse a la delantera en el mundo mediante el trabajo independiente y autónomo, y mediante el esfuerzo.

En cuanto a la construcción en términos de seguridad nacional y ejército, Mao Zedong proponía como pensamiento rector el fortalecimiento de la seguridad nacional, la formación de una fuerza de defensa nacional modernizada y estandarizada, y el desarrollo de una tecnología modernizada destinada a este fin. Sostenía además que la construcción de la seguridad nacional debía supeditarse a la construcción económica nacional, y para afianzar la seguridad nacional elaboró el concepto estratégico de defensa activa, acumulando una original experiencia que combinaba la lucha militar con la lucha política y diplomática.

En lo que respecta al fortalecimiento de la autoconstrucción del Partido Comunista, Mao Zedong sostenía que este último debía aferrarse al noble ideal del comunismo, y asegurarse de seguir manteniendo un estilo humilde, cauteloso, de esfuerzo y trabajo duro, y libre de arrogancia e impetuosidad. Los cuadros dirigentes de todas las jerarquías debían utilizar concienzudamente el poder que la gente les daba para servir al pueblo, apoyarse en el pueblo para ejercer este poder y someterse a su vigilancia, mostrándose como cualquier trabajador común y tratando a todos por igual. Asimismo predicaba el imperativo de oponerse firmemente a la corrupción dentro del Partido y del equipo de oficiales, e instaba a resolver el problema de "formar a los sucesores de la causa revolucionaria del proletariado".

Estas ideas expuestas por el Partido Comunista Chino, representado principalmente por Mao Zedong, responden de manera sistemática a la pregunta sobre cómo lograr la revolución socialista y de la nueva democracia en este enorme país oriental, mitad colonial mitad feudal. Representan la ardua exploración por la que se debió pasar para determinar qué tipo de socialismo se construiría y cómo se lo construiría, y contienen la valiosa experiencia sobre cómo llevar a cabo la construcción socialista en un país con sus fuerzas productivas tan atrasadas como China. Estas ideas son además las que han proporcionado sólidas bases para que el Partido Comunista de China continuara su exploración y configuración del sistema teórico del socialismo con características chinas.

1.1.5 Creación de un entorno internacional pacífico y propicio para la construcción socialista

Desde el día de su instauración, la Nueva China se ha propuesto salvaguardar la independencia, la soberanía nacional y la paz mundial, y promover el avance de la humanidad, esforzándose por crear un buen entorno externo para la consolidación de la paz nacional.

Bajo la guía del pensamiento estratégico internacional y la política exterior de Mao Zedong, el Partido Comunista de China condujo al pueblo para que fueran rompiendo gradualmente con el aislamiento, las limitaciones, el acorralamiento y las amenazas de las fuerzas hostiles occidentales, salvaguardando de manera efectiva la independencia del pueblo y la soberanía y seguridad nacional. En octubre de 1971, China recuperó su asiento legítimo en la ONU, en 1972 se normalizaron las relaciones de China con Estados Unidos y con Japón y para 1976, eran ya 113 los países que habían establecido relaciones diplomáticas con China, abarcando la gran mayoría de los países del mundo. De esta manera, la situación de bloqueo y embargo de los países occidentales

En octubre de 1971, la Asamblea General de la ONU en su 26° período de sesiones resolvió la restitución de los legítimos derechos de la República Popular China en las Naciones Unidas. Los miembros de la comitiva china rebosaban de alegría.

hacia China comenzó a cambiar. Todo esto creó propicias condiciones para que más adelante China pudiera implementar poco a poco sus políticas de apertura.

Ya en la etapa de apertura y reforma, Deng Xiaoping señaló una vez que "el hecho de que podamos emprender las Cuatro Modernizaciones en el entorno internacional de hoy, no puede dejar de ser recordado como el mérito del camarada Mao Zedong". Son justamente estos enormes logros la razón por la cual la nación china ha podido erguirse gloriosamente entre las demás naciones del mundo, y que la antigua China ha podido levantarse con una actitud completamente nueva en el hemisferio oriental.

1.2 Logros en el desarrollo de China desde la reforma y la apertura (1978 en adelante)

Marx y Engels escribieron en su *Manifiesto Comunista* que "en su dominio de clase, apenas centenario, la burguesía ha creado fuerzas productivas más gigantescas y de mayor envergadura que las creadas por todas las generaciones anteriores en conjunto". Al día de hoy también hay estudiosos que con un tono similar, sostienen que "China necesitó 30 años para lograr los objetivos de desarrollo para los que muchos otros países necesitan de un siglo o incluso más". Esta afirmación no es completamente ilógica. Partiendo de una visión holística, si bien todavía existen enormes diferencias con Estados Unidos, juzgando desde lo material, la moneda, las instituciones y las ideas, la China posterior a la reforma y la apertura está efectivamente avanzando a pasos agigantados por el camino de la revitalización.

Para entender la reforma y apertura de China, es necesario distinguir entre "receta" y "efecto curativo". No existen pruebas que demuestren que China haya reproducido dogmas o teorías preexistentes para llevar a cabo su reforma, pero sin embargo no puede negarse que obtuvo resultados sorprendentes para el mundo entero. China tenía claras sus ideas y objetivos de acción para la reforma, pero los medios y métodos concretos para alcanzar esos objetivos fueron muy diversos y variados.

Los economistas occidentales parten generalmente de determinados dogmas para evaluar los logros de la reforma, apertura y desarrollo de China, y suelen realizar comparaciones a partir de marcos de referencia fijados a priori. Pero por el contrario, las reformas de China muchas veces no seguían conscientemente ni aspiraban a alcanzar algún modelo determinado, lo cual refleja en parte el aspecto distintivo de la filosofía china de reforma. Y es que China no dirigió su reforma en función de un determinado modelo de objetivos preestablecidos, sino que definió la hoja de ruta y los tiempos de la reforma en base a su objetivo último de mejorar el nivel de vida de la gente y fortalecer al país, y sobre la marcha fue aclarando gradualmente y en cada fase el respectivo modelo de metas.

Comparando los boletines estadísticos publicados por la Oficina Nacional de Estadísticas en 1978 y en 2019, se puede apreciar el enorme cambio que trajeron la reforma y la apertura a la sociedad y la economía de China: el PIB pasó de 0,3645 trillones de RMB en 1978 a 99,85 trillones de RMB en 2019; el PIB per cápita aumentó de 385 RMB en 1978 a 70.892 RMB en 2019, con un crecimiento anual del 13,5%, y colocando a China en la lista de países de ingreso mediano alto; el ingreso disponible per cápita de los habitantes urbanos y rurales pasó de 343,4 RMB y 133,6 RMB en 1978 a 42.358 RMB y 16.021 RMB en 2019, respectivamente; el índice de recuento de la pobreza en las zonas rurales (referencia 2010) se redujo abruptamente del 97,5% en 1978 al 0,6% en 2019, quedando muy por debajo de la media mundial; el nivel de escolarización de la gente fue también aumentando constantemente, la educación obligatoria de 9 años se universalizó completamente, y la tasa bruta de matriculación en educación superior alcanzó el 51,6% en 2019, superando por 10 puntos porcentuales la media mundial; también hubo una significativa mejora en la salud de los residentes urbanos y rurales, y la esperanza de vida media llegó a los 77,3 años en 2019, superando nuevamente la media mundial.

Describir la situación de China con la palabra "revitalización" no es para nada inapropiado. En efecto, la posición de la economía china en el mundo está regresando a la normalidad que mantuvo durante los dos milenios pasados. Para aquellos que no tienen una visión histórica, esto quizás les provoque cierto desconcierto, pero es que se han olvidado de que desde el año 0 hasta la víspera de la Guerra del Opio en 1840, el PIB de China representó más del 20% de la economía mundial, de manera prácticamente sostenida. Lo que ocurrió entonces desde los inicios de la etapa de reforma y apertura hasta 2019, consistió simplemente en la recuperación de esta proporción, pasando de un 2,3% inicial a un 17,4% final. Por el contrario, las demás economías con gran poder de influencia en el mundo actual difícilmente puedan compararse con China en términos de escala económica durante la mayor parte de los pasados 20 siglos, ya que fue solo en los últimos 200 años que tomaron impulso y se elevaron súbitamente de un salto.

No obstante, los índices arriba mencionados tienen sus limitaciones. Por ejemplo, el sistema de datos de PIB a largo plazo evalúa de acuerdo a medidas tales como la paridad del poder adquisitivo. Sin embargo, el PIB en la etapa preindustrial se corresponde en realidad con los medios de vida como la alimentación o la vestimenta principalmente, mientras que en la etapa de industrialización, se corresponde más con los materiales de producción como el acero y el cemento. Incluso si el PIB de un país en la etapa preindustrial supera a otro en la etapa industrial, tampoco significa que el primero sea necesariamente más fuerte que el segundo. Observando los datos de historia económica de Angus Maddison, puede verse que hasta principios del siglo XIX, la proporción del PIB de China en la economía mundial era mayor a la de Estados Unidos, quien encabezaba la lista de los países occidentales, pero no por eso puede decirse que China era entonces más fuerte que todos los países occidentales. De todos modos, sí puede señalarse que cuando todos los países estaban en su etapa preindustrial, China mantuvo una posición bastante elevada dentro del desarrollo económico mundial; que posteriormente, cuando el mundo inició la nueva etapa de industrialización e informatización, China quedó atrás por un momento dentro de este período de transición; y que ahora China está por fin alcanzando a los demás países a pasos acelerados, buscando recuperar la posición relativamente alta en el desarrollo mundial que durante tantos años mantuvo a lo largo de la historia, para finalmente lograr la revitalización de la nación.

El despegue de China no solo fue rápido, sino también integral. Si se compara con la Unión Soviética, por ejemplo, el despegue de China hizo mayor énfasis en la economía y el bienestar de la gente, y si se lo compara con Japón, tuvo a su vez una mayor autonomía a nivel seguridad. La realidad es que desde el punto de vista de lo material, de la moneda, de lo institucional y de las ideas, China ya ha obtenido notables logros en cada uno de esos niveles.

1.2.1 Crecimiento constante del poder material

A nivel material, más allá de la escala económica mencionada anteriormente, puede hacerse una evaluación más integral de los logros de China considerando otros indicadores tales como las exportaciones y la estructura de inversión directa extranjera, los cuales reflejan en sí la estructura económica, así como el poder científico-tecnológico o el poder militar del país.

Tanto las exportaciones como la estructura de inversión extranjera reflejan el proceso evolutivo de mejora en la arquitectura económica de China. Desde 1995 en adelante, la proporción de productos industriales dentro de las exportaciones totales de China se ha mantenido en constante aumento (pasando de un 85,56% en 1995 a un 94,62% en 2019), mientras que la proporción de los productos primarios continuó en descenso (pasando de un 14,44% en 1995 a un 5,36% en 2019). Por otro lado, también aumentaron las exportaciones de productos de alta tecnología, incluidos los de biotecnología y de tecnología de ciencias de la vida, fotoeléctrica, informática, electrónica, de manufactura integrada por computadora, de materiales y aeroespacial, entre otras, pasando de representar un 14,9% sobre las exportaciones totales en 2000 a representar un 29,2% aproximado en 2019.

Comparado con la exportación, la inversión directa extranjera representa en un nivel superior el derrame de la capacidad de producción nacional. Observando la inversión directa extranjera de China, puede verse que la inversión en industrias primarias como la minería y la manufactura representa una proporción relativamente alta, reflejando ambas la superioridad de la capacidad manufacturera de China. En efecto, la inversión en minería busca principalmente procurar un suministro estable de recursos y energía para el sistema manufacturero chino, mientras que la inversión en manufactura refleja directamente el derrame de eficiencia de la industria manufacturera del país. Sin embargo, observando la evolución en los últimos años, la proporción de estas dos áreas sobre el total de inversión directa extranjera ha disminuido, en efecto, la proporción de inversión neta en la industria minera pasó del 48,3% en 2003 a un 3,7% en 2019, y la proporción de inversión neta en la industria manufacturera cayó del 21,9% al 14,7%. Paralelamente, durante este mismo período creció la inversión en la industria cultural (representada por la industria de la cultura, el deporte y el entretenimiento) y en la industria de alta tecnología (representada por la informática, computación y softwares), con un porcentaje sobre la inversión total que aumentó de un 0,04% a un 3,8% en el caso de la primera, y de un 0,31% a un 4% en el caso de la segunda[2]. El cambio en la estructura de inversión refleja el fortalecimiento del poder blando y del poder duro de China. Se espera que en el futuro continúe aumentando la proporción de la inversión extranjera directa de China en el campo de la cultura y la alta tecnología.

China también se ha propuesto avanzar en el área de innovación científico-tecnológica. Esto se refleja claramente en la manera en la que el país integra su capacidad en alta tecnología dentro su fuerte capacidad de exportación. De acuerdo al calibre estadístico del Banco Mundial, las exportaciones de productos de alta tecnología son las que se realizan sobre productos altamente intensivos en investigación y desarrollo, como son los productos de las industrias aeroespacial, informática, farmacéutica, de instrumentos científicos y de maquinaria eléctrica. De acuerdo a este calibre, en 2019 las exportaciones de China de productos de alta tecnología alcanzaron un valor de $715.800 millones de USD, posicionándose en el primer puesto a nivel mundial, con un monto total 3,4 veces mayor que Alemania, quien ocupa el segundo puesto, y 4,6 veces mayor que Estados Unidos, quien ocupa el tercer puesto. Es preciso notar que, bajo el mismo calibre, en 2005 las exportaciones de China en alta tecnología eran apenas 1,5 veces mayores que las de Alemania y 1,1 veces mayores que las de EE. UU., y en el año 2000 equivalían al 48% de las del primero y al 2% de las del segundo[3]. Manteniendo este ritmo de crecimiento, la capacidad científico-tecnológica y de industrialización de China aumentará también significativamente. El número de solicitudes de patentes también puede reflejar, desde otro ángulo, el acelerado desarrollo y el nivel relativamente alto que tiene China en el área de ciencia y tecnología. Según los datos del Banco Mundial, en el año 2018 el número de patentes solicitadas por

2 Oficina Nacional de Estadísticas de China <https://data.stats.gov.cn/easyquery.htm?cn=C01&zb=A060G01&sj=2019> [Consulta: 9 de enero de 2021].

3 Datos del Banco Mundial, para datos relevantes y calibres de estadísticas consultar <https://data.worldbank.org.cn/indicator/TX.VAL.TECH.CD?end=2019&order=wbapi_data_value_2016+wbapi_data_value+wbapi_data_value-last&sort=desc%E3%80%82&start=2007&view=map&year=2019&year_high_desc=tru> [Consulta: 9 de enero de 2021].

La estructura de las exportaciones de China logra una transición histórica, dejando atrás los productos básicos para pasar a componerse principalmente por productos manufacturados. También se exportan en proporción cada vez más productos de alta tecnología y sets de equipos de gran tamaño. La imagen muestra la planta nuclear de Chashma, en Pakistán, primera planta nuclear diseñada, producida y exportada por China.

residentes chinos fue de 1.393.815, superando unas 4,9 veces a EE. UU., segundo país en el ranking mundial, y abarcando el 60,7% del total de patentes solicitadas por residentes a nivel mundial. En contraste con esto, en el año 2003 la cantidad de patentes solicitadas por residentes chinos fue de tan solo 56.769, lo cual representaba el 15,8% de Japón, quien para ese entonces ocupaba el primer lugar en el ranking mundial, el 30% de EE. UU., quien ocupaba el segundo lugar, y el 6,6% del total de patentes registradas por residentes a nivel mundial[4]. De todos modos, es claro que analizando desde el punto de vista de la efectividad de las patentes o de los derechos intelectuales, existen todavía enormes diferencias entre China y los países más adelantados. En efecto, en el año 2019 China recibió tan solo 6.600 millones de USD del exterior en regalías por derechos intelectuales, ocupando el puesto

4 Datos del Banco Mundial <https://data.worldbank.org.cn/indicator/IP.PAT.RESD?end=2018&most_recent_value_desc=true&start=1980&year_high_desc=true> [Consulta: 9 de enero de 2021].

número 11 en el ranknig mundial y representando apenas el 5,62% de Estados Unidos, ubicado en el primer puesto[5].

Por otro lado, el desarrollo militar de China también ha avanzado a ritmo acelerado en los últimos años. La variación en el gasto militar revela un aumento en la inversión del país en seguridad nacional, con el potencial de un incremento aún mayor. Según los datos de la Oficina Nacional de Estadísticas, en 2019 el gasto público de China en el área de defensa fue de 1.212.210 millones de RMB, representando un 5,1% del gasto público total y alcanzando un 1,22% del PIB. En 2007, este monto fue de tan solo 355.491 millones de RMB, lo cual equivale a casi un tercio del gasto en 2019. No obstante, en ese entonces el gasto público en defensa representaba un 7,14% del gasto público total y un 1,33% del PIB, ambos porcentajes superiores a los de 2019[6]. Puede observarse entonces que por un lado, el gasto público en defensa aumentó significativamente, y por el otro, su proporción en el gasto público total disminuyó. Esto demuestra que, de ser necesario, China tiene suficientes recursos financieros para seguir robusteciendo su seguridad nacional. El aumento de inversión en defensa nacional también implicó determinadas mejoras en el nivel de equipamiento militar y la capacidad de combate de China. A medida que se van incorporando y utilizando equipos militares altamente sofisticados tales como portaaviones o cazas de cuarta generación, se fortalece la capacidad de China de salvaguardar su soberanía, su seguridad y sus intereses de desarrollo. En el año 2016, la corporación RAND publicó un reporte titulado Guerra con China: Pensando lo Impensable, en el cual señaló que "si estallan las hostilidades (entre China y EE. UU.), ambos países tienen amplias fuerzas, tecnología, poder industrial y personal para luchar a través de vastas extensiones de tierra, mar, aire, espacio y ciberespacio", "la capacidad de China y EE. UU. de destruir al oponente se ha equiparado bastante, al punto que ninguno de los dos puede confiar en ganarle al otro a un precio aceptable", "la guerra sino-americana sería tan dañina,

5 Datos del Banco Mundial <https://data.worldbank.org.cn/indicator/BX.GSR.ROYL.CD?year_high_desc=true> [Consulta: 10 de julio de 2018].

6 Oficina Nacional de Estadísticas <https://data.stats.gov.cn/easyquery.htm?cn=C01&zb=A080501&sj=2019>.

que ambos países deberían considerar muy seriamente evitarla"[7].

1.2.2 Constante crecimiento de la influencia de la moneda

A medida que se acelera el proceso de internacionalización, el *renminbi* (RMB) adquiere cada vez mayor influencia. Desde el año 2008 hasta la fecha, el Banco Popular de China ha firmado acuerdos bilaterales de canje con bancos centrales y autoridades monetarias de más de 38 países y regiones, y hasta mayo de 2019, contando los complementos y las renovaciones efectivas, el monto total de los acuerdos alcanzó los 3,67 billones de RMB[8]. En cierto sentido, estos acuerdos constituyen la red de confianza sobre la que se apoya el *renminbi* para internacionalizarse. Las partes con las que China ha firmado acuerdos de canje coinciden altamente con los potenciales miembros fundadores del Banco Asiático de Inversión en Infraestructura (AIIB Prospective Founding Members), lo cual también refleja el potencial de aumento de la influencia del *renminbi* en el plan de cooperación de la Franja Económica de la Ruta de la Seda y la Ruta Marítima de la Seda del Siglo XXI (conocido como "la Franja y la Ruta"). Dentro de esta iniciativa, propuesta originalmente por China, la integración financiera y la cooperación en políticas monetarias son unos de los contenidos fundamentales, y el AIIB es el principal soporte para promoverlos. La mayor utilización de una moneda regional y la disminución en la dependencia a monedas extranjeras (como el dólar americano) son factores integrales dentro de la cooperación monetaria regional, lo cual constituye una oportunidad para que el *renminbi* avance más en su proceso

7 Gompert David C, Cevallos Astrid, Garafola Cristina L. (2016). *War with China Thinking Through the Unthinkable [Guerra con China: Pensando lo Impensable], publicado por* RAND Corporation, Santa Monica, California <https://www.rand.org/pubs/research_reports/RR1140.html>.

8 LIU Qi. "Yanghang yu Xinjiapo Jinguanju Xuqian Shuangbian Benbi Huhuan Xieyi [El Banco Central y la Autoridad Monetaria de Singapur Renuevan el Acuerdo Bilateral sobre Swap de Monedas Locales]" en Xinhuanet <http://www.xinhuanet.com/money/2019-05/14/c_1124490199.htm> [Consulta: 4 de mayo de 2019].

de regionalización y de internacionalización. Desde el punto de vista de la influencia directa o real, el aumento de la influencia internacional del *renminbi* se refleja además en el aumento de las monedas que lo utilizan como "ancla del tipo de cambio" y en la creciente participación del *renminbi* en la liquidación de pagos y la financiación del comercio a nivel mundial. Luego de que el *renminbi* recuperara su flexibilidad en junio de 2010, comenzó a aumentar el número de monedas vinculadas a la moneda china, y paralelamente hubo una disminución de monedas vinculadas al dólar americano y al euro. A nivel fáctico, Asia Oriental ya se ha convertido en una "zona *renminbi*", ya que 7 de sus 10 economías tienen un grado de vinculación con el *renminbi* mayor al que tienen con el dólar americano[9]. En octubre de 2013, la participación del *renminbi* en el financiamiento del comercio mundial (cartas de crédito y cobranzas) alcanzó el 8,66%, y si bien todavía está demasiado lejos del 81,08% que representa el dólar americano, superó por primera vez al euro, convirtiéndose en la segunda moneda para financiamiento del comercio mundial[10]. En junio de 2018, el *renminbi* se convirtió en la quinta moneda más utilizada en el mundo, con una participación del 1,81%.

A fines de 2015, el FMI aprobó la incorporación del *renminbi* chino a la cesta del derecho especial de giro (DEG), y desde entonces, China ha venido lanzando constantemente medidas de reforma relacionadas. En febrero de 2016, el gobierno chino abrió el mercado de bonos interbancarios a los inversores extranjeros, y en agosto de ese mismo año, lanzó el plan de conexión entre las bolsas de Hong Kong y Shenzhen, ampliando el espectro de empresas cotizadas en China continental para que inviertan los accionistas extranjeros, como también el espectro de empresas cotizadas en Hong Kong para que inviertan

9 Subramanian Arvind, Kessler Martin. "China's Currency Rises in the US Backyard [La Moneda China Sube en el Patio Trasero de EE. UU.]" en *Financial Times,* 21 de octubre de 2012.

10 SWIFT (2013). "Renminbi Chaoyue Ouyuan Jinsheng Di-erda Changyong Maoyi Jinrong Huobi [El RMB Supera al Euro para Convertirse en la Segunda Moneda Comercial y Financiera Más Utilizada]" en *Swift RMB Tracker,* No. 11 <//www.swift.com/our-solutions/compliance-and-shared-services/business-intelligence/renminbi/rmb-tracker/document-centre>.

los accionistas chinos. A finales de agosto, por propuesta del Banco Popular de China, el Banco Mundial emitió en el mercado de bonos interbancarios de China bonos por un valor de 500 millones de DEG (los llamados "Bonos Mulán"), convirtiéndose en la primera institución en emitir bonos de DEG en China[11]. Algunos opinan que los Bonos Mulán emitidos por el Banco Mundial tienen un fuerte matiz internacional, pero también están cargados de elementos chinos, por lo que simbolizan un nuevo hito en la internacionalización del *renminbi*. El 1 de octubre de 2016, la cesta de DEG con el *renminbi* incluido entró oficialmente en efecto, lo cual sentó bases institucionales aún más sólidas para la influencia global de esta moneda.

1.2.3 Aumento de la capacidad de organización internacional

En el ámbito institucional internacional, China ha adquirido mayor derecho a la opinión dentro de las organizaciones internacionales y ha mejorado su capacidad de participación en la creación de mecanismos internacionales. En efecto, el nivel de actividad y el poder de influencia de China en el sistema de gobernanza global existente tiende a aumentar. Es sabido que la mayoría de los marcos regulatorios económicos internacionales son elaborados bajo la dirección de los países desarrollados. Entre aquellos se incluyen principalmente el Fondo Monetario Internacional (FMI), el Banco Mundial (BM) y la Organización Mundial del Comercio (OMC), así como otros marcos regulatorios de economía internacional referidos a finanzas, comercio,

11 Según la vicepresidente del Banco Mundial, Arunma Oteh, el nombre de la legendaria mujer Hua Mulan de la antigua China encarna las expectativas del Banco Mundial para los objetivos de desarrollo sostenible de promover la igualdad de género. Ver SONG Yi-kang, ZHOU Ai-lin. "Zhuanfang Shihang Fuhangzhang Aote: Jiang Xu Fa SDR Zhaiquan G20 Ying Guli Quanqiuhua [Entrevista Especial a la Vicepresidente del Banco Mundial, Arunma Oteh: el Banco Mundial Seguirá Emitiendo Bonos DEG y el G20 Debería Alentar la Globalización]" en *Di Yi Caijing [Yicai]* <http://www.yicai.com/news/5084820.html> [Consulta: 2 de septiembre de 2016].

El 27 de enero de 2016, el FMI anunció la entrada en vigor oficial del plan de reforma de su sistema de cuotas. El plan determinaba la transferencia de alrededor del 6% de las cuotas a los países de mercados emergentes más dinámicos, lo cual ubicaría a China, Brasil, India y Rusia entre los primeros diez accionistas del FMI.

inversión, trabajo, energía, estándares tecnológicos y medio ambiente. Con el fin de participar activamente en la competencia y cooperación económica internacional, y salvaguardar los intereses propios y de los demás países en desarrollo, China ya se ha incorporado al FMI, al Banco Mundial y a la OMC, y se ha esforzado para participar en la elaboración y corrección de las correspondientes reglas económicas. Dentro del FMI, China no se ha hecho esperar para poner manos a la obra, trabajando para que las regulaciones relevantes puedan reflejar mejor los intereses de los países en desarrollo. Por ejemplo, en lo relativo a las tasas cambiarias, la reforma regulatoria promovida por China fortaleció la supervisión de las tasas de cambio de los países desarrollados. Antes de la crisis financiera mundial provocada por la crisis de las hipotecas subprime en EE. UU., el FMI llevó a cabo una supervisión sobre las tasas de cambio de los países miembros, apoyándose en el artículo IV de su Convenio Constitutivo y en la decisión del Directorio Ejecutivo de 2007 sobre la supervisión bilateral de las políticas de los miembros (abreviada "La Decisión de 2007"). Debido a que la mayoría de los países desarrollados utilizan el régimen de tipo de cambio flotante, el verdadero foco de la supervisión eran los países de mercados emergentes, y esta "falta de neutralidad" y "asimetría" representaba en realidad un trato injusto para estos últimos. Luego de la crisis financiera mundial en los países desarrollados, China instó a los países a reflexionar sobre la insuficiente supervisión y la ausencia de una alerta oportuna por parte del FMI, lo cual motivó a este último a revisar en junio de 2000 las directrices operativas de "La Decisión de 2007", deshaciéndose de la modalidad de "pegar rótulos" a los países miembros. En junio de 2011, impulsado por China, el Directorio Ejecutivo del FMI decidió reajustar el marco legal para la supervisión, y emitió una nueva decisión sobre esta, integrando la supervisión multilateral y la bilateral, y cubriendo de manera más amplia la estabilidad global. China también promovió activamente la revisión del marco legal del FMI referido a la supervisión, para lo cual obtuvo el apoyo de la Cumbre del G20 de Cannes. Asimismo, China junto otros países en desarrollo promovieron la reforma del sistema de cuotas del FMI. Gracias al esfuerzo de China y de los demás países en desarrollo, en diciembre de 2010, la Junta de Gobernadores del FMI aprobó finalmente la resolución para la reforma del sistema de cuotas, tras lo cual se duplicó el total de cuotas y se redistribuyó más del 6% de las cuotas hacia los países de mercados emergentes y en desarrollo dinámicos. Como resultado de la reforma, la cuota de China se elevó del 3,994% al 6,39%, pasando del sexto puesto al tercero, detrás de Estados Unidos y Japón.

Por otro lado, bajo el impulso de China y otros países, el Comité para el Desarrollo del Banco Mundial y el FMI aprobó en la reunión ministerial de abril de 2010 el plan de reforma por el cual los países desarrollados debían transferir 3,13 puntos porcentuales de derechos de voto a los países en desarrollo. En consecuencia, el derecho de voto de China en el Banco Mundial aumentó 1,65 puntos porcentuales, llegando al 4,42%, y su posición en el ranking también pasó del sexto puesto al tercero, inmediatamente después de Estados Unidos y Japón. Otro ejemplo de este proceso es el referido a la reducción de la pobreza. Es sabido que fomentar la reducción de la pobreza y el desarrollo mundial son uno de los focos de trabajo del Banco Mundial, para los cuales ha emitido una serie de regulaciones entre las que se incluyen políticas de distribución preferencial de fondos, políticas de reducción de la deuda para los países de bajos ingresos y estándares de sostenibilidad de deuda, políticas de seguridad de proyectos, políticas de gestión de proyectos, políticas anti-corrupción, regulaciones sobre contabilidad, auditoría y banca y políticas de divulgación de información, entre otras. Todas estas medidas apuntan en definitiva a ayudar a los países en desarrollo a reducir la pobreza. Por su parte, China es de los países del mundo que mayor éxito han tenido en la reducción de pobreza, y cuando el Banco Mundial buscó hacer de su exitosa experiencia algo sistematizado y estandarizado, China colaboró enérgicamente con éste, brindándole conocimientos y soporte regulatorio para su empresa de reducción mundial de la pobreza. En noviembre de 2012, el Banco Mundial firmó un acuerdo con el Ministerio de Finanzas de China, estableciendo el Centro de Conocimiento para el Desarrollo del Banco Mundial-China, lo cual demuestra que el BM ha llevado sus esfuerzos por estudiar y difundir la experiencia china a un nivel sin precedentes. El presidente de la institución, Jim Yong Kim, expresó que la principal función del Centro de Conocimiento es proveer un espacio a los especialistas chinos y extranjeros para estudiar y sintetizar conjuntamente la experiencia china de desarrollo, absorber y aprender de la experiencia internacional de desarrollo y llevar a cabo intercambios con el Banco Mundial en China y a nivel internacional.

También se ha fortalecido la participación de China en la elaboración y revisión de normas dentro de la OMC. Si bien la OMC todavía está en un estado de estancamiento, China ha participado plenamente en las negociaciones desde su adhesión, haciendo sus contribuciones a la Ronda de Doha. En 2005, China fue anfitriona de una conferencia ministerial de la OMC en la que buscó salvar las diferencias entre sus miembros. En julio de 2008, China se convirtió en uno de los 7 miembros centrales de las negociaciones de Doha, lo cual significó el ingreso de China al círculo central de toma de decisiones en la elaboración de reglas para el comercio multilateral, elevando su posición dentro de este sistema y su derecho a opinar en la elaboración de reglas para el comercio internacional. Por otro lado, China también ha trabajado y ha hecho intentos en las áreas de las medidas comerciales correctivas, acuerdos para normas de origen no preferencial, acuerdos por productos de tecnologías de la información, acuerdos por derechos de propiedad intelectual relacionada al comercio y apoyo nacional a los acuerdos agrícolas, desplegando en todas ellas un papel muy positivo.

Además de su creciente rol en las reglas y los sistemas de gobernanza existentes, China también ha participado activamente en la creación de nuevos mecanismos de cooperación internacional. En efecto, China es uno de los principales participantes en la iniciativa Chiang Mai y su mecanismo de multilateralización, y uno de los principales creadores y promotores del mecanismo de cooperación BRICS, y en ambos ha obtenido significativos avances. Asimismo, la iniciativa de "la Franja y la Ruta", impulsada exclusivamente por China, y el Banco Asiático de Inversión en Infraestructura, surgido por propuesta de China, también han obtenido amplio apoyo de la comunidad internacional.

La crisis financiera asiática llevó a los países involucrados a reflexionar sobre la falta de mecanismos de asistencia regional y la baja eficiencia de los organismos de asistencia externos, tras lo cual la Asociación de Naciones del Sudeste Asiático (ASEAN) junto con China, Corea y Japón comenzaron a explorar mecanismos para fortalecer la cooperación regional y resistir conjuntamente a los riesgos, lo que finalmente resultó en la iniciativa de Chiang Mai y una renovación de la multilateralización. China jugó un positivo rol dentro de todo este proceso, y el mecanismo de cooperación financiera entre China, Corea, Japón y ASEAN propuesto por China acondicionó el terreno para el lanzamiento de la iniciativa y para la posterior multilateralización. Durante la segunda Reunión de Líderes ASEAN-China, Japón y Corea (10+3), en febrero de 1998, China fue la primera en proponer la realización de la Reunión de Viceministros de Hacienda y Vicegobernadores del Banco Central de la ASEAN+3 (AFCDM+3), a fin de fortalecer el diálogo y la coordinación de políticas entre los países de Asia oriental, y promover el intercambio y la cooperación. El 24 de marzo de 2010, los ministros de Hacienda y gobernadores de bancos centrales 10+3 junto con el presidente de la Autoridad Monetaria de Hong Kong, China, anunciaron la entrada en vigor oficial del Acuerdo para la iniciativa de Multilateralización de Chiang Mai (CMIM). China y Japón se convirtieron entonces en los mayores contribuyentes al fondo común de reserva de divisas de Asia oriental. En julio de 2014 entró en vigor la versión revisada del Acuerdo CMIM, tras lo cual el monto de la iniciativa pasó de 120.000 millones a 240.000 millones de USD, y aumentó la porción desligada de los programas de préstamos del FMI del 20% al 30%.

China también ha jugado un importante rol en el establecimiento, expansión y profundización del mecanismo de cooperación BRICS. En diciembre de 2010, desde su posición de presidente rotatorio de BRICS, China acordó con Rusia, India y Brasil por unanimidad incorporar a Sudáfrica como miembro oficial del grupo. En 2011, durante la III Cumbre de Líderes de BRICS celebrada en Sanya, China, se anunció por primera vez la implementación de intercambios comerciales con moneda local, y se firmó oficialmente el Acuerdo Marco para la Cooperación Financiera dentro del Mecanismo de Cooperación Interbancaria de BRICS, de esta manera, la cooperación monetaria y financiera se convirtió en un importante punto de inflexión para elevar el nivel de institucionalización del mecanismo BRICS. En 2013, la V Cumbre de Líderes decidió establecer el Banco de Desarrollo de los BRICS e inició los preparativos para la creación de la reserva de divisas BRICS. En 2014, la VI Cumbre determinó un capital inicial para el nuevo Banco de 100.000 millones de USD, con el aporte equitativo de los cinco miembros fundadores, y estableció la sede central del Banco en la ciudad china de Shanghai. Al mismo tiempo, el presidente del Banco Popular de China, Zhou Xiaochuan, en representación del gobierno chino, firmó con los representantes de los demás países en la ciudad brasileña de Fortaleza el tratado constitutivo del Acuerdo de Reservas de Contingencia de los Países del BRICS, el cual constituyó un significativo intento de las economías de mercados emergentes de construir una red de seguridad financiera colectiva para afrontar conjuntamente los desafíos globales y superar los obstáculos geográficos.

Durante la VII Cumbre, celebrada en 2015 en Ufá, Rusia, el presidente Xi Jinping pronunció un discurso titulado "Forjar Relaciones de Asociación para Construir Juntos un Futuro Mejor", en el cual propuso un plan estratégico para fortalecer las relaciones de asociación internas de BRICS desde los cuatro principios de "no olvidar la historia y salvaguardar la paz", buscar los "beneficios compartidos y desarrollo conjunto", apelar "a la tolerancia, a la diversidad y aprendizaje mutuo entre las civilizaciones" e "innovar en las reglas y promover la gobernanza". La VIII Cumbre se realizó en la ciudad de Goa, India, en 2016, cuando se cumplían 10 años de la formación de BRICS, "10 años de arduo esfuerzo, 10 años de siembra para los países de BRICS, que han ido consolidándose a cada paso, profundizando y concretando la cooperación constantemente, hasta convertirse en un mecanismo internacional de gran influencia"[12]. En 2017, la IX Cumbre se celebró en la ciudad china de Xiamen, y tuvo como tema central la "Profundización de las relaciones de asociación de BRICS, para abrir las puertas a un futuro más brillante". Ese año, la reunión de ministros de economía y comercio del BRICS cerró con ocho importantes logros, incluido el Esquema de Cooperación para la Facilitación de las Inversiones del BRICS, y por primera vez se incorporó la cooperación económica y técnica a la agenda de cooperación comercial del BRICS, lo cual significó un nuevo avance en la pragmaticidad y profundización del grupo. En 2018 se celebró en Johannesburgo, Sudáfrica, la X Cumbre de líderes, en la cual se materializó el concepto de "BRICS +", y buscando expandir la cooperación BRICS a partir de la profundización conjunta de las relaciones de asociación mutuamente beneficiosas, el aprovechamiento de la nueva energía motriz del desarrollo, la creación de un entorno favorable y la construcción de un nuevo modelo de relaciones internacionales, se convocó a los líderes de 21 países en desarrollo a participar del diálogo. La iniciativa "BRICS +" es una materialización de la inclusividad de

12 Xi Jinping. "Jianding Xinxin Gongmou Fazhan——Zai Jinzhuan Guojia Lingdaoren Di-ba Ci Huiwu Dafanwei Huiyi Shang de Jianghua [Cimentar la Confianza y Buscar el Desarrollo Común: Discurso en una Reunión a Gran Escala de la Octava Reunión de los Líderes de los Países BRICS]" en *Xinhuanet* <http://www.xinhuanet.com/world/2016-10/16/c_1119727543.htm> [Consulta: 16 de octubre de 2016].

El 21 de julio de 2015, el Nuevo Banco de Desarrollo de los BRICS inició oficialmente sus operaciones en Shanghai.

BRICS, y todos los países invitados apoyan la institucionalización de este diálogo, el establecimiento de relaciones amplificadas para el desarrollo y la promoción de la cooperación Sur-Sur.

Bajo el impulso y el apoyo de China, en los últimos 10 años los mecanismos de cooperación del bloque BRICS se han enriquecido, volviéndose más integrales y multidimensionales, y logrando una cooperación significativamente más profunda y más institucionalizada. Por un lado, el mecanismo de BRICS se fortaleció internamente, se puso en marcha el Acuerdo de Reservas de Contingencia, se fortaleció la red de seguridad financiera global, y el nuevo Banco de Desarrollo de BRICS comenzó a operar con éxito, aprobando ya el primer lote de préstamos a países del BRICS para proyectos de energía renovable, e incluso emitió la primera tanda de bonos verdes denominados en *renminbi*. Por otro lado, el BRICS como conjunto no solo hace ya un tiempo ha hecho expresa su postura acerca de las tendencias globales, la situación internacional y los problemas regionales, sino que poco a poco ha empezado a manejarse como entidad individual para entablar relaciones de cooperación con otros mecanismos, y ha ido dando forma a un nuevo concepto de gobernanza económica global, con características muy propias.

El lanzamiento de la iniciativa de "la Franja y la Ruta" y la fundación del Banco Asiático de Inversión en Infraestructura dieron nuevo impulso a la evolución de las reglas económicas internacionales. Desde el punto de vista del alcance, la iniciativa de "la Franja y la Ruta" involucra a más de 60 países de la región, y mantiene una actitud abierta respecto a otros países interesados fuera de la región, lo cual supera enormemente el rango de alcance de la cooperación de Asia oriental y la de BRICS. Desde el punto de vista de las áreas abarcadas, la iniciativa de "la Franja y la Ruta" comprende una gama de sectores mucho más amplia, abarcando coordinación de políticas, comercio, moneda y finanzas, infraestructura e intercambio humanístico. En marzo de 2015, China publicó en un formato similar al de libro blanco el documento Visión y Acciones para la Construcción Conjunta de la Franja Económica de la Ruta de la Seda y la Ruta de la Seda Marítima del Siglo XXI, anunciando al mundo la iniciativa de construir conjuntamente "la Franja y la Ruta", lo cual encontró una acogida muy positiva en la comunidad internacional. China promovió también la creación del Banco Asiático de Inversión en Infraestructura (AIIB, por sus siglas en inglés), para así poder obtener fondos y financiar la interconexión de infraestructura para "la Franja y la Ruta". En junio de 2015 se celebró en Beijing la ceremonia para la firma del Acuerdo del Banco Asiático de Inversión en Infraestructura, la cual contó con la participación de 57 ministros de finanzas o representantes autorizados de potenciales países miembros fundadores. En diciembre de 2015 se realizó la fundación formal del AIIB. En comparación con los mecanismos de cooperación monetaria y financiera de BRICS y de Asia oriental, el AIIB refleja los conceptos de gobernanza y regulación de "la Franja y la Ruta", los cuales muestran claramente los valores de los mecanismos emergentes, muy distintos a los de las instituciones tradicionales. Estas últimas suelen manejarse con reglas o principios basados en un determinado sistema de valores. Por ejemplo, el FMI y el Banco Mundial se basan en el "Consenso de Washington", haciendo énfasis en las exigencias de transparencia, mercadización y profundización financiera, y para ello establecen como condiciones para los préstamos un conjunto de medidas "a priori" o desinteresadas de la situación real del país receptor de fondos, lo cual en la práctica generalmente resulta en excesiva burocracia y engorrosos procedimientos. Por el contrario, el AIIB se basa en los valores de "capacidad, honestidad y ecología", por lo que el énfasis está puesto en procesos simples pero manteniendo la eficiencia. El 3 de septiembre de 2016, durante la ceremonia de inauguración de la Cumbre B20, el presidente Xi Jinping habló sobre la motivación de la propuesta de este nuevo mecanismo que es la iniciativa de "la Franja y la Ruta", señalando que "los nuevos mecanismos e iniciativas lanzados por China no pretenden reinventar la rueda ni apuntar a ningún otro país, sino complementar y mejorar los mecanismos internacionales existentes para lograr la cooperación mutuamente beneficiosa y el desarrollo común"[13]. Esta declaración demuestra expresamente que las modificaciones que hace China de las reglas o los mecanismos internacionales no tienen como objetivo desbaratar o crear sistemas paralelos, sino que su propósito se limita a compensar y mejorar.

En 2017, la iniciativa de "la Franja y la Ruta" dio un paso adelante en términos de influencia internacional. Durante los primeros días del año, el presidente Xi Jinping recibió la invitación del nuevo secretario general de Naciones Unidas, António Guterres, para visitar el 18 de enero la sede central de Naciones Unidas, en Geneva. En esa ocasión, Xi Jinping pronunció un discurso titulado Construir Juntos una Comunidad con Futuro Compartido para la Humanidad, en donde expuso sistemáticamente el "Plan Chino" para el desarrollo mundial, el cual apunta a "construir una comunidad con futuro compartido para la humanidad, y lograr el beneficio mutuo y compartido". El 17 de marzo, el Consejo de Seguridad de la ONU adoptó por unanimidad la Resolución 2344 sobre Afganistán, con 15 votos a favor. Dicha Resolución

13 Xi Jinping. "Zhongguo Fazhan Xin Qidian Quanqiu Zengzhang Xin Lantu—— Zai Ershiguo Jituan Gongshang Fenghui Kaimushi Shang de Zhuzhi Yanjiang [Un Nuevo Punto de Partida para el Desarrollo de China, un Nuevo Plan para el Crecimiento Global: Discurso en la Ceremonia de Apertura de la Cumbre Empresarial del G20]" en *Zhongguo Gongchandang Xinwenwang [CPC News]* <http://epe.people.com.cnnl/2016/0905/c64094-28690521.html> [Consulta: 3 de septiembre de 2016].

instaba a la comunidad internacional a llegar al consenso sobre la ayuda a Afganistán, a fortalecer la cooperación económica regional mediante la construcción de "la Franja y la Ruta" y demás mecanismos, y a instar a todas las partes a proporcionar un entorno seguro para la construcción de "la Franja y la Ruta", fortalecer la integración de las políticas y estrategias de desarrollo y promover la cooperación práctica y la interconectividad. Esta fue la primera vez que la iniciativa de "la Franja y la Ruta" aparecía en una resolución de la ONU. El 14 y 15 de mayo se celebró en Beijing el Foro de la Franja y la Ruta para la Cooperación Internacional. Este Foro es el evento internacional de mayor envergadura dentro del marco de "la Franja y la Ruta", y es también el evento diplomático multilateral de más alto nivel y de mayor tamaño propuesto y organizado por China desde la instauración de la República, marcando el establecimiento del mecanismo de diálogo internacional oficial de más alto nivel en el marco de construcción de la "Franja y la Ruta". En el foro se alcanzaron 270 resultados concretos de 76 categorías. El gobierno chino firmó además memorandos de entendimiento para cooperación intergubernamental por "la Franja y la Ruta" con 11 países[14]. A lo largo de todo el año 2017, China firmó alrededor de 50 nuevos acuerdos en el marco de "la Franja y la Ruta", lo cual representaba casi la mitad del total de acuerdos firmados en ese entonces. Los acuerdos recientemente firmados involucran a unas 20 nuevas organizaciones internacionales, lo que demuestra un evidente fortalecimiento en la conexión con este tipo de organizaciones; e involucran también 20 nuevos países a lo largo de la Franja, distribuidos principalmente en Europa central y oriental, África y el Sudeste Asiático. Al día de hoy, ya se ha logrado cubrir la totalidad de la región de Europa central y oriental. En diciembre, el AIIB se expandió nuevamente, aumentando el número de sus miembros a 84.

Entre el 25 y 27 de abril de 2019, se celebró en Beijing el II Foro de la Franja y la Ruta para la Cooperación Internacional, cuyo tema fue "Construir juntos 'la Franja y la Ruta' para forjar un futuro mejor". Durante la ceremonia de inauguración del Foro, el presidente Xi

14 Incluidos Mongolia, Pakistán, Nepal, Croacia, Montenegro, Bosnia y Herzegovina, Albania, Timor Oriental, Singapur, Myanmar y Malasia.

El 27 de abril de 2019, se celebró en el Centro Internacional de Convenciones y Exposiciones del Lago Yanqi de Beijing el II Foro de la Franja y la Ruta para la Cooperación Internacional.

pronunció un discurso titulado Trabajar Juntos por un Mejor Futuro de la Franja y la Ruta. En esta ocasión, la mesa redonda contó con la participación de jefes de Estado y de Gobierno de 38 países, incluída China, así como del secretario general de la ONU y del presidente del FMI, sumando un total de 40 líderes. Asimismo, el Foro contó con la asistencia de más de 6.000 invitados provenientes de 150 países y 92 organizaciones internacionales. En dicha oportunidad, China publicó un reporte titulado Progreso, Contribuciones y Perspectivas de la Iniciativa de la Franja y la Ruta, exponiendo una completa revisión del proceso de construcción de "la Franja y la Ruta" en los últimos 5 años, y sus recomendaciones para dar el próximo paso adelante para un desarrollo de calidad. China trabajó también con las demás partes para crear el Marco de Análisis sobre la Sostenibilidad de la Deuda para Países Participantes en la Franja y la Ruta, el cual constituye una herramienta muy útil para prevenir y controlar los riesgos en la financiación para la cooperación sostenible dentro de esta iniciativa. Por otro lado, el comité de consulta del Foro, compuesto por reconocidas personalidades internacionales, presentó un informe con recomendaciones de políticas, en el cual realizó un estudio y análisis del efecto positivo que tiene la cooperación de "la Franja y la Ruta" para mejorar la interconexión, impulsar el crecimiento económico mundial e implementar la Agenda de 2030 para el Desarrollo Sostenible. El informe proponía además recomendaciones de políticas acerca de los futuros focos de cooperación en "la Franja y la Ruta" y el rumbo de desarrollo del Foro. Asimismo, las partes involucradas lanzaron conjuntamente la Iniciativa de Beijing para una Ruta de la Seda Limpia y la Iniciativa de Cooperación sobre la Ruta de la Seda de la Innovación, y publicaron los Principios Rectores de la Inversión Verde. Esta serie de logros refleja el avance de una era, y refleja también la peculiaridad de la cooperación de "la Franja y la Ruta", la cual consiste fundamentalmente en el beneficio compartido[15].

Hasta noviembre de 2020, China había firmado 201 documentos de cooperación para la construcción de "la Franja y la Ruta" con 138 países y 31 organizaciones internacionales. En los primeros tres trimestres de 2020, el volumen total del comercio entre China y los países socios de la iniciativa alcanzó los 963.420 millones de USD, lo cual, a pesar de mostrar una disminución interanual del 1%, representó un aumento de 0,8 puntos porcentuales mayor que el del comercio general de China. Por otro lado, la inversión directa de China en los sectores no financieros de los países socios de la iniciativa alcanzó los 13.020 millones de USD, con un crecimiento interanual del 29,7%, y 32 puntos porcentuales más alto que el aumento de la inversión directa

15 Xinhuanet. "Xin Qidian Xin Yuanjing Xin Zhengcheng——Wang Yi Tan Di-er Jie 'Yi Dai Yi Lu' Guoji Hezuo Gaofeng Luntan Chengguo [Un Nuevo Punto de Partida, una Nueva Perspectiva, un Nuevo Viaje: Wang Yi Presenta los Resultados del II Foro de la Franja y la Ruta para la Cooperación Internacional]" <http://www.xinhuanet.com/world/2019-04/29/c_1124429961.htm > [Consulta: 29 de abril de 2019].

de China en los sectores no financieros de todos los países extranjeros[16]. Asimismo, a pesar de las proyecciones adversas, las operaciones de Expreso Ferroviario China-Europa siguieron creciendo. Hasta el 5 de noviembre de 2020, 10.180 trenes habían operado entre China y Europa, lo cual supera la suma de todos los viajes realizados en 2019, y con un volumen total de carga de transporte de 927.700 TEU, lo que representa un aumento interanual del 54%. Asimismo, la tasa de salidas y regresos de contenedores pesados alcanzó el 98,3%, y las redes de transporte continuaron expandiéndose, conectando 92 ciudades de 21 países europeos. Desde 2020 en adelante, se transportaron por estas vías casi 8 millones de suministros médicos, por un total de más de 60.000 toneladas, convirtiéndose en el "canal de la vida" de la cooperación China-UE para la lucha contra la pandemia, y brindando un importante soporte para mantener la estabilidad de las cadenas de industria y suministro internacionales. Paralelamente, muchos otros grandes proyectos dentro de la cooperación de "la Franja y la Ruta" obtuvieron nuevos avances. Se completó el túnel de todo el ferrocarril China-Laos. Se firmó el contrato para la fase I del ferrocarril China-Tailandia. La construcción del ferrocarril Jakarta-Bandung alcanzó objetivos fundamentales. El contrato principal para el tramo húngaro del ferrocarril Hungría-Serbia entró en vigor. Además, se inauguró el servicio de metro de la Línea Naranja en Pakistán.

En noviembre de 2020, se celebró con éxito en Shanghai la III edición de la Exposición Internacional de Importaciones de China (CIIE, por sus siglas en inglés). Este fue el evento económico y comercial internacional de mayor escala, con el mayor número de países participantes y con exposiciones tanto online como offline, organizado por China bajo las circunstancias de la nueva normalidad de prevención de COVID-19, en el cual se exhibieron 411 nuevos productos, tecnologías y servicios. Dentro de los participantes, casi el 80% de las

16 Xinhuanet. "Woguo Yi Yu 138 Ge Guojia, 31 Ge Guoji Zuzhi Qianshu 201 Fen Gongjian 'Yi Dai Yi Lu' Hezuo Wenjian [China Firma 201 Documentos de Cooperación para la Construcción de 'la Franja y la Ruta' con 138 países y 31 Organizaciones Internacionales]" <http://www.xinhuanet.com/world/2020-11/17/c_1126752050.htm?baike> [Consulta: 17 de noviembre de 2020].

500 empresas más importantes del mundo y las empresas líderes de la industria asistieron al evento por segunda vez consecutiva. En esta ocasión, el presidente Xi Jinping pronunció un discurso de manera virtual, en el cual expresó que pese a las nuevas incertidumbres e inestabilidad que la pandemia de COVID-19 trajo a la economía mundial, China ha seguido dando pasos acelerados en la apertura, y la gran tendencia hacia la apertura y la cooperación de cada país no ha cambiado. Todos los países deben trabajar juntos para promover una apertura conjunta caracterizada por la cooperación de beneficio mutuo, por la cooperación de responsabilidad compartida y por la cooperación para la gobernanza conjunta. Para esto, China debe sostener la concepción de apertura, de cooperación, de unidad y de beneficio mutuo, persistir firmemente en ampliar la apertura en todos los aspectos, y trabajar para hacer del mercado chino un mercado global, compartido y perteneciente a todos, a fin de fomentar la recuperación de la economía mundial y de inyectar más energía positiva a la comunidad internacional[17].

1.2.4 Las ideas chinas en creciente popularidad

Los logros materiales, monetarios e institucionales de China han despertado el interés en los demás países y regiones, buscando comprender las ideas y conceptos de desarrollo que hay de trasfondo. Asimismo, la visión de China acerca del mundo, del desarrollo y de la paz transmitida por los líderes chinos ha ido también obteniendo una mayor atención y aceptación.

La idea de un mundo armonioso es una idea sobre ética política global, derecho y relaciones internacionales, basada en la visión de la cultura tradicional china acerca del sistema y del todo. En abril de 2005, durante la Cumbre Afroasiática en Yakarta, el entonces presidente de China Hu Jintao mencionó en su discurso esta idea de

17 Xinhuanet. "Xi Jinping Zai Di San Jie Zhongguo Guoji Jinkou Bolanhui Kaimushi Shang Fabiao Zhuzhi Yanjiang [Xi Jinping Pronuncia Discurso en la Ceremonia de Apertura de la III Exposición Internacional de Importaciones de China]" <http://www.xinhuanet.com/world/2020-11/04/c_1126698325.htm> [Consulta: 4 de noviembre de 2020].

mundo armonioso. Posteriormente, la idea fue incorporada en la Declaración Conjunta de la República Popular China y la Federación de Rusia sobre el Orden Internacional del Siglo XXI, tomándose como consenso entre los países y pasando a formar parte de la visión de la comunidad internacional. En septiembre de 2005, Hu Jintao expuso la idea completa de mundo armonioso durante un discurso en la Sede de las Naciones Unidas. En agosto de 2006, durante la Conferencia Central sobre el Trabajo en Materia de Asuntos Exteriores, Hu Jintao señaló que promover la construcción de un mundo armonioso no solo es una exigencia necesaria para que China se mantenga en el camino del desarrollo pacífico, sino también una condición fundamental para lograr el desarrollo pacífico. El 15 de abril de 2014, durante la primera reunión de la Comisión de Seguridad Nacional del PCCh, Xi Jinping expresó que "hacia afuera, hay que buscar la paz, la cooperación y el beneficio compartido, y construir un mundo armonioso"[18]. La idea de mundo armonioso se ha convertido en la expectativa general de China para con el entorno internacional.

Si la idea de "mundo armonioso" representa más una visión a futuro, entonces la propuesta de "comunidad con futuro compartido" manifiesta la factibilidad y la urgencia actual de una amplia cooperación y un desarrollo con beneficios compartidos entre todos los países del mundo. En 2011, la Oficina de Información del Consejo de Estado de China publicó el libro blanco Desarrollo Pacífico de China, en el cual señala que "países con diferentes sistemas, de distintos tipos y en diversas etapas de desarrollo se encuentran en un estado de mutua dependencia, con sus intereses entrelazados, lo que ha convertido al mundo en una comunidad con destino común en la que los miembros están estrechamente interconectados, con 'presencia del otro en uno, y de uno en el otro'", señala además que "la comunidad internacional debe adoptar la nueva perspectiva de comunidad con destino común, y seguir las nuevas ideas de compartir el bien y la aflicción y buscar

18 Xi Jinping (2014). *Xi Jinping Tan Zhiguo Lizheng [Xi Jinping: La Gobernación y Administración de China]*. Beijing: Waiwen Chubanshe [Editorial de Lenguas Extranjeras], p. 201.

una cooperación mutuamente beneficiosa, para así explorar nuevas formas dc mejorar los intercambios y el aprendizaje mutuo entre las diferentes civilizaciones, identificar nuevas dimensiones en los intereses y valores comunes de la humanidad y buscar nuevas formas de afrontar múltiples desafíos mediante la cooperación entre países y de lograr un desarrollo inclusivo"[19]. Bajo esta misma línea, el informe del XVIII Congreso Nacional destacó que la humanidad solo tiene un Planeta Tierra, y que todos los países deben convivir en un mismo mundo, por lo que es necesario promover la conciencia de comunidad con destino compartido para la humanidad. El presidente Xi Jinping también se ha referido al concepto de comunidad con destino compartido en múltiples ocasiones. Podría decirse que los informes tales como el del XVIII Congreso Nacional se refieren al concepto de comunidad con destino compartido fundamentalmente desde un punto de vista espacial, sin embargo el 23 de marzo de 2013, en un discurso en el Instituto Estatal de Relaciones Internacionales de Moscú, Xi Jinping extendió aquella idea de "carácter compartido" a una dimensión más completa de tiempo y espacio, señalando que "el mundo ha llegado a un nivel sin precedentes de interrelación e interdependencia entre los países, la humanidad convive en una aldea global común para todos, y vive en el mismo tiempo y espacio en donde se encuentran la historia y la realidad, convirtiéndose cada vez más en una comunidad con destino compartido en la que el otro tiene presencia en uno, y uno tiene presencia en el otro"[20]. Este énfasis en la "simultaneidad temporal" o la dimensión cronológica de lo compartido, representa la esperanza y el llamado a los seres humanos de hoy para que vivan juntos una gran época, y que aprovechen la oportunidad de cumplir con la misión común que esta etapa histórica encomienda a la hu-

19 Oficina de Información del Consejo de Estado. "Zhongguo de Heping Fazhan [El Desarrollo Pacífico de China]" en Portal del Gobierno Central <http://politics.people.com.cn/GB/1026/15598619.html> [Consulta: 6 de septiembre de 2011].

20 Xi Jinping (2014). *Xi Jinping Tan Zhiguo Lizheng [Xi Jinping: La Gobernación y Administración de China].* Beijing: Waiwen Chubanshe [Editorial de Lenguas Extranjeras], p. 272.

manidad. En 2017, el presidente Xi asistió a una conferencia de alto nivel acerca de la "Construcción Conjunta de una Comunidad con Futuro Compartido para la Humanidad mediante la Consulta", celebrada en el Palacio de las Naciones Unidas, en Ginebra, y pronunció un discurso titulado Trabajar Juntos para Construir una Comunidad con Futuro Compartido para la Humanidad, en el cual expuso profunda, integral y sistemáticamente este concepto de comunidad, instando a promover su construcción y avanzar en este gran proceso, defendiendo el diálogo y la consulta, la construcción conjunta y el codisfrute, la cooperación con beneficios compartidos, el intercambio y el aprendizaje mutuo, y la ecología y el bajo carbono, a fin de construir un mundo con paz duradera, con seguridad general y con prosperidad compartida, un mundo más abierto, inclusivo, limpio y hermoso.

Tanto la idea de mundo armonioso como la de comunidad con destino compartido están estrechamente relacionadas con el concepto de la "gran unidad bajo el cielo", propio de la cultura tradicional y del pensamiento histórico inherentes al pueblo chino. Los conceptos de "desarrollo pacífico" y de la "no intervención", igualmente presentes en el pensamiento histórico chino, también han comenzado a ser más comprendidos y han ido ganando cada vez más reconocimiento en la comunidad internacional.

1.3 Evolución del concepto de desarrollo de China a partir de la reforma y apertura

Desde la reforma y apertura en adelante, cada uno de los líderes de turno del Partido Comunista de China ha propuesto un concepto de desarrollo distinto, acorde a las características de la etapa transitada por el país. "El desarrollo como principio absoluto" es la máxima que propuso Deng Xiaoping en su declaración durante las visitas al sur del país en 1992, para adecuarse a las condiciones de la época y las necesidades del pueblo. Esta máxima sintetiza con gran sabiduría política y valentía teórica la experiencia y el aprendizaje adquiridos durante la construcción del socialismo, en una gran coyuntura histórica puesta a prueba por la agitación política nacional e internacional del momento[21]. La propuesta de estc principio marcó el inicio pleno del proceso de modernización del socialismo chino. En el informe del XVI Congreso Nacional del Partido, Jiang Zemin avanzó un paso más sobre esta idea, y declaró que "el desarrollo es la máxima prioridad en la gobernación y la revitalización nacional", "la capacidad de dar una solución adecuada al problema de desarrollo atañe directamente a la actitud de simpatía o aversión del pueblo y al destino de florecimiento o declinación de su causa. Para poder asumir la responsabilidad histórica de promover el progreso social de China, el Partido siempre debe ocuparse firmemente del desarrollo como asunto primordial en la gobernación y la revitalización del país". Esta declaración desarrolló un poco más el pensamiento del "desarrollo como principio absoluto" de Deng Xiaoping. La generación de líderes con Hu Jintao como secretario general heredó este concepto, y partiendo de la realidad del nuevo siglo, enriqueció aún más su contenido. Durante la III Sesión Plenaria del XVI Comité Central del

21 Los 4 diálogos contenidos en las Obras Escogidas de Deng Xiaoping, Volumen II, en el apartado de Abril-mayo de 1980, titulado "Para construir el socialismo primero debemos desarrollar las fuerzas productivas", constituyen una síntesis preliminar de Deng Xiaping sobre este asunto. En este manuscrito, Deng Xiaping reflexiona sobre los dichos de la Banda de los Cuatro de que "es mejor ser pobre bajo el socialismo que ser rico bajo el capitalismo", y considera que no se condicen con los principios del Marxismo-leninismo ni del pensamiento de Mao Zedong. En sus palabras: "si la economía permanece estancada y el nivel de vida de la población se mantiene bajo durante un largo período de tiempo, no podemos decir que estamos construyendo el socialismo." (Obras Escogidas de Deng Xiaoping, Volumen II, p. 312). "Para construir el socialismo debemos, ante todo, desarrollar las fuerzas productivas, que es nuestra principal tarea, y la única forma de demostrar la superioridad del socialismo". En sus discursos durante su viaje al sur a principios de 1992, Deng Xiaoping resaltó nuevamente este punto, y con un refinado lenguaje propio de los aforismos señaló con altitud y contundencia que "la esencia del socialismo es la liberación y el desarrollo de las fuerzas productivas, la eliminación de la explotación y de la polarización, y el logro último de la prosperidad para todos" (Obras Escogidas de Deng Xiaoping, Volumen III, p. 373), "si no adherimos al socialismo, si no implementamos las políticas de reforma y apertura al mundo exterior, si no desarrollamos la economía y no elevamos el nivel de vida, lo que nos queda no puede ser más que un callejón sin salida" (Obras Escogidas de Deng Xiaoping, Volumen III, p. 370), "el desarrollo es el principio absoluto" (Obras Escogidas de Deng Xiaoping, Volumen III, p. 377).

PCCh, los líderes chinos propusieron el concepto de gobernanza con la visión de desarrollo científico, instando a "defender el principio de 'la gente primero' y adoptar el concepto de desarrollo pleno, coordinado y sostenible para promover el crecimiento integral económico, social y humano". Ya en la nueva era, el secretario general Xi Jinping partió de la base de las ideas de desarrollo de las tres generaciones de líderes precedentes, y considerando tanto la realidad del desarrollo de China como los problemas encontrados en su avance, propuso la original idea de "los cinco aspectos del desarrollo", a saber, coordinación, innovación, ecología, apertura y beneficio compartido. La línea de evolución del concepto de desarrollo chino permite observar que durante el proceso de práctica, China ha ido enriqueciendo y perfeccionando su propio sistema conceptual.

1.3.1 "El desarrollo como principio absoluto"

Contexto histórico

Entre principios del siglo XX y la década del 70, el tema central del mundo fue la guerra y la revolución. Durante este período el planeta pasó por dos guerras mundiales y dos grandes revoluciones: las revoluciones del proletariado y las revoluciones por la liberación nacional. Desde fines de 1970 y principios de 1980 en adelante, cuando la polarización llegó a su fin, la atención se dirigió a salvaguardar la paz mundial y evitar la posibilidad de una nueva guerra mundial. En paralelo con esto, entró también en auge la nueva revolución científico-tecnológica, y para poder ganarse un lugar y una posición dominante dentro de la competencia por la globalización en el siglo XXI, el problema del desarrollo se convirtió en el tema central de cada país y región del mundo. Desde el punto de vista de la situación nacional, luego de la III Sesión Plenaria del XI Comité Central del PCCh en 1978, y sobre la base de la dura lección aprendida durante la primera etapa de construcción del socialismo, y sobre todo durante la "Revolución Cultural", el Partido Comunista de China pasó de focalizarse en "la lucha de clases como eslabón clave" a concentrarse plenamente en la modernización de la construcción, tomando "la construcción económica como tarea cen-

Entre el 18 y el 22 de diciembre de 1978, se llevó a cabo en Beijing la Tercera Sesión Plenaria del XI Comité Central del PCCh, en la cual se tomó la decisión estratégica de poner el foco de trabajo del Partido y el Estado en la modernización socialista y en la reforma y la apertura, dando lugar al inicio de una crucial transición de carácter histórico.

tral". En este contexto se propuso la idea rectora del "desarrollo como principio absoluto", y se tomó la reforma y apertura como los medios fundamentales para lograrlo.

Los líderes chinos tenían plena conciencia del cambio radical que hubo en la situación mundial desde fines de los 70 y principios de los 80, y consideraban a la paz y el desarrollo como los dos grandes problemas del mundo. En mayo de 1985, durante su visita al presidente brasileño Figueiredo, Deng Xiaoping expresó que "el mundo tiene muchos problemas, pero hay dos que son bastante prominentes. Uno de ellos es el problema de la paz. Hoy existen armas nucleares, que si se desata una guerra, pueden causar un daño terrible a la humanidad. Si se busca la paz, hay que oponerse a la hegemonía y a las políticas de fuerza. El otro problema es el del norte y el sur. Este problema es sumamente notorio. Los países desarrollados son cada vez más ricos, mientras que los países en desarrollo son cada vez más pobres. Si no se resuelve el problema del norte y el sur, este será un obstáculo para el desarrollo mundial"[22].

En marzo de 1985, durante una reunión con la delegación japonesa en China, Deng Xiaoping resaltó nuevamente que el problema del desarrollo es el problema central del mundo contemporáneo, señalando que "actualmente, los problemas realmente grandes en el mundo, los problemas estratégicos de carácter global son por un lado el de la paz, y por el otro, el de la economía o el desarrollo. El problema de la paz es un asunto entre oriente y occidente, el problema del desarrollo es un asunto entre el norte y el sur. En definitiva, se trata de cuatro palabras: norte, sur, este y oeste. Sin embargo, el problema del norte y el sur, es un asunto crucial"[23].

En diciembre de 1988, en su reunión con el primer ministro indio Rajiv Gandhi, Deng Xiaoping hizo especial hincapié en la seriedad del problema del desarrollo, tomándolo como un asunto que atañe a toda la humanidad. En palabras de Deng Xiaoping, "en el mundo actual hay principalmente dos problemas, uno es el problema de la paz, y otro es el problema del desarrollo. Respecto a la paz, existen esperanzas de alcanzarla, pero el problema del desarrollo todavía no ha sido resuelto. Se dice que el problema del norte y el sur es bastante prominente, yo creo que este es justamente un tema de desarrollo. Como ya les he mencionado varias veces a otros amigos extranjeros, este asunto debe ser entendido desde la perspectiva del desarrollo de la humanidad. La realidad es que en el mundo actual, solo un cuarto de la población total vive en países desarrollados, los tres cuartos restantes viven en países en desarrollo, o también llamados países subdesarrollados. Si bien la comunidad internacional ha dicho que resolverá el problema del norte y el sur, después de tantos años de discusión, la brecha entre el norte y

---

22 Deng Xiaoping (1994). *Deng Xiaoping Wenxuan. Di Er Juan [Obras Escogidas de Deng Xiaoping. Volumen II].* Beijing: Renmin Chubanshe [Editorial del Pueblo], p. 56.

23 Deng Xiaoping (1994). *Deng Xiaoping Wenxuan. Di San Juan [Obras Escogidas de Deng Xiaoping. Volumen III].* Beijing: Renmin Chubanshe [Editorial del Pueblo], p. 105.

el sur no se ha reducido, por el contrario, se ha agrandado, y continúa haciéndolo...Es por esto que debemos entender el tema del desarrollo como un asunto de toda la humanidad, y desde esta perspectiva observar y resolver los problemas"[24].

El 3 de marzo de 1990, durante una charla con importantes miembros del Comité Central, Deng Xiaoping se expresó con las siguientes palabras: "¿cómo debemos ver el cambio en la situación internacional? ¿Ha llegado a su fin el antiguo modelo y se ha formado uno nuevo? Hay varias opiniones a este respecto, tanto en el interior como en el exterior del país. Parece ser que muchas de las visiones que hemos formado en el pasado acerca de los asuntos internacionales son todavía válidas. En realidad el viejo modelo está cambiando, pero no ha concluido, y el nuevo modelo tampoco ha tomado forma. En cuanto a los dos grandes problemas de la paz y el desarrollo, el primero aún no se ha resuelto, y el segundo se ha vuelto aún más urgente que antes"[25].

Todo esto demuestra que Deng Xiaoping consideraba la paz y el desarrollo como los temas centrales de la era, y los entendía como un problema de importancia general y estratégica para el futuro y el destino del mundo, que atañe a los intereses fundamentales de los pueblos de cada país. Sobre la base de este entendimiento y juicio es que se construye la idea de desarrollo de la China de esta época.

Contenido básico

En su discurso durante la visita al noreste del país en septiembre de 1978, Deng Xiaoping dijo: "somos un país socialista. La expresión más básica de superioridad del sistema socialista es que permite a las fuerzas productivas de nuestra sociedad crecer a un acelerado ritmo sin precedentes en la vieja China, y satisfacer gradualmente las crecientes nece-

---

24 Deng Xiaoping (1994). *Deng Xiaoping Wenxuan. Di San Juan [Obras Escogidas de Deng Xiaoping. Volumen III]*. Beijing: Renmin Chubanshe [Editorial del Pueblo], p. 281-282.

25 Deng Xiaoping (1994). *Deng Xiaoping Wenxuan. Di San Juan [Obras Escogidas de Deng Xiaoping. Volumen III]*. Beijing: Renmin Chubanshe [Editorial del Pueblo], p. 353.

sidades materiales y culturales de la gente. Después de todo, desde el punto de vista del materialismo histórico, un liderazgo político correcto debe resultar en el crecimiento de las fuerzas productivas de la sociedad y en la mejora de la vida material y cultural de la gente. Si la tasa de crecimiento de las fuerzas productivas en un país socialista es más lenta que en los países capitalistas durante un extenso período histórico, ¿cómo es posible hablar de superioridad del sistema socialista?"[26].

Respecto a los caminos a tomar y las etapas del desarrollo, Deng Xiaoping sostenía que en el proceso de construcción del socialismo, no hay que tomar al marxismo como dogma, y tampoco hay que replicar la experiencia de los países extranjeros, por el contrario, la modernización de China debía respetar las características nacionales. En el pasado, la revolución democrática se ajustó a la situación de China, y tomó un camino de modernización al estilo chino. En el presente, el desarrollo también debe ajustarse a la situación nacional, y tomar igualmente un camino de modernización al estilo chino.

La teoría de Deng Xiaoping propone para la modernización socialista una estrategia de desarrollo en tres pasos. El primer paso es en la década de 1980, y consiste en doblar el producto nacional bruto (PNB). Partiendo de la base de un PNB per cápita de apenas 250 USD en 1980, al multiplicarlo alcanzó los 500 USD. El segundo paso es hasta fines del siglo XX, y consiste en doblar el PNB nuevamente, para alcanzar un nivel per cápita de 1000 USD. Si se logra este objetivo, significa que China ha dejado de ser la China pobre de antes, para pasar a ser una China modestamente acomodada. El tercer paso consiste en doblar una vez más el PNB en 30 o 50 años dentro del próximo siglo, alcanzando un valor per cápita aproximado de 4000 USD. Cumplido este objetivo, China ya alcanzaría el nivel de país desarrollado[27]. La estrategia de desarrollo de los tres pasos es la "trilogía" para lograr el desarrollo del socialismo: en un primer paso, acabar con la pobreza; en un

26 Deng Xiaoping (1994). *Deng Xiaoping Wenxuan. Di-er Juan [Obras Escogidas de Deng Xiaoping. Volumen II].* Beijing: Renmin Chubanshe [Editorial del Pueblo], p. 128.

27 Deng Xiaoping (1994). *Deng Xiaoping Wenxuan. Di-yi Juan [Obras Escogidas de Deng Xiaoping. Volumen I].* Beijing: Renmin Chubanshe [Editorial del Pueblo], p. 226.

segundo paso, llegar al nivel de "ni pobre ni adinerado"; y en un tercer paso, pasar a ser relativamente adinerado. Esta estrategia es el punto central de la idea de desarrollo de Deng Xiaoping.

De acuerdo a la idea de desarrollo de Deng Xiaoping, la reforma es un proceso de emancipación y desarrollo de las fuerzas productivas, es la fuerza motriz del desarrollo socialista. La productividad es el criterio fundamental para juzgar el éxito o el fracaso de la reforma. La reforma no es una enmienda trivial, pero tampoco es un cambio radical en el sistema socialista, lejos de eso, lo que busca es cambiar de raíz los sistemas obsoletos que obstaculizan el desarrollo de las fuerzas productivas, para construir un sistema socialista lleno de vitalidad.

Para su desarrollo, China necesita de un ambiente pacífico a nivel internacional y de estabilidad y unidad política a nivel interno. Cuando la paz y el desarrollo se convirtieron en los dos grandes temas del mundo actual, el polo económico mundial se trasladó a la costa del Pacífico, lo cual le trajo a China una oportunidad única para su modernización. Por otro lado, la estabilidad y la unidad política sentaron las bases materiales para el crecimiento acelerado de la economía china y para su gran fortalecimiento. Para finales del siglo XX, con la revolución tecnológica en pleno avance, la estrategia de apertura y desarrollo implementada por China puso especial énfasis en "el desarrollo como principio absoluto", lo cual brindó sólidas bases conceptuales para que China pudiera aprovechar el viento favorable y promover su crecimiento económico.

1.3.2 El desarrollo como máxima prioridad de la gobernanza y revitalización del país

Si la idea de desarrollo de Deng Xiaoping se focaliza en responder a la pregunta de "qué es y cómo se construye el socialismo", entonces la tercera generación de líderes representada por Jiang Zemin se enfrentaba a la pregunta de "qué tipo de partido formar y cómo hacerlo". La idea de desarrollo en la época de Jiang Zemin enfatiza el desarrollo desde la perspectiva del partido gobernante, planteando al desarrollo como el tema central que atraviesa todo el pensamiento de las "tres representaciones", y convirtiendo al desarrollo en la "prioridad máxima de gobernanza y revitalización del país" para el Partido Comunista Chino.

Contexto histórico

Tras 20 años de esfuerzo de todo el Partido y de los pueblos de cada etnia del país, China logró alcanzar los objetivos del primer y del segundo paso de la estrategia de modernización de los "tres pasos", y siendo un país en desarrollo con más de 1.200 millones de habitantes, logró que su pueblo alcanzara un nivel de vida de moderada prosperidad. Esto es el logro de la reforma, la apertura y la modernización, y un nuevo hito en la historia del desarrollo de la nación china.

El 31 de mayo de 2002, durante la ceremonia de graduación de un curso para oficiales provinciales y ministeriales de la Escuela Central del Partido, Jiang Zemin describió el entorno internacional del momento con las palabras "la situación presiona, si no avanzas, te quedas atrás". En efecto, por un lado había terminado la Guerra Fría, y con ella el enfrentamiento entre los dos grandes bloques militares de oriente y occidente, pero por el otro lado, se habían desequilibrado las fuerzas en el mundo, crecían las contradicciones y la inestabilidad, mientras que la hegemonía y las políticas de fuerza seguían existiendo. Asimismo, los países desarrollados eran cada vez más ricos, mientras que muchos países en desarrollo se empobrecían más y más cada día. Los dos grandes problemas de la paz y el desarrollo no habían sido resueltos. A comienzos del nuevo siglo, China dio inicio a una nueva etapa de desarrollo en la que se abocó a la construcción integral de una sociedad modestamente acomodada y a la promoción más enérgica de la modernización del socialismo. Mientras tanto, la tendencia a la multipolarización mundial y a la globalización económica seguía creciendo en medio de fluctuaciones, la tecnología avanzaba a paso acelerado, y se intensificaba cada vez más la competencia por el poder nacional.

La reforma y la apertura son una gran hazaña del Partido Comunista Chino para guiar a la gente a conocer el mundo y transformar el mundo. El Partido entendía que China estaba y seguiría estando por un largo tiempo en la etapa primaria del socialismo, por lo que sostenía que la tarea fundamental en ese momento era resolver la contradicción entre las crecientes necesidades materiales y culturales de la gente y el retraso de las fuerzas productivas. Al principio de la reforma y la apertura, partiendo de su profunda visión de la situación internacional, Deng Xiaoping sostenía que la paz y el desarrollo eran los principales temas de la época. Con el cambio de siglo, la tercera generación de líderes del Partido, con Jiang Zemin en el centro, propuso utilizar el parámetro de las "tres ventajas" para evaluar el éxito o el fracaso de la apertura y la reforma. Para poder asumir la responsabilidad histórica de promover el progreso social de China, el Partido siempre debe ocuparse firmemente del desarrollo como máxima prioridad en la gobernación y la revitalización del país, mantener su progresividad y explotar la superioridad del sistema socialista mediante el desarrollo de las fuerzas productivas avanzadas, el desarrollo de la cultura avanzada y la protección y realización de los intereses fundamentales de las más amplias masas populares. Mientras el Partido comprenda firmemente el concepto de desarrollo de la "triple representatividad", habrá comprendido a fondo las aspiraciones del pueblo y la esencia de la modernización socialista.

Contenido básico

Ante el problema del desarrollo de China, Jiang Zemin entiende que "aprovechar las oportunidades y acelerar el desarrollo es de vital importancia para nosotros, sea a nivel político, económico o cultural. La clave para resolver todos los problemas de China es el desarrollo; e incluso para resolver las dificultades de entendimiento de la gente, convencer a aquellos que no creen en el socialismo, y afianzar la fe y la confianza de la gente en el futuro del socialismo y de la nación, en última instancia también debemos apoyarnos en el desarrollo"[28].

China vivió una transición de una etapa de "progreso económi-

28 *Jiang Zemin Lun You Zhongguo Tese Shehui Zhuyi (Zhuanti Zhaibian) [Jiang Zemin Acerca del Socialismo con Características Chinas (Compilado Especial)]*. Beijing: Zhongyang Wenxian Chubanshe [Editorial Central de Literatura del Partido], 2002, p. 93.

co como único eje central" a una etapa de trabajo simultáneo en ejes paralelos, "usando las dos manos y trabajando con la misma firmeza en ambas". A inicios de la reforma y la apertura, China seguía los lineamientos básicos del "progreso económico como único eje central". Pero con el paulatino avance de la modernización, Deng Xiaoping propuso el concepto de "trabajar con las dos manos y con la misma firmeza en ambas", pues para construir un socialismo con peculiaridades chinas, hay que asegurar el progreso material y espiritual. Jiang Zemin dio un paso más en esta idea, proponiendo que "una nación no puede ser pobre, ni material ni espiritualmente, y solo con riqueza material y espiritual es posible convertirse en una nación con gran vitalidad y cohesión"[29]. Asimismo, durante el período de Jiang Zemin, la idea de "trabajar con las dos manos" se extendió a todos los aspectos del desarrollo social, bajo la idea de que "el socialismo no debe buscar solo la prosperidad económica, sino también el progreso integral de la sociedad, pues una sociedad socialista es una sociedad que se desarrolla y avanza de manera integral"[30]. Más aún, las actividades de la sociedad humana no se limitan a la producción material y espiritual, sino que abarcan también la actividad del hombre con la naturaleza y la relación entre las personas. Por lo tanto, el planteo de desarrollo y progreso integral de la sociedad entiende las fuerzas sociales y sus relaciones como un todo, trasciende el alcance de la civilización espiritual y la civilización material, y es en sí producto del desarrollo de la idea de desarrollo misma.

La IV Sesión Plenaria del XV Comité Central del PCCh, celebrada en el año 2000, propuso que el X Plan Quinquenal tuviera al desarrollo como tema central, a la reestructuración como línea principal, a

---

29 *Jiang Zemin Tongzhi Lilun Lunshu Dashi Jiyao [Aspectos Destacados de la Exposición Teórica del Camarada Jiang Zemin].* Beijing: Zhongyang Dangxiao Chubanshe [Editorial de la Escuela del Partido del Comité Central del Partido Comunista de China], 1989.

30 Jiang Zemin (1989). *Zai Qingzhu Zhonghua Renmin Gongheguo Chengli Sishi Zhounian Dahui shang de Jianghua [Discurso en la Ceremonia por la Celebración de los 40 Años de la República Popular China].* Beijing: Renmin Chubanshe [Editorial del Pueblo].

la reforma, la apertura y el avance científico-tecnológico como fuerza motriz, y a la mejora del nivel de vida de la gente como punto de partida fundamental, a fin de promover de manera integral el crecimiento económico y el progreso social. Esta fue una importante política para seguir avanzando en la gran empresa de construcción del socialismo con características chinas en el nuevo siglo[31].

Dentro del concepto de desarrollo de la era de Jiang Zemin, la idea de "mantener al desarrollo como máxima prioridad del Partido para la gobernación y la revitalización del país" revela profundamente la conexión interna entre el desarrollo y la gobernanza, y entre la gobernanza y la revitalización, y destaca la posición de "prioridad máxima" que tiene el desarrollo para el Partido Comunista de China en la gobernanza y la revitalización de la nación, pues en efecto, cualquiera sea la tarea a realizar en la gestión del país, el desarrollo siempre debe ocupar la posición central y principal. Para poder asumir la responsabilidad histórica de promover el progreso social de China, el Partido siempre debe ocuparse firmemente del desarrollo como máxima prioridad en la gobernación y la revitalización del país, mantener su progresividad y explotar la superioridad del sistema socialista mediante el desarrollo de las fuerzas productivas avanzadas, el desarrollo de la cultura avanzada y la protección y realización de los intereses fundamentales de las más amplias masas populares, a fin de promover el progreso integral de la sociedad y el desarrollo integral de las personas[32].

En cuanto al desarrollo sostenible, Jiang Zemin consideraba sumamente importante cuidar el medio ambiente y conservar la ecología, y sostenía que hay que esforzarse sostenidamente para que las montañas sean siempre verdes, que los ríos siempre fluyan y que los recursos tengan un aprovechamiento sustentable. En definitiva, hay que mirar desde una perspectiva de desarrollo a largo plazo para la nación china,

---

31 Jiang Zemin (2006). *Jiang Zemin Wenxuan. Di-san Juan [Obras Escogidas de Jiang Zemin. Volumen III]*. Beijing: Renmin Chubanshe [Editorial del Pueblo], p. 117-118.

32 Jiang Zemin (2006). *Jiang Zemin Wenxuan. Di-san Juan [Obras Escogidas de Jiang Zemin. Volumen III]*. Beijing: Renmin Chubanshe [Editorial del Pueblo], p. 538-539.

considerando la capacidad de hacer frente a las emergencias del mundo, y considerando las generaciones venideras, sin dejar de implementar la estrategia de desarrollo sostenible[33].

En 1992, la Conferencia de las Naciones Unidas sobre Medio Ambiente y Desarrollo aprobó el Programa 21, y China se comprometió solemnemente a cumplirlo. El 25 de marzo de 1994, la XVI Reunión Ejecutiva del Consejo de Estado discutió y aprobó la Agenda 21 de China – Libro Blanco sobre la Población, el Medio Ambiente y el Desarrollo de China en el siglo XXI, en el cual expuso los objetivos estratégicos, puntos estratégicos y acciones principales para el desarrollo sostenible de China, determinó las políticas económicas para promover el desarrollo sostenible y definió las principales posturas y áreas de acción para participar en la cooperación internacional por el medio ambiente y el desarrollo[34].

1.3.3 La idea de "desarrollo científico"

La Tercera Sesión Plenaria del XVI Comité Central del PCCh propuso la visión de "desarrollo científico con el hombre como centro", refiriéndose a un crecimiento orientado al ser humano y que apunte al desarrollo integral del ser humano. La concepción de desarrollo de esta era vino a resolver el problema fundamental al que se enfrentaba la China de entonces, ante las incógnitas de "desarrollar qué, apoyarse en qué y desarrollarse para quién".

Contexto histórico

Desde el punto de vista del contexto histórico, los temas más reso-

---

33 Jiang Zemin (2006). *Jiang Zemin Wenxuan. Di-san Juan [Obras Escogidas de Jiang Zemin. Volumen III].* Beijing: Renmin Chubanshe [Editorial del Pueblo], p. 123.

34 *Zhongguo 21 Shiji Yicheng——Zhongguo 21 Shiji Renkou, Huanjing yu Fazhan Baipishu [Agenda 21 de China – Libro Blanco sobre la Población, el Medio Ambiente y el Desarrollo de China en el siglo XXI],* Beijing: Zhongguo Huanjing Kexue Chubanshe [Editorial de Ciencias Ambientales de China], 1994.

nantes de esta época eran el reclamo por la paz, el impulso al desarrollo y la búsqueda de la cooperación. La multipolarización mundial y la globalización económica tendían a profundizarse, el progreso científico y tecnológico avanzaba aceleradamente, la capacidad productiva mundial aumentaba significativamente, la economía mundial crecía generalizadamente, florecía todo tipo de cooperación global y regional, y avanzaba constantemente la democratización de las relaciones internacionales. Podía decirse que la humanidad se desarrollaba a una velocidad sin precedentes. Pero al mismo tiempo, los dos problemas fundamentales de la paz y el desarrollo mundial todavía no encontraban solución. Seguían ocurriendo aquí y allá guerras locales y conflictos por diversas razones, seguían sin resolverse muchos conflictos regionales de alta complejidad, seguía ensanchándose la brecha entre el norte y el sur, y muchos países seguían sin poder garantizar la supervivencia básica e incluso la seguridad de la vida de las personas. Asimismo, el terrorismo internacional, los movimientos separatistas y el extremismo religioso continuaban bastante activos en determinadas regiones, y problemas de carácter transnacional tales como la contaminación ambiental, el contrabando de drogas, los delitos transfronterizos y las enfermedades infecciosas eran cada vez más prominentes. En definitiva, el sueño de la humanidad de alcanzar la paz universal y lograr el desarrollo conjunto estaba aún lejos de realizarse[35].

En el año 2003, el PIB per cápita de China superó los 1000 USD, lo cual significó un gran paso hacia adelante. La experiencia de ciertos países y regiones demuestra que cuando el PIB per cápita supera los 1000 USD, la economía y la sociedad pasan a una etapa clave de desarrollo. En esta etapa, el país tenía por un lado la experiencia del éxito por haber promovido el crecimiento económico y la estabilidad social mediante medidas acertadas, pero por el otro también tenía la lección del fracaso por provocar tambaleo económico y agitación social continuada a causa de respuestas desacertadas. El período clave de transición del PIB per cápita de China de 1000 a 3000 USD fue

35 Hu Jintao (2016). *Hu Jintao Wenxuan. Di-er Juan [Obras Escogidas de Hu Jintao. Volumen II].* Beijing: Renmin Chubanshe [Editorial del Pueblo], p. 352.

tanto una etapa de oportunidades, como una etapa de contradicciones. A medida que se aceleraba la industrialización, la urbanización y la reestructuración económica de China, y a medida que se diversificaban sus sectores económicos, sus formas de organización, sus modos de empleo y sus modos de distribución, las contradicciones por un desarrollo desequilibrado se hacían cada vez más evidentes, y se diversificaban cada vez más las relaciones entre los distintos intereses sociales. Es por esto que los problemas de China en su desarrollo económico y social son actualmente y pueden ser durante un largo período en el futuro más complicados y prominentes. Si las políticas se implementan adecuadamente, esto promoverá el desarrollo coordinado de la economía y la sociedad, y permitirá lograr exitosamente la industrialización y modernización. Si las políticas no se implementan adecuadamente, esto conducirá a la desconexión entre el desarrollo económico y el desarrollo social, y provocará la ampliación de las brechas sociales, la intensificación de las contradicciones y el estancamiento del desarrollo económico y social[36].

En esta etapa, China debía manejar correctamente la relación entre el crecimiento cuantitativo y el crecimiento cualitativo, entre la velocidad y la eficiencia. El crecimiento es la base del desarrollo, pues sin crecimiento económico cuantitativo y sin acumulación de riqueza material, no puede hablarse de desarrollo. No obstante, crecimiento no es equivalente a desarrollo. En efecto, si lo que se busca es simplemente expansión cuantitativa y velocidad, sin dar importancia a la calidad y la eficiencia, al desarrollo coordinado entre la economía, la política y la cultura, y a la armonía entre el hombre y la naturaleza, entonces habrá un crecimiento desequilibrado, lo cual eventualmente limitará el desarrollo. Si se desestima la construcción de la democracia y la legalidad socialistas, la construcción de la civilización espiritual con valores socialistas, el desarrollo de distintos tipos de emprendimientos sociales, y la protección de los recursos y el medio ambiente, la economía difícilmente pueda avanzar, y si lo hace, muy probablemente sea a costa de

36 Hu Jintao (2016). *Hu Jintao Wenxuan. Di-er Juan [Obras Escogidas de Hu Jintao. Volumen II]. Beijing: Renmin Chubanshe [Editorial del Pueblo],* p. 362.

un precio muy alto. Es por eso que en esta etapa China se mantuvo explorando constantemente nuevas ideas y nuevas vías para promover el desarrollo integral, coordinado y sostenible, a fin de mejorar la calidad de su crecimiento y lograr un desarrollo más acelerado y mejor[37].

Contenido básico

En octubre de 2003, la Tercera Sesión Plenaria del XVI Comité Central del PCCh propuso una concepción científica del desarrollo, refiriéndose a un desarrollo integral, coordinado, sostenible y centrado en la gente. Esta concepción abarca cada uno de los aspectos del desarrollo, sea económico, político, social o cultural, y de acuerdo con ella, el fin primordial es el desarrollo, el eje central es el ser humano, la condición básica es que el desarrollo sea integral, coordinado y sostenible, y el método fundamental es actuar con visión de conjunto.

Para instaurar e implementar la visión científica del desarrollo y atenerse al principio del ser humano como centro, hay que plantearse como objetivo el desarrollo integral de las personas, y buscar e impulsar el desarrollo partiendo de los intereses fundamentales de la gente, procurando satisfacer las crecientes necesidades materiales y culturales de las personas, garantizando realmente sus derechos e intereses económicos, políticos y culturales, y logrando que los resultados del desarrollo beneficien a todo el conjunto. El desarrollo integral es aquel que teniendo a la economía como centro, promueve simultáneamente el crecimiento económico, político y cultural, logrando por un lado el desarrollo económico y por el otro, el avance general de la sociedad. El desarrollo coordinado es aquel que planea unificadamente el desarrollo regional, el desarrollo urbano y el rural, el desarrollo económico y el social, el desarrollo armónico del hombre y la naturaleza, y el desarrollo interno y la apertura al exterior; es aquel que promueve la coordinación de las fuerzas productivas con las relaciones de producción, y de la base económica con la superestructura; y aquel que promueve la coordina-

37 Hu Jintao (2016). *Hu Jintao Wenxuan. Di-er Juan [Obras Escogidas de Hu Jintao. Volumen II]*. Beijing: Renmin Chubanshe [Editorial del Pueblo], p. 104-105.

ción entre cada eslabón y cada aspecto de la construcción económica, política y cultural. Por su parte, el desarrollo sostenible es aquel que fomenta el equilibrio entre el hombre y la naturaleza, en pos de lograr un crecimiento económico en armonía con la población, los recursos y el medio ambiente; es aquel que toma vías civilizadas para lograr una mayor producción, mejores niveles de vida y ecosistemas saludables, garantizando el crecimiento sustentable generación tras generación. Para instaurar e implementar la visión científica del desarrollo hay que prestar atención a los siguientes asuntos.

En primer lugar, focalizarse siempre en la construcción económica, y destinar todo el tiempo y la energía al desarrollo. La visión científica del desarrollo nace para dirigir el curso del desarrollo, y por lo tanto no puede despegarse de él, pues si el desarrollo deja de ser el tema central, todo pierde sentido. El desarrollo debe ser en primer lugar desarrollo económico. China está actualmente y seguirá estando por un largo tiempo en la etapa inicial del socialismo, y en un contexto en donde la competencia de fuerzas internacionales es cada vez más intensa, debe aferrarse a la construcción económica, aprovechando plenamente la oportunidad estratégica que se le presenta, para emancipar y desarrollar vigorosamente las fuerzas productivas sociales. Solo aferrándose a la construcción económica y fortaleciendo constantemente su poder nacional, podrá China sentar sólidas bases materiales para la tarea primordial del Partido de gobernar y rejuvenecer la nación y para lograr un desarrollo integral, coordinado y sostenible. Solo aferrándose a la construcción económica y fortaleciendo constantemente su poder nacional, podrá China resolver mejor los problemas y contradicciones que se presentan a su paso, y triunfar en su grandioso objetivo de construcción de una sociedad modestamente acomodada y de modernización socialista.

En segundo lugar, sobre la base del desarrollo económico, se debe promover el avance integral de la sociedad y el desarrollo integral de las personas, impulsando el progreso material, político y espiritual coordinado. Los aspectos económico, político, cultural e individual del desarrollo están interconectados, influyendo los unos en los otros de manera recíproca. Si solo se persigue el desarrollo económico, sin tener avances a nivel político, cultural e individual, entonces aquel se vuelve insostenible y eventualmente imposible. Hay que seguir aferrándosc al desarrollo económico, pero procurando al mismo tiempo prevenir la unilateralidad y la parcialidad, promover el avance de la construcción material, política y espiritual socialista, y evitar que ocurran situaciones de desarrollo desigual que limiten en definitiva el desarrollo general.

En tercer lugar, hay que centrarse en mejorar la calidad y la eficiencia del crecimiento económico, y trabajar para lograr la unificación entre la velocidad, la estructura, la calidad y el beneficio, y para lograr un desarrollo económico coordinado con la población, los recursos y el medio ambiente, protegiendo y fortaleciendo constantemente su carácter sustentable. El desarrollo económico requiere de un crecimiento cuantitativo, lo que no significa que ambos conceptos sean equivalentes. Por un lado, China debe aprovechar sus recursos institucionales, sus recursos humanos, sus recursos naturales, sus recursos de capital, sus recursos tecnológicos, los recursos extranjeros y todas las condiciones y factores favorables que posee para impulsar su desarrollo económico un escalón más arriba. Pero por otro lado, el desarrollo económico debe ser sustentable, porque solo de esta manera China puede garantizar el cumplimiento de su objetivo de desarrollo a largo plazo. Por esta razón es que a la par de promover el desarrollo, hay que tener plenamente en cuenta la capacidad de resistencia de los recursos y del medio ambiente, y considerar tanto las necesidades para el desarrollo presente como para el futuro, trabajando activamente para alcanzar los objetivos de desarrollo presente por un lado, y creando condiciones favorables para el desarrollo futuro por el otro. Es preciso además desarrollar una economía circular, procurando alcanzar un círculo virtuoso entre los ecosistemas naturales y los sistemas socioeconómicos, a fin de dejar suficiente espacio y condiciones para el desarrollo de las generaciones futuras.

En cuarto lugar, hay que insistir en integrar la teoría con la práctica, adaptando las medidas a las condiciones locales y temporales, y aplicando la concepción científica del desarrollo en todos los aspectos. La concepción científica del desarrollo revela la ley universal del desarrollo, que tiene un importante sentido orientador para todo el país, y que debe ser seriamente implementada por cada departamento de cada región del territorio. No obstante, también es preciso tener plenamente en cuenta las diferentes circunstancias y condiciones de desarrollo de los distintos departamentos y regiones, y partiendo de la realidad, adoptar medidas focalizadas y metódicas de acuerdo a las condiciones concretas y las necesidades particulares de desarrollo de cada región, sin exigir uniformidad ni pretender que todos marchen al mismo ritmo o que se amolden todos a la misma talla. La clave está en implementar la visión científica del desarrollo a medida de la situación real de cada uno, procurando resolver las contradicciones y los problemas más prominentes en el propio proceso de desarrollo, para poder promover mejor y más rápido el crecimiento de cada sector[38].

1.3.4 El nuevo concepto de desarrollo de China en la nueva era

En la Quinta Sesión Plenaria del XVIII Comité Central, Xi Jinping presentó su nuevo concepto de desarrollo con innovación, coordinación, ecología, apertura y beneficio compartido, focalizado en resolver los lineamientos conceptuales del desarrollo, la dirección y el enfoque del desarrollo en la nueva era.

Contexto histórico

Mediante la constante exploración y reflexión acerca de qué es el desarrollo, qué es un mejor desarrollo y cómo lograr un mejor desarrollo, el Partido Comunista Chino ha logrado finalmente formar un innovador sistema teórico. Luego del XVIII Congreso Nacional, frente a la nueva situación, las nuevas tareas y las nuevas expectativas de la gente, el Partido Comunista Chino profundizó aún más su entendimiento acerca de la esencia, el contenido y las vías de materialización del desarrollo, planteando que "el pueblo es la fuerza fundamental que

38 Hu Jintao (2016). *Hu Jintao Wenxuan. Di-er Juan [Obras Escogidas de Hu Jintao. Volumen II]*. Beijing: Renmin Chubanshe [Editorial del Pueblo], p. 167-168.

promueve el desarrollo, por lo que hay que mantener una idea de desarrollo focalizado en el pueblo". Asimismo, formuló sistemáticamente los cinco conceptos del desarrollo, a saber, el desarrollo innovador, coordinado, ecológico, abierto y con beneficios compartidos, aclarando la idea de desarrollo, señalando la dirección del desarrollo e identificando el enfoque del desarrollo.

El nuevo concepto de desarrollo no vino de la nada, sino que es producto de nuestra profunda síntesis de las experiencias y lecciones de los procesos de desarrollo en el interior y en el extranjero, y de un profundo análisis de las tendencias generales de desarrollo en el interior y el extranjero. Este concepto refleja la profundización del entendimiento del Partido acerca de las leyes del desarrollo económico y social, y se propone en respuesta a los problemas y contradicciones más prominentes en el proceso de desarrollo interno del país. Tras 30 años de acelerado crecimiento, China se ha convertido en la segunda economía mundial, con un PIB per cápita sustancialmente aumentado. Durante todo este proceso han surgido problemas y contradicciones bastante prominentes, incluidos el desequilibrio en la estructura económica, el retraso en el desarrollo social, las disparidades entre el desarrollo regional, urbano y rural, la creciente brecha en los ingresos, la contaminación ambiental y la degradación ecológica. Si estos problemas no son resueltos, el proceso de modernización de China se verá severamente afectado. Los cinco conceptos de desarrollo justamente nacen para resolver estas nuevas contradicciones.

En primer lugar, el nuevo concepto de desarrollo propone un crecimiento centrado en la gente. Como señala Xi Jinping: "las aspiraciones de la gente a una vida mejor son justamente el objetivo por el cual debemos esforzarnos, y debemos avanzar firmemente por el camino hacia la prosperidad común"[39]. La Quinta Sesión Plenaria del XVIII Congreso Central del Partido reafirmó este punto. A este respecto, Xi Jinping señaló que la reforma debe dirigirse de manera tal que favorez-

39 Xi Jinping (2017). *Xi Jinping Tan Zhiguo Lizheng Di-er Juan [Xi Jinping: La Gobernación y Administración de China. Volumen II].* Beijing: Waiwen Chubanshe [Editorial de Lenguas Extranjeras], p. 4.

ca el desarrollo, pero también debe dirigirse de manera tal que favorezca la protección de la equidad y la justicia sociales. Es preciso promover la reforma estructural por el lado de la oferta a partir de la innovación institucional, y enfocarse en resolver los problemas institucionales que obstaculizan el desarrollo económico y social. Hay que plasmar la idea de desarrollo centrado en la gente en cada uno de los eslabones del desarrollo económico y social, y lograr captar y promover lo que a la gente le preocupa y lo que la gente espera, brindándole al pueblo un mayor sentimiento de satisfacción mediante la reforma[40].

En segundo lugar, ya no hay que hablar de héroes simplemente en función de la tasa de crecimiento del PIB. "Hay que poner la atención tanto en el desarrollo como en las bases, mirar tanto los resultados obtenidos como los resultados potenciales, y tomar como parámetros de evaluación los logros tangibles y otros índices tales como la mejora de la vida de la gente, el progreso social y la rentabilidad ecológica. Ya no se puede hablar de héroes simplemente en función de la tasa de crecimiento del PIB"[41]. Xi Jinping destaca además que "no se deben tomar las metas regulatorias nacionales como línea de referencia para el desarrollo económico local, ni hay que competir entre sí para tener tasas de crecimiento más altas. Hay que cambiar el enfoque para mejorar la calidad y los retornos del crecimiento económico, para promover un desarrollo económico sostenible y saludable, y para lograr un crecimiento del PIB genuino en lugar de inflado y alcanzar un desarrollo de alta calidad, eficiente y sostenible"[42].

En tercer lugar, hay que aferrarse a la idea de que las aguas cristalinas y las verdes montañas son cordilleras de oro y plata. El 7 de

---

40 Xi Jinping (2017). *Xi Jinping Tan Zhiguo Lizheng Di-er Juan [Xi Jinping: La Gobernación y Administración de China. Volumen II].* Beijing: Waiwen Chubanshe [Editorial de Lenguas Extranjeras], p. 103.

41 Xi Jinping (2017). *Xi Jinping Tan Zhiguo Lizheng [Xi Jinping: La Gobernación y Administración de China].* Beijing: Waiwen Chubanshe [Editorial de Lenguas Extranjeras], p. 419.

42 Xi Jinping (2017). *Xi Jinping Tan Zhiguo Lizheng [Xi Jinping: La Gobernación y Administración de China].* Beijing: Waiwen Chubanshe [Editorial de Lenguas Extranjeras], p. 111.

septiembre de 2013, durante un discurso en la Universidad de Nazarbayev, Xi Jinping expuso la idea de que las aguas cristalinas y las verdes montañas son cordilleras de oro y plata, y destacó que la construcción de una civilización ecológica y de una China hermosa son actualmente las principales tareas estratégicas de China. En su carta de felicitación a la reunión anual del Foro Internacional de Civilización Ecológica de Guiyang en 2013, Xi Jinping señaló que encaminarse hacia la nueva era de la civilización ecológica y construir una China hermosa son una parte fundamental del sueño chino de revitalización de la nación. China se guiará por los principios de respeto, adaptación y protección de la naturaleza, e implementará políticas estatales para la conservación de recursos y la protección del medio ambiente. Asimismo, promoverá con más esmero el desarrollo verde, circular y bajo en carbono, e integrará la tarea de construcción de la eco-civilización en todo el proceso de construcción económica, política, cultural y social, a fin de dejarles a las generaciones venideras un hogar más bello, con cielos celestes, suelos verdes y aguas cristalinas[43].

Contenido básico

En octubre de 2015, Xi Jinping presentó en la Quinta Sesión Plenaria del XVIII Comité Central del PCCh el concepto de desarrollo con innovación, coordinación, ecología, apertura y beneficios compartidos. Dentro de este concepto, el énfasis en la innovación apunta a resolver el problema de la fuerza motriz del desarrollo, el énfasis en la coordinación apunta a resolver el problema del desequilibrio en el desarrollo, el énfasis en la ecología apunta a resolver el problema de la armonía entre el hombre y la naturaleza, el énfasis en la apertura apunta a resolver el problema de la interacción entre China y el resto del mundo, y el énfasis en los beneficios compartidos apunta a resolver el problema de la equidad y la justicia social. Xi destacó además que ad-

43 Xi Jinping (2017). *Xi Jinping Tan Zhiguo Lizheng Di-er Juan [Xi Jinping: La Gobernación y Administración de China. Volumen II].* Beijing: Waiwen Chubanshe [Editorial de Lenguas Extranjeras], p. 211.

herir al nuevo concepto de desarrollo significa una profunda transformación que concierne al desarrollo general de todo el país. A partir de entonces, el concepto de desarrollo y el proceso mismo de desarrollo de China pasaron a una nueva etapa de práctica, cuyos principales puntos serán presentados en el capítulo 3 del presente libro.

Capítulo II

Orígenes de la Teoría y Evolución de las Políticas de la Reforma y la Apertura

La reforma y la apertura es la receta mágica que le permitió a China salir adelante a pasos agigantados, es un factor crucial y determinante en el destino de la China actual, y es la clave para lograr las metas de los dos centenarios y para materializar el sueño chino de la gran revitalización de la nación. Durante los años de reforma y apertura, que ya son más de 40, el Partido Comunista de China y el gobierno chino han tomado todo tipo de medidas y, partiendo de distintos ángulos tales como el establecimiento de un sistema de derechos de propiedad, la especialización en la división del trabajo, la expansión de los mercados interno y externo, la movilidad de factores y la participación en el sistema económico internacional, han ido abriendo un camino de apertura y reforma con características propiamente chinas.

2.1 Entendimiento de la reforma y la apertura

A partir de la Tercera Sesión Plenaria del XI Comité Central del PCCh en 1978, China entró en una etapa de desarrollo completamente nueva. Durante todos estos años, el PCCh celebró 8 congresos nacionales (del XII al XIX Congreso Nacional), y guiando a la gente bajo los principios del Marxismo, con los pies puestos en la realidad de China pero al ritmo de desarrollo de la era, fue dando forma poco a poco a un sistema completo de políticas de reforma y apertura. Esta sección se propone exponer ordenadamente el proceso evolutivo del esquema general de reforma y apertura de China desde 1978 en adelante. Para ello se tomarán como base las declaraciones clave en los informes de los congresos nacionales previos, ya que a través de estas se puede observar cómo el Partido Comunista de China fue guiando a la gente y evaluando las condiciones de cada etapa para elaborar y emitir una serie de efectivas políticas y medidas[1].

2.1.1 Informe del XII Congreso Nacional del Partido Comunista de China (1982)

Apoyarse en la autosuficiencia y el esfuerzo propio

La reforma y la apertura de China deben basarse en la autosuficiencia y en el esfuerzo propio, esto es una premisa inquebrantable. La expansión del intercambio económico y tecnológico con el extranjero es para fortalecer la autosuficiencia e impulsar el desarrollo económico del pueblo, y por ningún motivo puede resultar perjudicial para la economía. No hay que importar ciegamente lo que se pueda manufacturar y proveer dentro del país, especialmente los productos de consumo diario. Bajo la premisa de una planificación unificada, de políticas también unificadas y de integración con acciones orientadas al exterior, hay que aprovechar al máximo las iniciativas de los gobiernos locales, los depar-

1 El contenido de la presente sección está elaborado por el autor a partir de los informes de los congresos nacionales previos del Partido Comunista de China.

En 1980 se crearon las cuatro zonas económicas especiales en Shenzhen, Zhuhai, Shantou y Xiamen. La creación de estas zonas y la aplicación de políticas y regímenes económicos especiales en ellas fue un gran avance de la política básica estatal de apertura de China. La imagen muestra la etapa inicial de construcción de la zona económica especial de Shenzhen, en mayo de 1981.

tamentos gubernamentales y las empresas de llevar a cabo actividades económicas orientadas al exterior, y oponerse a cualquier conducta que perjudique los intereses del Estado nacional. Bajo ninguna circunstancia podemos olvidar que los países y las empresas capitalistas no cambiarán su esencia capitalista por el simple hecho de tener intercambio económico y tecnológico con nosotros. Durante todo el proceso de implementación de las políticas de apertura, debemos estar alerta y resistirnos determinadamente a la erosión del pensamiento capitalista, y oponernos a cualquier tipo de conducta o concepción que implique adoración hacia lo extranjero.

Ampliación del intercambio económico y tecnológico bajo el principio de equidad y beneficio mutuo

En el proceso de apertura, China mantiene firmemente la política estratégica de ampliar el intercambio económico y tecnológico bajo el principio de equidad y beneficio mutuo. Es preciso fomentar la incorporación de productos chinos al mercado internacional y expandir vigorosamente el comercio exterior. Hay que hacer el mayor uso posible de los fondos extranjeros para la construcción nacional, para lo cual debemos hacer todos los preparativos necesarios y definir correctamente los fondos nacionales indispensables y todas las medidas de apoyo que hagan falta. Hay que incorporar activamente tecnologías avanzadas que nos sean útiles de acuerdo a nuestra situación nacional, y esforzarse especialmente en digerir y desarrollar aquellas tecnologías que sirvan a la renovación tecnológica de nuestras empresas, de manera que puedan impulsar el crecimiento de la producción de China.

2.1.2 Informe del XIII Congreso Nacional del Partido Comunista de China (1987)

Expansión de la apertura en amplitud y profundidad

El mundo de hoy es un mundo abierto. China ya ha obtenido enormes logros en su proceso de implementación de esta política nacional fundamental que es la apertura. De ahora en adelante, China debe cobrar más valor para incorporarse al escenario político mundial y elegir correctamente sus estrategias de importación y exportación y sus estrategias de utilización de fondos extranjeros. Asimismo, debe ampliar aún más la cooperación tecnológica, económica y comercial con los demás países del mundo, incluidos los países en desarrollo y los desarrollados, a fin de crear condiciones favorables para un progreso tecnológico nacional más acelerado y para un mayor beneficio económico.

Incrementar el ingreso de divisas por exportación mediante múltiples mecanismos

La capacidad de obtener divisas mediante la exportación determina en gran medida el grado y el alcance de la apertura de China, e influye en la escala y el avance del crecimiento económico nacional. Es preciso partir de las necesidades del mercado internacional y de las ventajas de

En abril de 1988 se fundó la provincia de Hainan y se creó la zona económica especial de Hainan, que es la zona económica especial de mayor superficie de toda China. La imagen muestra a la gente festejando la fundación de la provincia.

la situación interna para desarrollar activamente industrias y productos de exportación que sean competitivos, eficientes y de rápido efecto. Es preciso también mejorar fuertemente la calidad de los productos de exportación, organizar razonablemente su estructura y explotar el mercado internacional en múltiples direcciones, a fin de alcanzar un crecimiento rápido y sostenido en el comercio de exportación. Paralelamente, se debe desarrollar activamente el turismo, la exportación de servicios laborales y la exportación de tecnologías, para tratar de incrementar los ingresos en divisas no comerciales. Las importaciones deben focalizarse en la atracción de tecnologías avanzadas y de equipamientos clave, y al mismo tiempo hay que trabajar para mejorar la calidad y el rendimiento de todos los demás equipos o productos que puedan ser producidos dentro del país, apoyándonos fundamentalmente en el mercado nacional. Hay que desarrollar activamente la producción orientada a la sustitución de productos importados, adoptando las políticas y medidas necesarias para ello, a fin de acelerar el crecimiento de la producción local. Para expandir más el intercambio con el extranjero, es preciso reformar resuelta y ordenadamente el propio sistema de comercio exterior, y para ello hay que apuntar a que las empresas de comercio exterior asuman la responsabilidad de sus propias ganancias y pérdidas, a que se liberalicen las operaciones, a que se integren la industria y el comercio y a que se implemente el sistema de agencias comerciales.

En cuanto al uso de fondos extranjeros, es necesario mantenerse dentro de un margen adecuado y una estructura razonable de acuerdo al nivel de solvencia interna y a la posibilidad de apoyarse en fondos y materiales nacionales, a fin de aprovechar mejor los beneficios económicos generales provenientes del uso de capital extranjero. Asimismo, para atraer más capitales extranjeros hay que perfeccionar la legislación referida a las actividades económicas en interacción con el extranjero, implementar políticas preferenciales, mejorar el entorno para la inversión y permitir a los empresarios extranjeros desarrollar negocios en territorio chino de acuerdo a las prácticas internacionales.

Formación gradual de un patrón de apertura

Hay que seguir consolidando y desarrollando el patrón de apertura de "zonas económicas especiales - ciudades costeras abiertas - áreas costeras de desarrollo económico - interior" que se ha ido formando gradualmente. Partiendo de la situación general de la economía nacional, hay que determinar correctamente los planes de desarrollo y construcción de zonas económicas especiales y de ciudades y regiones abiertas, concentrarse en el desarrollo de una economía orientada a la exportación y desarrollar activamente alianzas económicas horizontales en el interior, para aprovechar plenamente su papel de base y ventana en la apertura.

2.1.3 Informe del XIV Congreso Nacional del Partido Comunista de China (1992)

Luego de la visita de Deng Xiaoping al sur del país en 1992, el proceso de reforma y apertura cobró un nuevo impulso. En base a las exigencias del establecimiento del sistema de economía de mercado socialista, China promovió fuertemente la reforma en los regímenes de finanzas, tributación, banca, comercio exterior, cambio de divisas, planificación, inversión, precios, circulación, vivienda y seguridad social, fortaleciendo notoriamente el rol del mercado como base en la distribución de recursos y estableciendo preliminarmente un sistema de regulación y control macroeconómicos. La reforma de las empresas de propiedad estatal se promovió activamente mediante proyectos piloto, y el modelo basado en la propiedad pública y en el desarrollo conjunto de múltiples componentes económicos continuó avanzando. La economía orientada al exterior, la cooperación y el intercambio tecnológico continuaron creciendo, el comercio exterior y el uso de fondos extranjeros aumentaron sustancialmente y crecieron significativamente las reservas nacionales de divisas.

Formación de un patrón de apertura de múltiples niveles, canales y orientaciones

Se establecieron cuatro zonas económicas especiales en Shenzhen, Zhuhai, Shantou y Xiamen, y los hechos demostraron posteriormente su naturaleza socialista, no capitalista. Seguidamente, se abrieron más de una docena de ciudades costeras, al igual que áreas económicas en el delta del río Yangtze, el delta del río Perla, el sureste de Fujian y alrededor del perímetro de la bahía de Bohai. Además, se autorizó la declaración de la isla de Hainan como provincia y más tarde como zona económica especial. El número de áreas abiertas al resto del mundo continuó creciendo de manera constante, y las zonas costeras, con 200 millones de habitantes, prosperaron rápidamente, dando un gran impulso a la reforma, la apertura y el desarrollo económico en el país en su conjunto.

"A fin de acelerar la reforma y la apertura y promover el desarrollo económico y social, debemos realizar esfuerzos continuos para mejorar la gestión de las zonas económicas especiales, las ciudades costeras abiertas y las áreas costeras abiertas de desarrollo económico. Debemos abrir más áreas a lo largo de las costas y en las provincias del interior y regiones autónomas. También es preciso abrir más ciudades a lo largo del río Yangtze, mientras nos concentramos en el desarrollo y la apertura del área de Pudong de Shanghai. Queremos convertir a Shanghai en un centro económico, financiero y comercial internacional lo antes posible y lograr un nuevo salto en el desarrollo económico del delta y toda la cuenca del río Yangtze. Debemos acelerar la apertura y el desarrollo de Guangdong, Fujian, Hainan y el borde de la bahía de Bohai, permitiendo que Guangdong y otras áreas donde las condiciones son propicias alcancen básicamente el objetivo de modernización en 20 años."

Ampliación de las áreas de inversión extranjera y mejora del entorno de inversión

Es preciso abrir más áreas a la inversión extranjera. Debemos adoptar modelos más flexibles, seguir mejorando el entorno de inversión y ofrecer mejores condiciones para que los empresarios extranjeros inviertan y hagan negocios en China, otorgándoles a su vez suficiente protección legal. Es preciso atraer inversión extranjera de acuerdo a la política industrial nacional, canalizándola hacia instalaciones de infraestructura, industrias básicas, empresas que necesitan ser transformadas técnicamente o industrias intensivas en capital o tecnología, y también, en cierta medida, destinarlas a las áreas de banca, comercio, turismo y sector inmobiliario, entre otros. Debemos asegurar una distribución racional y una mejor gestión de las zonas de desarrollo económico y tecnológico y de las zonas de desarrollo para las industrias que utilizan alta y nueva tecnología.

Desarrollo enérgico de una economía orientada a la exportación en la costa oriental de China

La región costera del este de China debe hacer todo lo posible por desarrollar una economía orientada a la exportación, concentrándose en desarrollar industrias y productos que generen un alto valor agregado, que generen divisas y que se produzcan con tecnología avanzada y un uso eficiente de la energía y las materias primas. La región debe utilizar más capital extranjero y otros recursos externos para lograr una mayor tasa de crecimiento y un mejor desempeño económico. A través

En abril de 1990, el Comité Central del PCCh y el Consejo de Estado decidieron desarrollar y abrir la Zona de Pudong de Shanghai, dando un nuevo paso adelante en el proceso de apertura de China. La imagen muestra la Nueva Zona de Pudong vista desde lo lejos en la década de 1990.

de una planificación general, el Estado debe apoyar las regiones central y occidental, que están dotadas de abundantes recursos naturales, y las áreas fronterizas, que tienen un gran potencial para abrirse al mundo exterior. Para ayudar a establecer una economía de mercado, estas regiones y áreas deben abrirse más rápidamente a las otras partes del país y al exterior. Deben desarrollarse más proyectos de infraestructura para facilitar la utilización de sus recursos naturales y desarrollar industrias y productos para los que están particularmente bien adaptados. Cuando las condiciones lo permitan, se debe desarrollar activamente el comercio de exportación para estimular el crecimiento de toda la economía local. En lugar de intentar construir economías propias, aisladas y autosuficientes, las regiones deben unirse bajo el interés de la nación en su conjunto, evitando el desarrollo de proyectos redundantes y la duplicación de importaciones. Es preciso promover el intercambio racional y la cooperación entre las regiones, para formar un nuevo patrón de circulación económica beneficioso para todos. En nuestro esfuerzo por desarrollar las economías regionales sobre la base de sus características geográficas naturales y los vínculos económicos existentes, debemos aprovechar al máximo las ciudades clave.

Expansión de mercados internacionales, diversificación de socios comerciales y desarrollo de una economía orientada a la exportación

Debemos expandir el comercio de exportación, mejorar la combinación de productos de exportación y mejorar la calidad y el nivel de los productos de exportación. Al mismo tiempo, debemos aumentar las importaciones en una cantidad adecuada y hacer uso de más recursos extranjeros y tecnología avanzada. Debemos profundizar la reforma del sistema de gestión del comercio exterior y establecer, lo antes posible, un nuevo sistema acorde con el desarrollo de la economía socialista de mercado y adaptado a las normas internacionales. Debemos otorgar a las empresas y a los institutos de investigación en ciencia y tecnología la facultad de participar en el comercio exterior, y debemos alentar a las empresas a expandir sus inversiones en el exterior y sus operaciones transnacionales.

2.1.4 Informe del XV Congreso Nacional del Partido Comunista de China (1997)

Este fue un período muy fructífero para la reforma y la apertura. El sistema de economía de mercado socialista quedó preliminarmente establecido, el sector público de la economía continuó robusteciéndose y la reforma de las empresas de propiedad estatal siguió avanzando de manera estable. Los sectores no públicos de la economía tales como las empresas de propiedad privada y los particulares tuvieron también un acelerado desarrollo durante esta etapa. Asimismo se desplegó plenamente la construcción del sistema de mercado, continuó perfeccionándose el sistema de regulación y control macroeconómicos y se aceleró la transformación en las funciones gubernamentales. Paralelamente, la reforma financiera, tributaria, bancaria, de circulación, vivienda y de organismos gubernamentales se fue profundizando más y más; la economía abierta siguió desarrollándose de manera acelerada; el comercio de mercancías y servicios y el flujo de capital crecieron significativamente y la reserva nacional de divisas aumentó de manera sustancial. En este período, China se incorporó a la Organización Mundial del Comercio, dando inicio a una nueva etapa de apertura.

Trabajar para una mayor apertura

La apertura es una política estatal que se implementa en el largo plazo. Frente a la tendencia a la globalización económica y tecnológica, hay que encaminarse hacia el mundo con una actitud más positiva que nos permita perfeccionar nuestro modelo de apertura llevándolo a múltiples áreas y niveles. Debemos desarrollar una economía abierta para fortalecer nuestra competitividad a nivel internacional, como también debemos optimizar la estructura económica y mejorar la calidad de la economía nacional.

Expandir el comercio de mercancías y servicios y optimizar la estructura de importación y exportación

Hay que mantener las estrategias de diversificación de mercados y de competencia en calidad, y trabajar activamente para abrir el mercado internacional. Para ello hay que reducir más los impuestos aduaneros y alentar a la introducción de tecnología avanzada y de equipamientos clave. Hay que profundizar la reforma del sistema económico y comercial orientado al extranjero, perfeccionar el sistema de agencias comerciales y ampliar los derechos de operación de comercio exterior de las empresas, creando un ambiente regulatorio de competencia igualitaria. Asimismo hay que participar activamente en la cooperación económica regional y en el sistema multilateral de comercio.

Hacer un buen uso de los mercados y recursos internos y externos

Hay que aprovechar la inversión extranjera razonable y efectivamente, de manera tal que permita promover ordenadamente la apertura de la industria de servicios. Para ello hay que proteger los derechos e intereses de las empresas con inversión extranjera de conformidad con la ley, aplicar el principio de trato nacional y fortalecer el soporte y la supervisión. Paralelamente hay que fomentar la inversión extranjera que permita explotar las ventajas comparativas de China. Por otro lado, hay que perfeccionar e implementar los marcos regulatorios y legales referidos a la economía y al comercio con orientación al extranjero, y hay que manejar correctamente la relación de la apertura con la independencia, la autonomía y la autosuficiencia, protegiendo siempre la seguridad económica nacional.

Asimismo, debemos mejorar la gestión de las zonas económicas especiales y la Nueva Zona de Pudong en Shanghai, fomentando el avance de estas áreas en cuanto a innovación estructural, renovación industrial y ampliación de la apertura, y procurando que cumplan un papel modelo que inspire a otras regiones a nivel nacional.

2.1.5 Informe del XVI Congreso Nacional del Partido Comunista de China (2002)

En esta etapa China obtuvo enormes logros en su proceso de apertura. Por un lado, siguió profundizándose la reforma general agraria, ya que durante este período se eliminaron todos los impuestos a la agricultura, la ganadería y los productos agrícolas especiales y se fortalecieron las políticas de apoyo y beneficio a la agricultura. También tuvieron grandes avances las reformas en el sistema de administración de los activos estatales, en las empresas de propiedad estatal y en las áreas de finanzas, impuestos, inversión, precios y tecnología. Asimismo, continuó desarrollándose la economía de propiedad no pública, siguió consolidándose el sistema de mercado y de macrocontrol, y se aceleró la transformación de las funciones gubernamentales. Por otro lado, las importaciones y exportaciones totales aumentaron significativamente y la implementación de la estrategia de "salir al mundo" ("go global") continuó avanzando a paso firme, llevando a la economía de apertura a una nueva etapa. El sistema de mercado modernizado y el sistema de macrocontrol continuaron fortaleciéndose,y siguieron avanzando de manera estable las reformas en impuestos, finanzas, precios, tecnología, educación, seguridad social, salud y en instituciones públicas. La economía de apertura llegó a un nivel sin precedentes, y las cifras de importación y exportación colocaron al país en el segundo puesto a nivel mundial.

A lo largo de la implementación de nuevas políticas de reforma y apertura, China fue perfeccionando constantemente su sistema de economía de mercado socialista. Durante todo este proceso, China promovió firmemente la reforma en cada aspecto, y lo hizo de manera gradual y ordenada, partiendo de las condiciones reales del país, fomentando el avance del todo en su conjunto pero focalizándose en proyectos clave, y poniendo especial atención a la construcción e innovación institucional. China persistió en dirigir la reforma hacia una economía de mercado socialista, procurando que, bajo el macrocontrol estatal, el mercado juegue un rol fundamental en la distribución de los recursos.

Persistir en las políticas de "introducir de afuera" y "salir al mundo", participar activamente en la cooperación y competencia económica y tecnológica internacional y ampliar constantemente la apertura

Debemos persistir en combinar la estrategia de "introducir de afuera" ("bring in") con la de "salir al mundo" ("go global") y elevar en todos los sentidos el nivel de apertura al exterior. En respuesta a la nueva situación de globalización económica y a la entrada de China en la OMC, es necesario participar en la cooperación y competencia económica y tecnológica internacional a una escala más amplia, en más esferas y en un nivel superior, aprovechar a pleno los mercados tanto nacional como internacional, optimizar la asignación de recursos, ampliar el espacio para el desarrollo y acelerar la reforma y el desarrollo mediante la apertura. Hay que expandir el comercio de bienes y servicios, implementar la estrategia de diversificación del mercado, poner en juego nuestras ventajas comparativas, consolidar nuestros mercados

En noviembre de 2001, se celebró en Doha, Qatar, la Cuarta Conferencia Ministerial de la OMC, en la cual se revisó y aprobó la adhesión de China a dicha organización. La imagen muestra a los representantes del gobierno chino firmando el Protocolo de Adhesión de China a la OMC, el día 11 de noviembre.

existentes y abrir nuevos en un esfuerzo por aumentar las exportaciones. Hay que persistir en ganar la competencia por la calidad y elevar la competitividad de las mercancías y servicios de exportación. Es preciso además optimizar nuestra composición de las importaciones, enfocándonos en traer tecnología avanzada y equipos clave. También hay que profundizar la reforma del sistema de relaciones comerciales y económicas con otros países, alentando a más empresas a participar en el comercio exterior y mejorando los sistemas impositivos pertinentes y el mecanismo de financiación del comercio.

Otras políticas de reforma y apertura

Hay que atraer más inversión extranjera directa procurando utilizarla de manera más eficaz, y hay que abrir gradualmente el sector de servicios al mundo exterior. Hay que aprovechar de diversos modos las inversiones foráneas a mediano y largo plazo, combinándolas con la reestructuración económica y con la reorganización y reconversión de las empresas estatales, y estimular a las empresas transnacionales a invertir en la agricultura, la industria manufacturera y las industrias de alta y nueva tecnología. Asimismo hay que intentar atraer profesionales del extranjero y recursos intelectuales de diversas especialidades. También se debe mejorar el ambiente de inversión, otorgar trato nacional a los inversionistas extranjeros y hacer más transparentes las políticas y regulaciones pertinentes. La implementación de la estrategia de "salir al mundo" es una importante medida en la nueva etapa de apertura, por lo que es imperativo estimular y apoyar a las empresas de distintas formas de propiedad dotadas de ventajas comparativas para que inviertan en el exterior y promuevan la exportación de mercancías y de servicios laborales, permitiendo la formación de un determinado número de empresas transnacionales poderosas y de marcas prestigiosas. Por otro lado, es preciso participar activamente en la cooperación y los intercambios económicos regionales. Para abrirnos más al mundo exterior, debemos prestar gran atención a salvaguardar nuestra seguridad económica nacional.

2.1.6 Informe del XVII Congreso Nacional del Partido Comunista de China (2007)

En esta etapa, la reforma integral de China avanzó de manera impetuosa tanto en el campo como en la ciudad, y no solo en la economía sino también en todas las demás áreas, convirtiéndose en la característica más distintiva de la China moderna. Las puertas de China se abrieron firme y decididamente de este a oeste y de las costas marítimas a las riberas de los ríos, y esta gran reforma y apertura sin precedentes históricos despertó el entusiasmo de cientos de millones de personas, permitiendo que China logre la histórica transición de una economía altamente planificada a un sistema económico de mercado socialista lleno de vitalidad, y de un aislamiento o semi-aislamiento a una apertura en todos los niveles.

Ampliar la apertura en alcance y profundidad y mejorar la economía abierta

Adhiriendo siempre a la política estatal básica de apertura, hay que integrar mejor la estrategia de "introducir de afuera" con la de "salir al mundo". Respecto a la apertura, hay que expandir sus áreas, optimizar su estructura y mejorar su calidad, y en cuanto a la economía abierta, hay que convertirla en un sistema económico abierto seguro y eficiente, en el que interactúen el desarrollo interno y la apertura al exterior, y en el que las empresas chinas y sus contrapartes extranjeras colaboren de manera mutuamente beneficiosa, a fin de que China pueda desarrollar nuevas ventajas en la cooperación económica y la competencia internacional, en medio de la globalización económica. Es preciso además profundizar la apertura de las zonas costeras, acelerar la de las zonas del interior y mejorar la de las zonas fronterizas, de modo que se estimulen mutuamente la apertura hacia adentro y hacia afuera. También hay que acelerar la transformación del modo de crecimiento del comercio exterior, poniendo énfasis en la calidad, ajustando la composición de las importaciones y exportaciones, promoviendo la transformación y mejora del comercio de elaboración y desarrollando enérgicamente el comercio de servicios. Hay que innovar en la forma de utilizar el capital extranjero, mejorar la estructura de la utilización de inversión extranjera, y procurar que el capital extranjero desempeñe un papel positivo en la innovación independiente, la renovación industrial y desarrollo equilibrado entre regiones.

Acelerar y mejorar la internacionalización de las empresas chinas

Hay que innovar en las formas de cooperación e inversión en el exterior, apoyar a las empresas nacionales en la realización de operaciones internacionales de investigación y desarrollo, producción y comercialización, y acelerar el crecimiento de las corporaciones multinacionales chinas y de las marcas chinas de reconocimiento internacional. Asimismo, hay que desarrollar enérgicamente una cooperación internacional mutuamente beneficiosa en energía y recursos, implementar una estrategia de zonas francas y ampliar la cooperación comercial y económica multilateral. También es preciso adoptar medidas integrales para mantener un equilibrio en la balanza de pagos, y procurar protegernos de los riesgos económicos internacionales.

2.1.7 Informe del XVIII Congreso Nacional del Partido Comunista de China (2012)

La reforma y la apertura son el único camino posible para poder mantener y desarrollar el socialismo con características chinas. Por eso es que hay que aplicar el espíritu de innovación y reforma en cada aspecto de la administración estatal, y manteniéndose en la dirección de reforma hacia la economía de mercado socialista y en las políticas estatales básicas de apertura, hay que seguir promoviendo sostenidamente la innovación teórica, institucional, científico-tecnológica, cultural y en cualquier otro aspecto, de manera tal que el sistema socialista chino pueda seguir perfeccionándose y desarrollándose de manera autónoma.

En respuesta a los nuevos avances de la globalización económica, es preciso implementar una estrategia de apertura más proactiva y mejorar la economía abierta para que promueva el beneficio mutuo y sea diversificada, equilibrada, segura y eficiente. Hay que acelerar la transformación en el modo de crecimiento de la economía orientada al exterior y fomentar la apertura en dirección a su optimización estructural, la expansión de su alcance y al aumento de sus beneficios. También hay que innovar en el modo de apertura; alentar a las áreas costeras, interiores y fronterizas a complementar sus fortalezas en la apertura; desarrollar zonas abiertas que tomen el liderazgo en la cooperación y la competencia económica mundial; y formar áreas líderes de apertura que impulsen el desarrollo regional. Es preciso seguir otorgando la misma importancia a la exportación y la importación, coordinar mejor las políticas comerciales e industriales y hacer que las exportaciones de China sean más competitivas en términos de tecnología, marca, calidad y servicio. Hay que transformar y renovar el comercio de elaboración, desarrollar el comercio de servicios y promover un desarrollo equilibrado del comercio exterior. Asimismo, hay que aprovechar al máximo la posición ventajosa general en la utilización de capital extranjero y hacer un mejor uso de dicha inversión, a la par de redoblar los esfuerzos para atraer inversiones, tecnología y profesionales de alto calibre del extranjero. Las empresas chinas deben acelerar su expansión en el extranjero y mejorar su operación en un entorno internacional, para poder desarrollar un grupo de corporaciones multinacionales de nivel mundial. Hay que planificar la apertura y cooperación bilateral, multilateral, regional y subregional, acelerar la implementación de la estrategia de construcción de zonas de libre comercio y promover la conectividad de la infraestructura con los países vecinos. Es preciso estar en mejores condiciones para resistir a los riesgos económicos internacionales.

2.1.8 Informe del XIX Congreso Nacional del Partido Comunista de China (2017)

Debemos perseverar en la profundización integral de la reforma. Solo el socialismo puede salvar a China y solo la reforma y la apertura pueden hacer crecer a China, al socialismo y al marxismo. Hay que mantener y perfeccionar el sistema de socialismo con peculiaridades chinas; promover constantemente la modernización de los sistemas y de la capacidad para gobernar el país; erradicar decididamente todas las ideas y conceptos obsoletos, así como todas las negligencias institucionales; romper con los bloqueos de los intereses creados; aprovechar los logros de las demás civilizaciones; y desarrollar un sistema institucional completo, basado en procedimientos y operacionalmente eficaz, aprovechando al máximo la superioridad del sistema socialista de China.

Hay que promover la formación de una nueva configuración de apertura integral. La apertura trae el progreso, mientras que el enclaustramiento conduce al atraso. Las puertas de China al exterior no se cerrarán, por el contrario, se abrirán cada vez más. China se centrará en la construcción de la Franja y la Ruta, persistirá en atribuir la misma importancia a la "introducción de afuera" y a la "salida al mundo",

En octubre de 2017 se reunió en Beijing el XIX Congreso Nacional del Partido Comunista de China.

se atendrá a los principios de consulta y deliberación, construcción conjunta y co-disfrute, y fortalecerá la apertura y la cooperación para el desarrollo de la capacidad innovadora, a fin de configurar un patrón de apertura caracterizado por la interacción del desarrollo terrestre y el marítimo, del interior y del exterior, y por el soporte recíproco entre el este y el oeste del país. Es preciso además ampliar el comercio exterior y desarrollar nuevas modalidades operativas y modelos comerciales, apuntando a la construcción de un país comercialmente fuerte. China implementará políticas encaminadas a alcanzar un alto grado de liberalización y facilitación del comercio y la inversión, aplicará integralmente el sistema de trato nacional y de lista negativa en la fase previa al ingreso de las empresas, facilitará significativamente el acceso al mercado, abrirá aún más el sector de servicios y protegerá los derechos e intereses legítimos de los inversores extranjeros. Todas las empresas registradas en China recibirán el mismo trato. Asimismo, se dará más equilibrio a la apertura regional y se intensificará la apertura del oeste. Se otorgará una mayor autonomía para realizar reformas a las zonas experimentales de libre comercio y se explorará la construcción de puertos de libre comercio. Se desarrollarán nuevas modalidades de inversión en el extranjero, se promoverá la cooperación internacional en capacidad productiva, se crearán redes de comercio, inversión, financiación, producción y servicios con orientación global, y se acelerará la creación de nuevas ventajas en la cooperación y la competencia económicas internacionales.

2.2 Evolución de las políticas durante la reforma y apertura

En diciembre de 1978 se celebró la Tercera Sesión Plenaria del XI Comité Central del Partido Comunista de China. Durante el cierre de la Conferencia Central de Trabajo desarrollada previamente, Deng Xioping pronunció un discurso titulado "Emancipar la mente, buscar la verdad en los hechos y unirnos para mirar al futuro", en el cual realizó una crítica integral a la desacertada política del "doble apoyo incondicional" (a los dichos de Marx y Engels), reafirmó la necesidad de comprender correcta y plenamente el sistema de ideas de Mao Zedong, y destacó como sumamente importante la discusión acerca de la práctica como único criterio para probar la verdad. Asimismo, suspendió definitivamente el uso del eslogan de "la lucha de clases como eslabón clave", y manifestó la decisión histórica de trasladar el foco de trabajo del Partido y el Estado a la construcción económica y la implementación de la reforma y la apertura. Esta Sesión Plenaria marcó la reformulación de la línea ideológica, política y organizativa marxista por parte del Partido Comunista de China, convirtiéndose en un punto de inflexión con profunda significación histórica desde la fundación de la Nueva China, y dando lugar al inicio de una nueva etapa de reforma, apertura y modernización socialista del país. De ahí en adelante, la reforma y la apertura se convirtieron en la política estatal básica, para ser plenamente implementadas. En cada período, China fue adoptando distintas medidas y políticas para profundizar más y más la reforma y apertura.

Tabla 1 Evolución general de la reforma y apertura de China

Año	Eventos Relevantes
1979	El 1 de julio, la Segunda Sesión del V Congreso Nacional del Pueblo aprueba la Ley de la República Popular de China sobre Empresas Conjuntas de Capital Sino-extranjero. El 15 de julio, el Comité Central del Partido Comunista y el Consejo de Estado aprueban y remiten los informes del Comité Provincial del Partido de Guangdong y el Comité Provincial de Fujian sobre la aplicación de políticas especiales y medidas flexibles para las actividades económicas extranjeras, y permiten la creación experimental de "Zonas Especiales de Exportación" en Shenzhen, Zhuhai, Shantou y Xiamen. El 16 de mayo de 1980, el Comité Central del PCCh y el Consejo de Estado aprueban y remiten el Acta de Reunión de las Provincias de Guangdong y Fujian, renombrando oficialmente las "Zonas Especiales de Exportación" bajo la denominación de "Zonas Económicas Especiales".
1980	El 17 de abril, China recupera su asiento legal en el Fondo Monetario Internacional. El 15 de mayo, China recupera su asiento legal en el Banco Mundial. El 10 de septiembre, la Tercera Sesión del V Congreso Nacional del Pueblo aprueba la Ley de la República Popular de China sobre el Impuesto a la Renta para las Empresas Conjuntas de Capital Sino-extranjero.
1983	El 8 de julio, durante una charla con compañeros del Comité Central, Deng Xiaoping señala que hay que utilizar el capital intelectual extranjero, invitar a especialistas extranjeros a participar de los proyectos de desarrollo clave y de cada área de la construcción nacional, aprovechándolos de la mejor manera; destaca además que hay que ampliar la apertura, que China es un gran mercado que debe ser bien utilizado, y que todo estos son asuntos de carácter estratégico.
1984	El 12 de marzo, la Cuarta Sesión del Comité Permanente del VI Congreso Nacional del Pueblo aprueba la Ley de Patentes de la República Popular de China. El 4 de mayo, el Comité Central del PCCh y el Consejo de Estado deciden abrir 14 nuevas ciudades portuarias a la inversión extranjera, incluidas Tianjin, Shanghai, Dalian, Qinhuangdao, Yantai, Qingdao, Lianyungang, Nantong, Ningbo, Wenzhou, Fuzhou, Guangzhou, Zhanjiang y Beihai, y proponen establecer gradualmente zonas de desarrollo económico y tecnológico. El 20 de octubre, la Tercera Sesión Plenaria del XII Comité Central del PCCh aprueba la Decisión Sobre la Reforma del Sistema Económico, estipulando las tareas, la naturaleza y las políticas de la reforma del sistema económico centrada en las ciudades, y declarando que la economía socialista es una "economía mercantil planificada basada en el sistema de propiedad pública".

1985	El 18 de febrero, el Comité Central del PCCh y el Consejo de Estado deciden abrir Zonas Económicas Abiertas en los deltas de los ríos Yangtze y Perla, y en el triángulo Xiamen-Zhangzhou-Quanzhou. El 13 de marzo, el Comité Central del PCCh emite la Decisión sobre la Reforma del Sistema de Gestión de Ciencia y Tecnología, proponiendo la política estratégica de apoyarse en la ciencia y la tecnología para el desarrollo económico y de orientar el trabajo de la ciencia y la tecnología hacia el desarrollo económico. El 28 de marzo, en una reunión con un invitado del extranjero, Deng Xiaoping expresa que la reforma es la segunda revolución de China. El 1 de abril, China empieza a implementar el sistema de devolución de impuestos a la exportación.
1986	El 12 de abril, la Cuarta Sesión del VI Congreso Nacional del Pueblo aprueba la Ley de la República Popular de China sobre Empresas de Capital Extranjero. El 11 de octubre, el Consejo de Estado emite las Disposiciones sobre el Fomento a la Inversión Extranjera, alentando a los inversores extranjeros a establecer empresas conjuntas de capital chino y extranjero, empresas conjuntas cooperativas sino-extranjeras y empresas de capital completamente extranjero en China. El 5 de diciembre, el Consejo de Estado emite las Regulaciones sobre la Expansión de la Reforma Empresarial y la Mejora de la Vitalidad Empresarial, permitiendo a las pequeñas empresas estatales probar operaciones de arrendamiento y contratación, y a las grandes y medianas empresas estatales adoptar diversas formas de sistemas de responsabilidad en la operación de sus negocios, y seleccionando algunas empresas estatales grandes y medianas en diferentes localidades para experimentar con sistemas de participación accionaria.
1987	El 1 de diciembre, la Zona Económica Especial de Shenzhen lanza la primera subasta de derechos de uso de tierras estatales del país.

1988	El 18 de marzo, el Consejo de Estado emite el Aviso sobre la Ampliación del Alcance de las Zonas Abiertas Económicas Costeras, determinando la incorporación de 140 nuevas ciudades y condados en las zonas costeras abiertas, incluyendo las tres capitales provinciales de Hangzhou, Nanjing y Shenyang. Posteriormente, el Consejo de Estado continuaría abriendo sucesivamente más ciudades en las riberas de los ríos, en las fronteras, en el interior y en las capitales provinciales, dando lugar a la formación de un patrón de apertura de múltiples niveles, múltiples vías y múltiples áreas. Del 25 de marzo al 13 de abril, la Primera Sesión del VII Congreso Nacional del Pueblo aprueba la enmienda constitucional, incorporando los artículos según los cuales "el Estado permite que el sector privado de la economía exista y se desarrolle dentro de los límites prescritos por la ley. El sector privado de la economía es un complemento de la economía pública socialista. El Estado protege los derechos e intereses legítimos del sector privado de la economía y ejerce orientación, supervisión y control sobre el sector privado de la economía" y "el derecho al uso de la tierra puede transferirse de acuerdo con la ley". Decide además dar a Hainan el estatus de provincia y establecer la Zona Económica Especial de Hainan. El 12 de septiembre, al escuchar un reporte de trabajo, Deng Xiaoping propone el concepto de "los dos intereses" (nacional e internacional), señalando que "las zonas costeras, que comprenden una vasta región con una población de 200 millones de habitantes, deberían acelerar su apertura al mundo exterior, por lo que hay que ayudarlas a desarrollarse rápidamente antes de promover el desarrollo del interior. El desarrollo de las zonas costeras es un interés de importancia primordial, y las provincias del interior deben subordinarse a él. Cuando las zonas costeras se hayan desarrollado en cierta medida, se les exigirá que presten aún más ayuda al interior. Entonces, el desarrollo de las provincias del interior será también un interés de importancia primordial, y las zonas costeras, a su vez, deberán subordinarse a ellas".
1990	El 12 de abril, la reunión del Buró Político del Comité Central del PCCh aprueba en principio el proyecto de apertura y desarrollo del área de Pudong remitido por el Consejo de Estado. El 24 de diciembre, durante una charla con compañeros del Comité Central, Deng Xiaoping expresa que "debemos entender teóricamente que la diferencia entre capitalismo y socialismo no es una economía de mercado en contraposición a una economía planificada. En el socialismo existe regulación por las fuerzas del mercado y en el capitalismo existe el control a través de la planificación. ¿Crees que el capitalismo tiene libertad absoluta sin ningún control? El estatus de nación más favorecida es también una forma de control. No hay que pensar que si tenemos economía de mercado estaremos tomando el camino capitalista. Eso simplemente no es cierto. Tanto una economía planificada como una economía de mercado son necesarias".

1991	El 6 de marzo, el Consejo de Estado emite el Aviso sobre la Aprobación de las Zonas Nacionales de Desarrollo para Industrias Nuevas y de Alta Tecnología y las Políticas y Disposiciones Relevantes, anunciando la decisión de designar 26 nuevas zonas de desarrollo nacionales para industrias nuevas y de alta tecnología (incluida la Zona de Desarrollo de Nuevas Tecnologías de Wuhan Donghu), en lugares que ya contaban con este tipo de proyectos, tras la aprobación de la Zona Piloto de Desarrollo de la Industria de Nuevas Tecnologías de Beijing en 1988.
1992	Del 18 de enero al 21 de febrero, Deng Xiaoping realiza visitas de inspección en las ciudades de Wuchang, Shenzhen, Zhuhai y Shanghai, y en sus discursos se expresa sobre varios problemas conceptuales que durante largo tiempo han ofuscado y condicionado el pensamiento de la gente. Estos discursos constituyen una nueva declaración sobre la emancipación del pensamiento y la búsqueda de la verdad en los hechos para avanzar hacia una nueva etapa de reforma, apertura y modernización. El 16 de junio, el Comité Central del PCCh y el Consejo de Estado emiten la Decisión de Acelerar el Desarrollo de la Industria Terciaria, señalando el objetivo de tratar de establecer en diez años o un poco más un sistema de mercado unificado socialista, un sistema integral de servicios socializados urbanos y rurales y un sistema de seguridad social que se adapten a las condiciones nacionales de China.
1993	El 14 de noviembre, la Tercera Sesión Plenaria del XIV Comité Central del PCCh aprueba la Decisión sobre Algunas Cuestiones Relativas al Establecimiento de una Economía de Mercado Socialista, señalando que el sistema económico de mercado socialista es inseparable del sistema básico socialista, y que el establecimiento del primero es para hacer que el mercado desempeñe un papel básico en la asignación de recursos bajo el macro control del Estado.
1994	El 11 de enero, el Consejo de Estado emite la Decisión sobre la Profundización de la Reforma del Sistema de Comercio Exterior, con el objetivo de unificar políticas, liberalizar las operaciones, tener una competencia equitativa, lograr que las empresas de comercio exterior asuman la responsabilidad de sus propias ganancias y pérdidas, procurar la integración de la industria y el comercio e implementar un sistema de agencias comerciales, a fin de establecer un mecanismo operativo que se adapte a las reglas convencionales de la economía internacional. El 25 de marzo, la Reunión Ejecutiva del Consejo de Estado aprueba la "Agenda 21 de China", definiendo la estrategia nacional para el desarrollo sostenible.

1995	El 28 de septiembre, Jiang Zemin pronuncia un discurso en el cierre de la Quinta Sesión Plenaria del XIV Comité Central del PCCh, en el cual realiza una exposición sistemática acerca de cómo tratar correctamente las 12 relaciones principales (incluida la relación entre la reforma, el desarrollo y la estabilidad) dentro del proceso de modernización del socialismo.
1997	El 24 de diciembre, durante un diálogo con un representante de la Conferencia Nacional de Trabajo de Inversión Extranjera, Jiang Zemin destaca la estrecha relación y el efecto impulsor recíproco de las políticas estatales básicas de "introducir de afuera" y "salir al mundo", enfatizando que ambas son igualmente necesarias.
1998	El 7 de diciembre, durante un discurso en la Conferencia Central de Trabajo Económico, Jiang Zemin destaca la necesidad de aumentar la demanda interna y de basar el desarrollo económico principalmente en el mercado interno.
2001	El 10 de noviembre, la Cuarta Conferencia Ministerial de la OMC, celebrada en Doha, Qatar, revisa y acepta por consenso la adhesión de China. El 11 de diciembre, China se convierte oficialmente en miembro de la OMC, iniciando una nueva etapa de apertura.
2004	El 31 de enero, el Consejo de Estado emite las Opiniones sobre la Promoción de la Reforma, la Apertura y el Crecimiento Constante de los Mercados de Capitales. El 21 de julio, previa aprobación del Consejo de Estado, el Banco Popular de China anuncia que desde ese día en adelante, China adopta un sistema de tipo de cambio flotante bajo administración, pero basado en el mercado y con referencia a una cesta de monedas, dando lugar a la formación de un mecanismo de cambio más flexible para el *renminbi*.

2008	En septiembre estalla la crisis financiera internacional provocada por la crisis de hipotecas subprime de Estados Unidos en 2007. Esta es para EE. UU. la crisis financiera más grave desde la "Gran Depresión" en la década de 1930, e impacta fuertemente en el orden financiero internacional. El 7 de octubre, la reunión del Comité Permanente del Buró Político del Comité Central del PCCh escucha el informe acerca de la situación de la crisis financiera internacional y las medidas a tomar. El 5 de noviembre, el Consejo de Estado convoca a una reunión ejecutiva para estudiar e implementar medidas de expansión de la demanda interna para promover un crecimiento económico rápido y constante. Del 8 al 10 de diciembre, la Conferencia Central de Trabajo Económico señala que el crecimiento sostenido debe lograrse fundamentalmente por medio de la demanda interna, debe estar orientado principalmente hacia la aceleración de la transformación del modo de desarrollo y la reestructuración, debe estar motivado fuertemente por la profundización de la reforma en áreas y segmentos clave y por la expansión de la apertura, y debe tener como punto de partida y punto de destino la mejora de la vida de la gente. El 15 de noviembre, Hu Jintao asiste a la primera Cumbre de Líderes del G-20 en Washington, EE. UU., y en su discurso insta a realizar las reformas necesarias al sistema financiero internacional. El 31 de diciembre, el Consejo de Estado aprueba el Esquema del Plan de Reforma y Desarrollo para la Región del Delta del Río Perla (2008-2020) , en el cual propone asumir el liderazgo y dar el ejemplo en las áreas de desarrollo económico del delta del río Perla y el área del pan-delta del río Perla, promoción de la cooperación entre Cantón, Macao y Hong Kong, prosperidad y estabilidad duraderas de Macao y Hong Kong, cooperación regional del área Asia-Pacífico, y competencia económica mundial.
2009	El 8 de abril, la Reunión Ejecutiva del Consejo de Estado decide lanzar un programa piloto para la liquidación comercial transfronteriza en RMB en Shanghai y cuatro ciudades de la provincia de Guangdong, incluidas Guangzhou, Zhuhai, Shenzhen y Dongwan. En agosto de 2011, la liquidación de transacciones comerciales transfronterizas en RMB se extiende a todo el país. El 31 de diciembre, el Consejo de Estado emite las Opiniones sobre la Promoción de la Construcción y el Desarrollo de la Isla de Turismo Internacional de Hainan.
2010	El 1 de enero, entra oficialmente en vigor el Área de Libre Comercio ANSA-China. Alrededor de esta fecha, China también firma acuerdos de libre comercio con Chile, Islandia, Suiza, Corea del Sur, Australia y Georgia, entre otros países. El 6 de diciembre de 2015, el Consejo de Estado emite las Opiniones para Acelerar la Implementación de Estrategias para Áreas de Libre Comercio. En el año 2010, el PIB de China alcanza los 40 billones de yuanes, lo que convierte al país en la segunda economía más grande del mundo.
2012	Del 7 al 11 de diciembre, en un discurso durante su visita de inspección a la provincia de Guangdong, Xi Jinping señala que la reforma de China ha pasado a una etapa crítica y a una zona de aguas profundas, por lo que hay que actuar con mayor valentía y sabiduría políticas y avanzar con la reforma en los sectores clave sin perder el tiempo.

2013	El 23 de marzo, en un discurso en el Instituto Estatal de Relaciones Internacionales de Moscú, Rusia, Xi Jinping expresa que la humanidad se convierte cada vez más en una comunidad con destino compartido en la que el otro tiene presencia en uno, y uno tiene presencia en el otro, y llama a los países a promover conjuntamente el establecimiento de un nuevo modelo de relaciones internacionales centrado en la cooperación y el beneficio compartido. El 28 de septiembre de 2015, Xi Jinping asiste al debate general de la 70 sesión de la Asamblea General de Naciones Unidas, celebrado en Nueva York, y pronuncia un discurso en el cual propone la construcción conjunta de nuevas relaciones de asociación basadas en la cooperación y el beneficio mutuo y de una comunidad con futuro compartido para la humanidad. El 18 de enero de 2017, Xi Jinping asiste a una reunión de Alto Nivel titulada "Construcción Conjunta Mediante la Consulta de una Comunidad de Futuro Compartido para la Humanidad", celebrada en el Palacio de las Naciones Unidas, en Ginebra, y pronuncia un discurso en el cual llama a promover conjuntamente el gran avance de la construcción de una comunidad con destino compartido para la humanidad, y a basarse en los principios de diálogo y consulta, construcción conjunta y codisfrute, cooperación y beneficio compartido, intercambio y aprendizaje mutuo, y ecología y bajo carbono, para construir un mundo más limpio y hermoso, de paz duradera, seguridad generalizada, prosperidad compartida, apertura e inclusión. El 17 de agosto, el Consejo de Estado aprueba oficialmente la creación de la Zona Piloto de Libre Comercio en Shanghai. Para noviembre de 2018, las zonas piloto de libre comercio se han extendido a Guangdong, Tianjin, Fujian, Liaoning, Zhejiang, Henan, Hubei, Chongqing, Sichuan, Shaanxi y Hainan. El 7 de septiembre y el 3 de octubre, Xi Jinping pronuncia dos discursos en la Universidad de Nazarbayev, Kazajistán, y ante la Asamblea Consultiva Popular de Indonesia, respectivamente, en los cuales propone la construcción conjunta de la Franja Económica de la Ruta de la Seda y la Ruta de la Seda Marítima del Siglo XXI, conocidas como la iniciativa de "la Franja y la Ruta". El 24 de octubre, en un discurso durante un simposio sobre relaciones con países vecinos, Xi Jinping destaca que hay que atenerse al principio de la bondad y la asociación con los vecinos, procurando construir un vecindario amigable, seguro y próspero, en el que se reflejen especialmente la amistad, la sinceridad, el beneficio mutuo y la inclusión, a fin de proveer un ambiente favorable para el desarrollo de China y hacer que el desarrollo de China beneficie asimismo a los países circundantes, alcanzando el desarrollo común. El 30 de diciembre, el Buró Político del Comité Central del PCCh decide establecer el Grupo Líder Central para la Profundización Integral de la Reforma, a cargo del diseño general, la coordinación, la promoción, la supervisión y la implementación de la reforma. En marzo de 2018, el Grupo Líder Central para la Profundización Integral de la Reforma cambia su nombre a Comisión Central para la Profundización Integral de la Reforma. En 2013, China se convierte en el principal comerciante mundial de bienes, con un valor total de 4,16 billones de dólares americanos, incluyendo 2,21 billones de dólares en exportaciones y 1,95 billones en importaciones.

2014	El 22 de mayo, en un discurso durante un Seminario de Consulta de Expertos Extranjeros en Shanghai, Xi Jinping insta a implementar políticas más abiertas referidas a los recursos humanos calificados, y señala que a la par de formar dedicadamente nuevos talentos emprendedores en el territorio nacional, hay que atraer de manera más proactiva talentos extranjeros, especialmente los de alto nivel. El 8 de noviembre, Xi Jinping preside el Diálogo sobre el Fortalecimiento de la Conectividad en las Relaciones de Asociación, celebrado en Beijing, y pronuncia un discurso en el que insta a desarrollar una conectividad que combine las tres dimensiones de infraestructura, instituciones e intercambio humano, y que avance paralelamente en las cinco áreas de comunicación de políticas, conectividad de infraestructura, vínculo comercial, flujo de capital y entendimiento entre los pueblos. Asimismo anuncia la decisión de China de invertir capital para la creación del Fondo de la Ruta de la Seda. El 11 de noviembre, se realiza en Beijing la XXII Reunión de Líderes del APEC, presidida por Xi Jinping, quien en su discurso llama a desarrollar una asociación caracterizada por la confianza mutua, la inclusión, la cooperación y el beneficio compartido. En dicha reunión se decide lanzar el proyecto del Área de Libre Comercio de Asia-Pacífico (FTAAP, por sus siglas en inglés). El 2 de diciembre, el Comité Central del PCCh y el Consejo de Estado emiten el Plan Estratégico para la Construcción de la Franja Económica de la Ruta de la Seda y la Ruta de la Seda Marítima del Siglo XXI. El 28 de marzo de 2015, previa autorización del Consejo de Estado, la Comisión Nacional de Desarrollo y Reforma, el Ministerio de Relaciones Exteriores y el Ministerio de Comercio publican conjuntamente el documento Visión y Acciones para la Construcción Conjunta de la Franja Económica de la Ruta de la Seda y la Ruta de la Seda Marítima del Siglo XXI.

2015	El 7 de marzo, el Consejo de Estado aprueba la creación de la Zona Piloto Integral para el Comercio Electrónico Transfronterizo en Hangzhou. El 4 de mayo, el Consejo de Estado emite las Opiniones sobre el Desarrollo Vigoroso del Comercio Electrónico para Acelerar la Formación de una Nueva Fuerza Motriz Económica. En enero de 2016 y julio de 2018, el Consejo de Estado aprueba sucesivamente la creación de zonas piloto integrales para el comercio electrónico transfronterizo en 34 ciudades, incluidas Tianjin y Beijing. El 13 de mayo, el Consejo de Estado emite las Opiniones Orientadoras sobre la Promoción de la Capacidad de Producción Internacional y la Cooperación en la Fabricación de Equipos, en las que propone explotar plenamente el rol central de las empresas, mantener la orientación hacia el mercado y entablar relaciones de cooperación en capacidad productiva internacional (ICC, por sus siglas en inglés) y en la fabricación de equipos, de acuerdo a las prácticas internacionales y a los principios comerciales. El 13 de mayo, durante la segunda reunión de la Quinta Sesión Plenaria del XVIII Comité Central, Xi Jinping presenta su nuevo concepto de desarrollo, y enfatiza que insistir en el desarrollo innovador, coordinado, verde, abierto y con beneficios compartidos es en sí un profundo cambio que atañe al desarrollo general de China. En 2015, el flujo de inversión directa de China en el extranjero alcanza los 145.670 millones de USD, mientras que el uso real de capital extranjero es de 135.600 millones de USD. Por primera vez en China las inversiones en el exterior superan la atracción de inversiones extranjeras, lo cual convierte al país en exportador de capital neto. En 2015, la industria terciaria de China llega a representar el 50,5% del valor añadido, cruzando por primera vez la barrera del 50%.
2016	El 23 de marzo, se celebra en Sanya, Hainan, la primera reunión de líderes de la Cooperación Lancang-Mekong, lo que representa el lanzamiento oficial de dicho mecanismo. El 3 de septiembre, Xi Jinping pronuncia un discurso en la ceremonia de apertura de la Cumbre del B-20 celebrada en Hangzhou, Zhejiang, en el que propone el desarrollo de una economía mundial innovadora, estimulada, interconectada e integradora, destacando que la gobernanza económica global debe basarse en la equidad, y reflejar mejor la nueva realidad de la economía mundial. Los días 4 y 5 se celebra también en Hangzhou la XI Cumbre de Líderes del G-20, con el tema "Hacia una economía mundial innovadora, estimulada, interconectada e integradora". El 3 de septiembre, la XXII Reunión del Comité Permanente de la XII Asamblea Popular Nacional aprueba la Decisión sobre la Enmienda de Cuatro Leyes, Incluida la Ley de la República Popular de China sobre Empresas de Propiedad Totalmente Extranjera, en la que se explora la aplicación de un sistema de trato nacional y de lista negativa para la inversión extranjera en la fase previa al ingreso; y para los ítems referidos a la constitución y modificación de empresas de capital extranjero que no impliquen la implementación de medidas administrativas especiales para el acceso según lo prescrito por el Estado, se procura pasar de un sistema de aprobación caso por caso a un sistema de registro. Tras ello, el sistema de gestión de inversión extranjera experimenta un gran cambio. El 1 de octubre, el *renminbi* se incorpora oficialmente a la cesta del derecho especial de giro (DEG) del FMI.

2017	El 12 de enero, el Consejo de Estado emite el Aviso sobre Varias Medidas para la Expansión de la Apertura y el Uso Vigoroso del Capital Extranjero. Posteriormente, el 8 de agosto de 2017 y el 10 de junio de 2018, emite respectivamente el Aviso sobre Varias Medidas para Promover el Crecimiento de la Inversión Extranjera y el Aviso sobre Ciertas Medidas para Utilizar Activa y Eficazmente la Inversión Extranjera en la Promoción de un Desarrollo Económico de Calidad. El 17 de enero, Xi Jinping asiste a la ceremonia de inauguración del Foro Económico Mundial de Davos 2017 y pronuncia un discurso en el que enfatiza que la globalización económica es una condición objetiva para el desarrollo de las fuerzas productivas sociales y el resultado natural del avance de la ciencia y la tecnología, por lo que hay que adaptarse y saber guiar el rumbo de la globalización económica, disipando su impacto negativo, llevando sus beneficios a cada país y cada nación, y procurando lograr su reequilibrio. Del 14 al 15, se celebra en Beijing el primer Foro de la Franja y la Ruta para la Cooperación Internacional. En su discurso durante la ceremonia de inauguración, Xi Jinping expresa que hay que convertir a "la Franja y la Ruta" en una vía de paz, de prosperidad, de apertura, de innovación y de civilización.
2018	El 11 de abril, el Comité Central del PCCh y el Consejo de Estado emiten las Opiniones Orientadoras sobre el Apoyo a Hainan en la Profundización Integral de la Reforma y la Apertura, asignando a la Zona Económica Especial de Hainan una nueva misión de reforma y apertura para construir zonas piloto de libre comercio y puertos de libre comercio con características chinas. El 13 de abril, durante la celebración del 30º aniversario de la fundación de la provincia de Hainan y de la Zona Económica Especial de Hainan, Xi Jinping expresa en su discurso que Hainan debe apuntar a convertirse en una zona piloto para la profundización de la reforma y la apertura, en una zona piloto para la conservación ecológica, en un destino de turismo y consumo internacional, y en una zona de servicio para implementar las principales estrategias de China, avanzando un nivel más arriba en su proceso de reforma y apertura. Del 9 al 10 de junio, se celebra la cumbre de la Organización de Cooperación de Shanghai en Qingdao, presidida por Xi Jinping. En su discurso, Xi Jinping llama a adoptar una visión de desarrollo innovador, coordinado, ecológico, abierto y con beneficios compartidos, una visión de seguridad común, integral, cooperativa y sostenible, una visión de cooperación abierta, interactiva y mutuamente beneficiosa, una visión de civilizaciones igualitarias, con aprendizaje mutuo, con diálogo e inclusivas, y una visión de gobernanza global con consulta, trabajo conjunto y beneficios compartidos. Asimismo, insta a reformar y perfeccionar constantemente el sistema de gobernanza mundial, y a promover entre todos los países la construcción conjunta de una comunidad con destino compartido para la humanidad. Del 5 al 10 de noviembre, se celebra en Shanghai la primera edición de la Exposición Internacional de Importaciones de China (CIIE, por sus siglas en inglés). CIIE es la primera exposición en el mundo de nivel nacional focalizada en productos de importación, y representa la voluntad de China de promover la construcción de una economía mundial abierta y de apoyar a la globalización económica.

2019	El 15 de marzo, la segunda sesión del XIII Congreso Nacional del Pueblo aprueba la Ley de Inversiones Extranjeras de la República Popular China, con entrada en vigor el 1 de enero de 2020. Esta ley representa una importante medida para la implementación de la decisión del Comité Central del Partido de ampliar la apertura al mundo exterior y promover la inversión extranjera. Del 25 al 27 de abril, se celebra el segundo Foro de la Franja y la Ruta para la Cooperación Internacional. A fin de lograr el consenso de las partes para abordar los desafíos globales, y explotando plenamente la sabiduría y las fuerzas de cada parte, se establecen plataformas para la cooperación multilateral de "la Franja y la Ruta". Del 5 al 10 de noviembre, se celebra en Shanghai la segunda edición de la Exposición Internacional de Importaciones de China. Xi Jinping asiste al evento y pronuncia un discurso declarando que China seguirá avanzando firmemente en la expansión integral de la apertura, y reafirmando el sincero deseo de China de compartir con el mundo las oportunidades de mercado y de promover la recuperación de la economía mundial.
2020	China obtiene grandes logros estratégicos en la lucha contra la pandemia de coronavirus. El 1 de junio, se publica el Plan Maestro para la Construcción del Puerto de Libre Comercio de Hainan emitido por el Comité Central del PCCh y el Consejo de Estado, inaugurando el puerto de libre comercio con características chinas. El 14 de octubre y el 12 de noviembre, el secretario general Xi Jinping asiste respectivamente a la celebración del 40º aniversario del establecimiento de la Zona Económica Especial de Shenzhen y a la celebración del 30º aniversario del desarrollo y la apertura de Pudong en Shanghai. En sus respectivos discursos, Xi Jinping manifiesta la firme decisión de llevar la reforma y la apertura a un nivel superior.

Fuente: elaborado a partir de Zhongyang Dangshi he Wenxian Yanjiuyuan [Instituto del Comité Central del PCCh de Historia y Literatura del Partido] (2018). *Gaige Kaifang Sishi Nian Dashiji [Grandes Acontecimientos en 40 Años de Reforma y Apertura].* Beijing: Renmin Chubanshe [Editorial del Pueblo].

2.3 Lógica histórica de la reforma y la apertura

La implementación de la reforma y la apertura por parte de China tiene un trasfondo histórico profundo y complejo. En el plano nacional, la "Revolución Cultural" desarrollada entre 1966 y 1976 había provocado la mayor frustración y pérdidas desde la fundación de la República. La China posterior a la "Revolución Cultural" necesitaba entonces con urgencia un cambio que permitiera restablecer el orden y corregir los errores del pasado, dándole a la gente nuevas razones para confiar y para recuperar la esperanza. Asimismo, en el plano de relaciones bilaterales, entre fines de 1978 y principios de 1979, desde su rol central dentro de la segunda generación de líderes del país, Deng Xiaping había realizado una visita a Japón y posteriormente a Estados Unidos, lo cual lo había llevado a ver con más claridad la enorme brecha que existía entre China y el mundo en términos de industria avanzada y nivel científico-tecnológico, y en consecuencia lo hacía reafirmar con más determinación su decisión de abrir las puertas del país e iniciar el proceso de construcción nacional. Por otro lado, en el plano internacional, la invasión y ocupación de Afganistán por parte de la Unión Soviética en diciembre de 1979 traía más tensión a la lucha de EE. UU. y la URSS por la hegemonía. Podría decirse que fue justamente este gran escenario de intrincados y complejos cambios internos y externos el que llevó a los principales líderes chinos a reflexionar seriamente acerca del futuro del país. Fue así que, luego de evaluar la situación general, decidieron poner en marcha el proceso de reforma y apertura, con miras a lograr que China se incorporase en el proceso de globalización económica[2].

En los inicios de la reforma y la apertura, la asignación de recursos en China era mediante planificación, las transacciones basadas en contratos voluntarios tenían múltiples restricciones y había gran presión sobre la escala del mercado. La reforma y la apertura justamente pretendían liberarse de todo aquello, y dejar que la China socialista se incorporara al mundo de la economía globalizada mediante la introducción plena de mecanismos de mercado. En cuanto al entorno nacional, por un lado, los artífices de las políticas de reforma y apertura ya se habían liberado del peso de la historia y contaban con suficientes recursos políticos, pero por otro lado, el gobierno se enfrentaba a una gran

2 El contenido de la presente sección fue sacado de ZHANG Yu-yan (2018). "Zhongguo Duiwai Kaifang de Linian, Jincheng yu Luoji [Las Ideas, Procesos y Lógica de la Apertura de China]", en *Zhongguo Shehui Kexue [Ciencias Sociales en China]*, No. 11, p. 31-33.

presión financiera, el empleo pleno era difícil de lograr y el nivel de vida de la gente era todavía muy bajo. Asimismo, en cuanto al entorno internacional, China se había convertido en el "tercer polo" pretendido por las hegemonías de EE. UU. y la URSS, y muchos otros países con economías planificadas habían iniciado sus procesos de reforma, obteniendo ciertos avances en ello. Los modelos de economía abierta de los países de Asia oriental también se estaban desarrollando con éxito. Bajo estas circunstancias, es natural que China haya abierto sus puertas al exterior para salir cuanto antes del apuro, recuperar el curso correcto de su economía y mantener un crecimiento acelerado y estable a largo plazo.

La experiencia exitosa de las economías abiertas de Asia fue un factor clave en la reforma y la apertura de China. En 1932, basándose en la historia de la industria textil algodonera de Japón, el economista japonés Kaname Akamatsu propuso la teoría del "modelo de desarrollo en cuña" (también llamado modelo de los gansos voladores). Apoyándose en la teoría de la brecha tecnológica, esta teoría propone que los países menos desarrollados pueden utilizar la tecnología avanzada importada de los países más avanzados para desarrollar la industria de producción y procesamiento local, y posteriormente promover la exportación de productos, dando lugar a un ciclo que les permite lograr su propia industrialización, desarrollar su industria pesada y alcanzar un alto nivel en su industria de procesamiento. Asimismo, los países "imitadores" que comienzan antes pueden desarrollar relaciones comerciales con los países "imitadores" más atrasados, y así formar una cadena industrial y comercial que completa la cadena con los países avanzados. En consecuencia, este ciclo impulsa el desarrollo acelerado de la industria nacional. En la década de 1960, las economías industriales emergentes representadas por los "cuatro tigres asiáticos" seguían todas los pasos de Japón, quien era entonces el "ganso líder", y promoviendo sus modelos de desarrollo económico orientado al exterior, participando plenamente en la división internacional del trabajo y focalizándose en las industrias de procesamiento intensivas en mano de obra, lograron dar el salto económico en un período de tiempo relativamente corto, saliendo exitosamente de la "trampa de la renta media". Esto le proporcionó a China una referencia práctica y útil para llevar a cabo su propio proceso de reforma y apertura. La exitosa experiencia de estas economías demuestra que la apertura es el prerrequisito clave para lograr el desarrollo acelerado. Esta actúa en combinación con las altas tasas de ahorro, el fomento a la exportación, la atracción de inversión extranjera (tecnología avanzada y gestión) y la inversión en capital humano, entre otros factores, provocando el crecimiento económico.

Luego de la Tercera Sesión Plenaria del XI Comité Central, comenzó a formarse el colectivo dirigente de la segunda generación, con Deng Xioping como centro[3]. Basándose en los grandes cambios políticos y económicos mundiales de entonces, Deng Xiaoping observó con agudeza que el tema central de la era había dejado de ser la guerra y la revolución, para pasar a ser la paz y el desarrollo. Primeramente observó que "probablemente que en un largo período de tiempo no ocurrirían guerras a gran escala"[4], y posteriormente planteó su conclusión de que los dos grandes temas del momento eran la paz y el desarrollo[5]. En base a estas observaciones, el Comité Central del PCCh decidió focalizar su trabajo en la construcción económica del país, estableciendo las políticas de revitalización de la economía nacional y de apertura hacia el exterior[6]. En el XII Congreso Nacional del PCCh, Deng Xiaoping expresó la determinación de "implementar firmemente las políticas de apertura y ampliar activamente el intercambio con el extranjero sobre la base de la equidad y el beneficio mutuo"[7]. Asimismo, el informe del XII Congreso Nacional señalaba expresamente que la apertura al mundo era para China una política estratégica inquebrantable. La apertura

3 Ver Oficina de Investigación de Literatura del Comité Central del Partido Comunista de China (Ed.) (2004). *Deng Xiaoping Nianpu (1975-1997) (xia) [Crónica de la Vida de Deng Xiaoping, 1975-1997, Vol. III]*. Beijing: Zhongyang Wenxian Chubanshe [Editorial Central de Literatura del Partido], p. 1295.

4 Ver *Deng Xiaoping Wenxuan. Di-san Juan [Obras Escogidas de Deng Xiaoping. Volumen III]*. Beijing: Renmin Chubanshe [Editorial del Pueblo], 1994, p. 127.

5 Ver *Deng Xiaoping Wenxuan. Di-san Juan [Obras Escogidas de Deng Xiaoping. Volumen III]*. Beijing: Renmin Chubanshe [Editorial del Pueblo], 1994, p. 96 y 104.

6 Ver *Deng Xiaoping Wenxuan. Di-san Juan [Obras Escogidas de Deng Xiaoping. Volumen III]*. Beijing: Renmin Chubanshe [Editorial del Pueblo], 1994, p. 135 y 237.

7 Ver *Deng Xiaoping Wenxuan. Di-san Juan [Obras Escogidas de Deng Xiaoping. Volumen III]*. Beijing: Renmin Chubanshe [Editorial del Pueblo], 1994, p. 3.

En julio de 1979 entró oficialmente en vigor la Ley de la República Popular de China sobre empresas conjuntas de capital sino-extranjero, provocando una ola de atracción de inversiones extranjeras y fundación de empresas con capitales extranjeros (empresas conjuntas de capital chino y extranjero, empresas cooperativas sino-extranjeras y empresas de propiedad exclusivamente extranjera). La imagen muestra la fundación en abril de 1980 de la primera empresa de capital sino-extranjero desde la reforma y apertura: Beijing Air Catering Co., Ltd.

estaba en consonancia con el tema central de la época y con las tendencias de desarrollo mundial, por lo que resultaba la única elección posible y la política nacional básica en la que debía persistir China para su modernización.

La apertura al exterior, al igual que otros principios teóricos y políticas importantes formuladas por el Partido Comunista de China, tiene la cualidad teórica de avanzar con los tiempos, y su contenido se ha ido enriqueciendo y perfeccionando constantemente en cada uno de los congresos posteriores. Originalmente, el informe del XIII Congreso Nacional planteó la necesidad de expandir más la reforma en alcance y profundidad, y desarrollar constantemente el intercambio y la cooperación con el exterior en materia económica y tecnológica. Luego, la Tercera Sesión Plenaria del XIV Comité Central del PCCh destacó que había que aprovechar al máximo los mercados y recursos nacionales e internacionales para optimizar la asignación de recursos, y desarrollar una economía abierta. Seguidamente, el informe del XV Congreso Nacional planteó la necesidad de perfeccionar el modelo de apertura llevándolo a múltiples áreas y niveles, y de desarrollar una economía abierta. Posteriormente, el informe del XVI Congreso Nacional señaló que el punto central del desarrollo de la economía abierta en los 5 años posteriores debía ser la integración de las políticas de "introducir de afuera" con las de "salir al mundo". Finalmente, el informe del XVII Congreso Nacional destacó que la economía abierta de China había pasado a una nueva etapa, y mencionó por primera vez el concepto de "sistema económico abierto". Luego de que estallara la crisis financiera internacional originada y con severo impacto en las economías más desarrolladas como EE. UU. y los países europeos, las economías emergentes, incluida China, pasaron a tener un destacado rol en el escenario de la gobernanza mundial. En 2008, durante la cumbre del G-20, China propuso una serie de importantes medidas entre las que se incluían medidas de reforma de la organización financiera internacional y de perfeccionamiento del sistema monetario internacional[8], lo cual representa que las economías emergentes, con China como representante, ya no participaban en el sistema internacional de manera pasiva y adaptándose a este, sino que pasaban a ser actores proactivos que más que adaptarse venían a perfeccionarlo.

El XVIII Congreso Nacional propuso mejorar de manera integral el nivel de la economía abierta, destacando que para adaptarse a la globalización económica es necesario implementar estrategias de apertura más proactivas, y mejorar la economía abierta para que promueva el beneficio mutuo y sea diversificada, equilibrada, segura y eficiente. Xi Jinping señaló además que "China abrirá más sectores de la economía de una manera más completa y profunda", y que "junto con los demás países,

8 Ver Hu Jintao (2016). *Hu Jintao Wenxuan. Di-san Juan [Obras Escogidas de Hu Jintao. Volumen III]*. Beijing: Renmin Chubanshe [Editorial del Pueblo], p. 139.

protegerá y desarrollará la economía abierta mundial"[9]. El XIX Congreso Nacional llevó la política de apertura a un nuevo nivel, planteando la necesidad de implementar firmemente el concepto de desarrollo innovador, coordinado, ecológico, abierto y con beneficios compartidos, desarrollar una economía abierta de estándares más altos e impulsar la formación de una nueva configuración de apertura integral. Esto refleja cómo desde el XVIII Congreso Nacional en adelante, China adoptó una postura más proactiva y comenzó a conducir el proceso de construcción de un sistema de economía abierta global y de reforma del sistema de gobernanza mundial. Observando la evolución de las políticas de China no es difícil descubrir que cada etapa de desarrollo de la economía nacional está atravesada por la apertura. Desde su estado inicial de adaptación e incorporación, pasando por su etapa de participación y perfeccionamiento, hasta llegar a la etapa de fomento y conducción del proceso, las políticas de apertura en China siempre han mantenido su vigor y vitalidad, y han llevado a la formación gradual de un sistema teórico de apertura con mayor proactividad y características muy propias.

En la segunda reunión de la Quinta Sesión Plenaria del XVIII Congreso Nacional, Xi Jinping analizó los problemas y contradicciones más prominentes en el desarrollo nacional de aquel entonces, reflejados en cinco grandes aspectos, a saber, la innovación, el balance, la ecología, la apertura y los beneficios compartidos[10]. Destacó además que estos problemas y contradicciones se han convertido en el principal obstáculo que entorpece la transición de la etapa de "crecimiento acelerado" a la etapa de "crecimiento de calidad" en el desarrollo económico de China. En base a esto, el Comité Central del Partido propuso promover enérgicamente el desarrollo innovador, coordinado, ecológico, abierto y con beneficios compartidos, planteándolo como el camino concreto para alcanzar el sueño chino de la gran revitalización de la nación. Dentro

---

9 Ver *Xi Jinping Tan Zhiguo Lizheng [Xi Jinping: La Gobernación y Administración de China]*. Beijing: Waiwen Chubanshe [Editorial de Lenguas Extranjeras], 2014, p. 114 y 335.

10 Ver *Xi Jinping Tan Zhiguo Lizheng Di-er Juan [Xi Jinping: La Gobernación y Administración de China. Volumen II]*. Beijing: Waiwen Chubanshe [Editorial de Lenguas Extranjeras], 2017, p. 197-200.

En noviembre de 2020 se celebró en Shanghai la tercera edición de la Exposición Internacional de Importaciones de China. Esta es la primera exposición de nivel nacional de China focalizada en productos de importación y representa una enorme acción voluntaria por parte de China para abrir su mercado hacia el exterior, demostrando su determinación y su confianza en seguir abriendo sus puertas al mundo.

de los cinco aspectos del desarrollo arriba mencionados, la apertura tiene una evidente importancia a nivel sistemático. Por su parte, la innovación tecnológica, la cual es un contenido fundamental dentro del desarrollo innovador, se refiere no solo a la investigación y desarrollo independientes, sino también al aprovechamiento pleno de los logros científicos y tecnológicos avanzados y de la experiencia en gestión de la sociedad. En cuanto al balance, si no existe una interacción positiva con los demás países, en un mundo en el que las relaciones de interdependencia han llegado a niveles sin precedentes históricos, es imposible lograr un desarrollo interno coordinado. Respecto al desarrollo verde, este se vuelve un tema que requiere de la acción conjunta de todos los países, sobre todo en tiempos en los que hay que afrontar problemas globales como el del cambio climático, que ocurren cada vez con más frecuencia y amenazan seriamente la existencia del ser humano. Finalmente, en lo que respecta a los beneficios compartidos, es claro que el objetivo último del desarrollo es el desarrollo de cada persona, por lo que los frutos del desarrollo deben ser compartidos por todas y cada una de las naciones.

Hay un punto que merece ser destacado, y es que el entendimiento sobre la protección del derecho de propiedad, que es una de las piedras angulares del sistema económico de mercado socialista de China, también pasó por un largo proceso. En los años previos a la reforma y la apertura, Deng Xiaoping ya se había percatado de la importancia de proteger la iniciativa de los productores, y criticaba la concepción según la cual "criar algunos patos es socialismo y criar algunos patos más es capitalismo"[11]. No obstante, el paso de proteger la iniciativa de los productores a establecer un régimen de propiedad y un mecanismo de mercado relativamente completos, y ejecutarlos estricta y eficazmente, por supuesto que no fue de la noche a la mañana. El informe del XII Congreso Nacional, a la par de destacar la "implementación de una economía planificada basada en la propiedad pública", propuso que se asignara un "rol central a la economía planificada y un rol de soporte a los mecanismos de mercado"[12]. En línea con esto, la Tercera Sesión Plenaria del XII Comité Central del Partido propuso "desarrollar una economía mercantil socialista"[13]. Posteriormente, a principios de 1992,

---

11 Oficina de Investigación de Literatura del Comité Central del Partido Comunista de China (Ed.) (2004). *Deng Xiaoping Nianpu (1975-1997) (shang) [Crónica de la Vida de Deng Xiaoping, 1975-1997, Vol. I]*. Beijing: Zhongyang Wenxian Chubanshe [Editorial Central de Literatura del Partido], p. 238.

12 HU Yao-bang (1986). "Quanmian Kaichuang Shehui Zhuyi Xiandai Jianshe de Xin Jumian——Zai Zhongguo Gongchandang Di-Shi'er Ci Quanguo Daibiao Dahui shang de Baogao [Crear un Nuevo Escenario en Todos los Aspectos para la Construcción de la Modernización Socialista. Informe en el XII Congreso Nacional del Partido Comunista de China]" en *Shi'er Da Yilai Zhongyao Wenxian Xuanbian (shang) [Selección de Documentos Importantes desde el XII Congreso Nacional, Tomo I]*. Beijing: Renmin Chubanshe [Editorial del Pueblo], 1986, p. 22.

13 Oficina de Investigación de Literatura del Comité Central del Partido Comunista de China (Ed.) (2008). *Gaige Kaifang Sanshi Nian Zhongyao Wenxian Xuanbian (shang) [Selección de Documentos Importantes de los Treinta Años de Reforma y Apertura. Volumen I]*. Beijing: Zhongyang Wenxian Chubanshe [Editorial Central de Literatura del Partido], p. 349.

Deng Xiaoping formuló su gran argumento de que en el capitalismo también hay planificación y en el socialismo también hay mercado[14]. Dicho argumento vino a romper con las trabas ideológicas que frenaban el papel protagónico del mercado en la asignación de recursos. Años después, el informe del XIV Congreso Nacional declaró expresamente "establecer un sistema de economía de mercado socialista"[15]. Seguidamente, la enmienda constitucional de China en 2004 estableció manifiestamente que "no se puede invadir la propiedad privada legítima de los ciudadanos". Tres años después, en el año 2007, entró oficialmente en vigor la primera Ley de Propiedad de China, lo cual ocurrió luego de transcurridos 25 años desde el XII Congreso Nacional.

2.4 Enfoque desde la economía de desarrollo: el paradigma de crecimiento Smith-Olson-Schumpeter

Los logros de China en su desarrollo económico durante los últimos 40 años de reforma y apertura se han ganado la atención del mundo entero. Hace 40 años atrás, Deng Xiaping, arquitecto general de la reforma y la apertura, determinó con claridad desde un principio que el objetivo de este proceso debía ser la emancipación y el desarrollo de las fuerzas productivas, lo cual en el lenguaje de las ciencias económicas es expresado en los términos de impulsar y mantener el crecimiento a largo plazo, o dicho con palabras más precisas, garantizar un crecimiento estable, acelerado y sostenido de la producción o el ingreso per cápita. El tema sobre cómo mantener el crecimiento económico a largo plazo es un problema central y tan antiguo como las ciencias económicas mismas. A juzgar por la experiencia concreta de reforma y apertura de China, puede decirse que su acelerado crecimiento económico se logró

14 Ver *Deng Xiaoping Wenxuan. Di-san Juan [Obras Escogidas de Deng Xiaoping. Volumen III].* Beijing: Renmin Chubanshe [Editorial del Pueblo], 1994, p. 373.

15 Ver *Jiang Zemin Wenxuan. Di-yi Juan [Obras Escogidas de Jiang Zemin. Volumen I].* Beijing: Renmin Chubanshe [Editorial del Pueblo], 2006, p. 228.

gracias a la expansión del mercado, la división del trabajo y la especialización. El enorme mercado interno de China también es una parte importante dentro del mercado mundial, y los emprendimientos de los sectores público y privado de China tuvieron un importante rol en el proceso de expansión de los mercados interno y extranjero y en la reducción de los costos de las transacciones comerciales. Si bien Deng Xiaoping no utilizó el lenguaje o el modo de razonamiento de las ciencias económicas modernas, la lógica de China plasmada en el plano práctico de su reforma y apertura coincide altamente con la lógica del "teorema de Smith-Olson-Schumpeter" en el plano teórico de las ciencias económicas modernas. En efecto, según este teorema, la escala del mercado, la capacidad administrativa del gobierno y el espíritu emprendedor son de vital importancia para mejorar la productividad laboral y lograr el crecimiento económico a largo plazo.

Las principales fuerzas impulsoras del crecimiento económico provienen de la inversión en mano de obra y capital, la demanda de consumo y las exportaciones. Si bien todos estos factores estimulan de manera directa el crecimiento económico, no dejan de ser causas superficiales. En definitiva, el crecimiento económico es solo el resultado de una mayor productividad laboral, y el aumento de esta última es *grosso modo* causado por la interacción de tres factores[16].

El primero de los factores es lo que se conoce como "ganancias del comercio". La lógica de este factor está claramente explicada en *La Riqueza de las Naciones*, de Adam Smith: por más que un país, una empresa o un particular no tengan progreso tecnológico o acumulación de capital humano, si concentran los factores de producción en donde más ventaja tienen, solo bastará con la redistribución o el flujo de los factores para provocar el aumento de la productividad laboral. Una de las principales consecuencias del flujo de factores es el aumento de la escala de la producción especializada, lo cual lleva naturalmente a la aparición del rendimiento de escala y la economía de escala. Pero para mejorar la eficiencia en la distribución de los factores es condición ne-

16 ZHANG Yu-yan (2013). "Jingji Zengzhang Yuanquan yu Zhonghua Minzu Fuxing [Las Fuentes del Crecimiento Económico y la Revitalización de la Nación China]" en *Shijie Jingji yu Zhengzhi [Economía y Política Mundial]*, No. 1, p. 1.

cesaria garantizar la fluidez de las transacciones comerciales, y es preciso además contar con un mercado lo suficientemente expandido que dé cabida a la división del trabajo y la especialización. Justamente en este sentido coinciden el concepto de ganancias del flujo de factores con el de "ganancias del comercio". A modo de tributo, a veces este último es también llamado "crecimiento smithiano".

El segundo factor que impulsa el crecimiento de la productividad es la innovación institucional. La innovación institucional se manifiesta, entre otros aspectos, en el diseño, la evolución, la reforma, la conservación, la abolición y la implementación de las reglas y los mecanismos, como pueden ser por ejemplo la abolición de leyes, la desregulación por parte del gobierno y el cambio dirigido de hábitos y costumbres. La función básica de las instituciones radica en garantizar los derechos de propiedad, proteger los contratos y al mismo tiempo hacer que el gobierno, que está a cargo de estas funciones, cumpla con su misión de la manera más efectiva y más justa. Un sistema de instituciones adecuado cuenta con un conjunto de mecanismos de incentivos provechosos para la sociedad, permitiendo a las personas tener expectativas estables en los procesos de intercambio, y reduciendo así los costos de transacción. Es claro que tanto las mejoras en los mecanismos de incentivos o la reducción de los costos de transacción ayudan a ampliar las ganancias del comercio y a potenciar los beneficios del progreso tecnológico. Dado que Mancur Olson expuso de manera concisa y completa este argumento en su libro *Poder y Prosperidad*, podemos llamar al crecimiento derivado de la innovación institucional con el nombre de "crecimiento olsoniano".

El tercer factor impulsor del crecimiento de la productividad es el progreso tecnológico y la acumulación de capital humano. El progreso tecnológico, y sobre todo la innovación que surge en torno al progreso tecnológico, tiene un efecto positivo bastante evidente sobre el aumento de la capacidad productiva. En su libro *Teoría del Desenvolvimiento Económico*, Schumpeter presenta cinco tipos de innovación, entre los que se incluyen nuevas tecnologías, nuevos métodos de producción y nuevos productos, y destaca especialmente el rol clave del emprendedor dentro del proceso de innovación. Es por esto que el crecimiento derivado de la innovación se conoce también con el nombre de "crecimiento schumpeteriano".

Los tres factores impulsores del crecimiento económico arriba mencionados no actúan de manera aislada, por el contrario, la mayoría de las veces se superponen e interactúan mutuamente. Un mecanismo de incentivo eficiente promueve la invención tecnológica y profundiza la división del trabajo, los nuevos resultados del desarrollo tecnológico reducen a su vez los costos de las transacciones comerciales, lo cual favorece la expansión del mercado. Examinar y discutir las causas más profundas del crecimiento económico no solo permite profundizar en el análisis teórico, sino también dirigir mejor la elaboración de políticas. Asimismo, estos tres factores actuarán de manera distinta según las distintas etapas de crecimiento económico en las que se encuentre cada país.

2.4.1 Expansión del mercado, profundización de la división del trabajo y aumento de la productividad

La apertura al exterior promueve el progreso económico y social y el desarrollo próspero de un país. Esta es una profunda verdad que ha sido demostrada por teorías económicas y experiencias concretas de países en todo el mundo y a lo largo de toda la historia. Marx en su momento encasilló acertadamente las relaciones económicas internacionales dentro del marco de la economía política, y en su reflexión acerca del sistema y el método de la economía política, habla de "(4) Carácter internacional de producción. División internacional del trabajo. Intercambio internacional. Exportación e importación. Tipo de cambio. (5) Mercado mundial y crisis." De acuerdo a la concepción marxista de la economía política, el progreso tecnológico y el desarrollo de las fuerzas productivas llevan necesariamente a profundizar la división del trabajo y a expandir el intercambio, y la profundización de la división del trabajo provoca el aumento de la productividad, lo cual en consecuencia promueve el desarrollo de la economía nacional y afecta profundamente la economía mundial.

La apertura de China es altamente coherente con sus ideas tradicionales acerca del comercio. Los pensadores e historiadores chinos de hace más de 2000 años tenían ya un profundo conocimiento de la relación entre el libre comercio y la prosperidad económica. Sima Qian menciona en su obra *Shiji·Huozhi Liezhuan [Memorias Históricas: Biografías de Comerciantes Prósperos]* el concepto de "cambiar lo que excede por lo que escasea". La antigua obra *Huainanzi: Qisu Xun [Los Maestros de Huainan: Poner las Costumbres a la Par]* habla de que "la gente de lagos y pantanos teje redes de pesca para capturar peces y camarones; la gente de montaña cultiva los campos para producir alimentos y ropa. De esta manera, cada uno intercambia lo que tiene por lo que no tiene y lo que produce por lo que no puede producir". El "comercio próspero" del que habla Sima Qian puede entenderse en los términos de la economía moderna como el beneficio o el crecimiento económico. Asimismo, los conceptos de "cambiar lo que excede por lo que escasea" e "intercambiar lo que tengo por lo que no tengo y lo que produzco por lo que no puedo producir" puede decirse que representan la esencia del pensamiento chino antiguo acerca del comercio, expresando concisa y claramente que una de las fuentes fundamentales del crecimiento económico proviene del comercio. Podríamos llamar a esta idea con el nombre de "principio de Huainanzi-Sima Qian". Existen muchos otros ejemplos en la cultura tradicional que reflejan la idea de obtener beneficios comerciales y desarrollo económico mediante el "intercambio", tales como las expresiones idiomáticas *"yin di zhi yi [adaptar las medidas a las condiciones locales]", "yang chang bi duan [aprovechar las fortalezas y evitar las debilidades]", "hu tong wu you [compensar lo que el otro no tiene con lo que uno sí tiene]"*, entre otras. Observando los largos milenios de historia de la civilización china no es difícil descubrir que aquellos períodos en los que se aplicaron políticas económicas conforme al "principio de Huainanzi-Sima Qian" fueron generalmente períodos de prosperidad económica y de tranquilidad social. Si bien el "principio de Huainanzi-Sima Qian" surgió hace más de 2000 años, ya concentraba los principios básicos de la economía abierta moderna, especialmente las tres grandes teorías acerca del comercio[17].

17 ZHANG Yu-yan (2018). "Zhongguo Duiwai Kaifang de Linian, Jincheng yu Luoji [Las Ideas, Procesos y Lógica de la Apertura de China]", en *Zhongguo Shehui Kexue [Ciencias Sociales en China]*, No. 11, p. 37.

En su trascendental obra *Una Investigación sobre la Naturaleza y Causas de la Riqueza de las Naciones*[18] (también llamada *La Riqueza de las Naciones*), Adam Smith discute acerca de la lógica de la prosperidad y el desarrollo de un país. Los dos problemas fundamentales que analiza Smith son: de dónde viene la riqueza de un país y cuál es la naturaleza de la riqueza. Llevándolos a un solo punto, el tema en cuestión es la fuente del crecimiento económico y las condiciones para su realización. La explicación de Smith de la lógica interna del crecimiento es clara y concisa: el crecimiento económico proviene del aumento de la productividad laboral; el aumento de la productividad laboral provienen de la intensificación de la división del trabajo y del nivel de especialización; la intensificación de la división del trabajo y del nivel de especialización proviene de la expansión de la escala del mercado. El modelo de impulso al crecimiento económico acelerado y sostenido podría representarse en la siguiente abstracción: expansión de la escala del mercado → intensificación de la división del trabajo y del nivel de especialización → aumento de la productividad laboral → crecimiento económico. Y simplificándolo aún más, según lo que los economistas llaman el "Teorema de Smith": el crecimiento económico depende de la expansión de la escala del mercado.

Smith considera que la expansión de la escala del mercado provoca la intensificación de la división del trabajo y del nivel de especialización. Como el factor de producción más importante que es, el aumento del número de personas equivale en verdad a la expansión del mercado. En este proceso, el progreso tecnológico es en realidad un resultado derivado de la división del trabajo y la especialización.

El aumento de la población trae consigo la expansión del mercado y promueve la división del trabajo y la especialización. El punto clave de todo esto es que la expansión del mercado generará o aumentará las potenciales "ganancias del comercio". Suponiendo que una persona (tranquilamente extendible a una empresa o país) tiene un nivel de

18 SMITH Adam (1972). Guomin Caifu de Xingzhi he Yuanyin de Yanjiu [Una Investigación sobre la Naturaleza y Causas de la Riqueza de las Naciones], traducido por GUO Da-li, WANG Ya-nan. Beijing: Shangwu Yinshuguan [Editorial Comercial].

En abril de 1979 se emitieron las Disposiciones sobre Varias Cuestiones Relativas al Vigoroso Desarrollo del Comercio Exterior para Aumentar los Ingresos en Divisas. A partir de entonces comenzó a disminuir el monopolio estatal sobre las operaciones de comercio exterior, dando lugar a una nueva etapa de desarrollo histórico del comercio exterior de China. La imagen muestra a unos comerciantes extranjeros comprando cerámica china en la Feria de Exportaciones de China de la temporada de otoño de 1978.

productividad laboral distinto a la hora de producir dos tipos de bienes, y que una segunda persona (empresa, país), también es más productiva para uno de esos bienes que para el otro. Entonces, si cada una de ellas produce solamente aquel bien para el cual tiene un nivel de productividad relativamente mayor, y ambas intercambian esos bienes, en consecuencia la suma de los bienes obtenidos por cada una será mayor que la cantidad total que obtendrían si cada una produjera ambos bienes al mismo tiempo. La cantidad de bienes obtenidos por cada parte dentro del proceso de división del trabajo y producción especializada, es lo que los economistas llaman las "ganancias del comercio". A medida que crece la población, las potenciales "ganancias del comercio" latentes entre las personas aumentan proporcionalmente o incluso de manera más acelerada, "induciendo" la división del trabajo y la especialización y promoviendo en última instancia el crecimiento económico.

Además del número de personas participantes en la división del trabajo y en las transacciones comerciales, otro factor altamente relacionado a la escala del mercado es el nivel de riqueza de las personas en esa determinada área. El poder adquisitivo y especialmente la capacidad de generar riqueza de la población afecta directamente la escala del mercado. En efecto, cuanto más pudiente es la población, mayor es su productividad y mayor es la riqueza generada que se puede comerciar, lo que provoca un aumento de las "ganancias del comercio" y una expansión de la escala del mercado.

Existen cinco factores que influyen en la expansión del mercado: el número de participantes en las transacciones comerciales; la capacidad de producción de riqueza de los participantes; la amplitud del rango de objetos comerciables; el nivel de monetización; y finalmente, el alcance de los arreglos institucionales y su fuerza de implementación. Estos cinco factores se complementan entre sí y actúan de manera combinada, provocando en última instancia la expansión del mercado. Desde una perspectiva geográfica o espacial, un país o región puede expandir su mercado mediante dos vías, una es la expansión del mercado interno, otra es la expansión del mercado internacional.

2.4.2 Innovación institucional: gobiernos impulsores del mercado

La expansión del mercado a causa de la división del trabajo y la especialización, o dicho de otra manera, la materialización de las "ganancias del comercio", depende del eslabón que une ambos segmentos, que es la transacción.

Si no hay transacción o intercambio, las consecuencias de la división del trabajo y de la especialización serán muy severas, provocando por un lado la excesiva acumulación de producción y por el otro, la imposibilidad de su venta. Visto desde un nivel más profundo, el acto de transacción abarca también las condiciones institucionales que garantizan su ejecución, entendido como la "comerciabilidad". La comerciabilidad es justamente una condición necesaria para la división del trabajo y la especialización, y si el mercado es lo suficientemente grande, la comerciabilidad también se convierte en la condición para que se produzca la división del trabajo y la especialización. Asimismo, las transacciones pueden ser inmediatas o futuras. En cuanto se determina que el "traspaso" concreto de un bien o un servicio ocurrirá luego de un período de tiempo, entonces aparece el concepto de contrato. Teniendo en cuenta que las transacciones a futuro, tales como los préstamos y los pagos diferidos, son tan comunes que los contratos resultan casi equivalentes a la transacción misma, puede decirse que en muchos casos la comerciabilidad se manifiesta finalmente en el contrato. En definitiva, la comerciabilidad juega aquí el rol de vinculación de la escala del mercado con la división del trabajo. Si no hay comerciabilidad, los beneficios comparativos potencialmente aportados por la expansión del mercado no pueden promover la división del trabajo y la especialización, y por lo tanto pierden su valor de existencia en términos económicos. La transacción es de vital importancia, pero garantizar la comerciabilidad en sí tiene costos, y los costos de transacción excesivos pueden llevar a la pérdida de rentabilidad.

Visto desde una perspectiva más amplia, las instituciones tanto formales (contratos, leyes) como informales (costumbres, hábitos), son un factor clave que afecta el nivel de los costos de transacción. La eficiencia de un sistema institucional se manifiesta fundamentalmente en su capacidad para reducir los costos de transacción, especialmente el coste marginal. Específicamente hablando, un sistema institucional eficiente puede reducir los costos de transacción desde los tres aspectos abajo detallados.

En primer lugar, un sistema institucional eficiente puede dotar de legalidad el acto de transacción y proporcionar a los comerciantes expectativas estables, reduciendo los costos de transacción en los entornos comerciales. Por ejemplo, durante la reforma y apertura, antes de implementar el sistema de "cuotas de producción agrícola por hogar", la comercialización del remanente de la producción doméstica en mercados era una conducta ilegal. Si bien las personas que participaban en la transacción podían obtener ciertos beneficios (de los cuales a veces dependía que su familia pudiera hacerse de los medios de subsistencia más básicos), si llegaban a ser descubiertos, podían ser considerados como "seguidores de la vía capitalista", exponiéndose al riesgo de meterse en problemas. Bajo estas circunstancias, los costos de transacción eran extremadamente altos, por lo que la producción y el comercio sólo podían ocurrir ocasionalmente, al margen de la normalidad y a una escala sumamente limitada. La única manera de formar un mercado estable y permitir su expansión era dotando de legalidad las transacciones mediante las instituciones.

En segundo lugar, un sistema institucional eficiente puede reducir los costos de transacción mediante la estandarización y la normalización de los procesos. Por ejemplo, las medidas de facilitación del comercio, tan fuertemente promovidas por muchas organizaciones intergubernamentales y no gubernamentales (Conferencia de las Naciones Unidas sobre Comercio y Desarrollo, Comisión Económica de las Naciones Unidas para Europa, Organización Mundial de Aduanas, Cámara de Comercio Internacional, Organización para la Cooperación y el Desarrollo Económicos, Fondo Monetario Internacional, Banco Mundial, etc.) están justamente destinadas a simplificar y estandarizar los procedimientos relacionados al comercio, a fin de disminuir la complejidad de los procesos comerciales y reducir, en consecuencia, los costos del comercio internacional, promoviendo una mejor circulación de los bienes y los servicios.

Finalmente, un sistema institucional eficiente puede estimular a las personas para que reduzcan proactivamente los costos de transacción. Por ejemplo, en la época de las comunas populares, los medios de producción e incluso la fuerza de trabajo de los miembros de la comuna eran de propiedad pública, pero los costos de supervisión eran extremadamente altos, ya que era común que los trabajadores trabajaran solo para "juntar puntos", con desgano, ociosamente y malgastando las herramientas de trabajo, lo cual hacía que los costos de organización de la fuerza laboral (o costos de transacción del mercado laboral) fueran demasiado altos. Luego de la reforma y apertura, se prohibió este sistema que constituía una traba para la fuerza laboral, y las personas comenzaron a prestar más atención a mejorar su nivel de eficiencia. No solo esto, sino que muchas personas empezaron a invertir voluntariamente en capital humano, lo que permitió que fuera más fácil encontrar en el mercado laboral a los trabajadores adecuados para las distintas tareas,

El Mercado de Mercancías Pequeñas fundado en 1982 en la ciudad de Yiwu, Zhejiang, es el primer mercado especializado de China. Yiwu comenzó como un mercado callejero, pero en 30 años se convirtió en el "mercado del mundo", desde donde cientos de miles de pymes salieron al exterior. La imagen muestra la quinta generación del Mercado de Mercancías Pequeñas: la Ciudad de Comercio Internacional de Yiwu.

reduciendo significativamente los costos de transacción.

Tal como se mencionó anteriormente, el mercado es sin duda alguna un sistema, y como tal abarca tanto los contratos espontáneos como las regulaciones hechas por el hombre. Tanto en un aspecto como en otro, el mercado puede convertirse en un sistema eficiente o deficiente. Esto significa que el mercado no es incondicionalmente un sistema eficiente *per se*, por el contrario, para determinar o garantizar la calidad del sistema del mercado, es necesario además cumplir con ciertas condiciones ajenas a él.

Los liberales hacen especial hincapié en la distribución de los recursos mediante los contratos espontáneos poniendo como condición la protección de los derechos de propiedad. El énfasis en esto último tiene naturalmente su lógica. Como premisa de la división del trabajo y la especialización, la comerciabilidad no puede existir sin la condición institucional del derecho de propiedad, la cual incluye la delimitación del derecho de propiedad, la protección de la propiedad y el respeto de los contratos. Cuando no es claro a quién pertenecen las cosas, cuando la propiedad puede ser arrebatada de manera arbitraria o cuando los contratos pueden ser disueltos sin condición, definitivamente no cabe la posibilidad de que exista transacción alguna. La importancia del derecho de propiedad radica en que este es la base de la comerciabilidad y la cristalización de las relaciones sociales del ser humano, lo que lo convierte en un asunto de carácter fundamental en la vida de las personas.

La protección del derecho a la propiedad y el respeto a los contratos generan además dos importantes efectos que se potencian mutuamente: eliminan o debilitan la incertidumbre, proporcionando un fuerte incentivo para que las personas realicen sus elecciones. Si nunca es claro a quién pertenecen los frutos del trabajo y el esfuerzo, si la seguridad de la propiedad personal es siempre inestable y precaria, si las personas no tienen expectativas estables respecto al futuro, entonces nadie se preocupará realmente de crear y acumular riqueza, y nadie se esforzará realmente por distribuir los bienes escasos de una manera efectiva.

La importante tarea de proteger el derecho de propiedad y de supervisar la ejecución de los contratos debe ser llevada a cabo necesariamente por el gobierno, y las razones para afirmar esto son varias. Por un lado, el gobierno tiene el monopolio legítimo del ejercicio de la fuerza y la violencia; por otro lado, como organismo "público", el gobierno puede tener una postura más imparcial y justa que los particulares; finalmente, el área de jurisdicción del gobierno es mucho más amplia que el ámbito de actividad de los privados. No obstante, precisamente por tener este poder monopolizado tan fuerte y tan extenso, y sobre todo porque quienes lo ejercen son también personas individuales que difícilmente carezcan de egoísmo, es que el gobierno puede convertirse a veces en la mayor potencial amenaza para la seguridad de la propiedad de las personas y de los contratos, lo cual tiene cierta semejanza con la historia popular de Xiao He y Han Xin, según la cual Xiao He fue quien ayudó a Han Xin a convertirse en general, pero también fue quien participó de su asesinato.

Si se consideran las tareas de configuración y diseño de reglamentos, organización y coordinación, supervisión y ejecución, entre otras, los costos institucionales que se requieren para fortalecer los derechos de propiedad y garantizar los contratos son generalmente bastante altos. Y en realidad, estos son un componente principal de lo que normalmente se llama costos de transacción. Al mismo tiempo, los costos de transacción y la escala del mercado son altamente proporcionales entre sí. Si el mercado se expande aceleradamente, los costos de transacción aumentan también de manera acelerada. En cuanto se habla en términos de costos y beneficios, esto significa que se busca la mayor producción con la menor inversión. Cuando el gobierno no es capaz de proteger los derechos de propiedad y de contrato de todas las personas en una determinada etapa histórica, o cuando no puede proteger por igual y de manera imparcial los derechos de distintos grupos, el tema sobre cómo utilizar de la manera más eficiente los escasos "recursos institucionales" para otorgar esta protección, y cómo maximizar finalmente el crecimiento económico bajo estas circunstancias restrictivas, se vuelve el punto de mayor interés de los economistas institucionales.

En su libro *Poder y Prosperidad*, Mancur Olson analiza la relación entre el poder del gobierno y el crecimiento económico[19]. A diferencia de Smith, quien se concentra en las causas que provocan el crecimiento económico, Olson se preocupa en dilucidar las causas más profundas que obstaculizan el crecimiento económico, o más precisamente, las causas que obstaculizan la realización plena de las transacciones. Cuando el tamaño del mercado permanece prácticamente inalterado, lo único que puede explicar los diversos grados de prosperidad de cada país o economía, son las barreras o limitaciones a las transacciones internas. Olson sostiene que el fracaso económico de un país se debe fundamentalmente al incumplimiento de dos condiciones necesarias y suficientes de crecimiento: una es la existencia de derechos de propiedad seguros y claramente delimitados, y la ejecución imparcial forzosa de los con-

19 Ver OLSON Mancur (2005). *Quanli yu Fanrong [Poder y Prosperidad]*, traducido por SU Zhang-he. Shanghai: Shanghai Renmin Chubanshe [Editorial del Pueblo Shanghai].

tratos; otra es la ausencia de depredación, especialmente aquella proveniente del gobierno. La gran proposición implícita en las "condiciones de crecimiento de Olson" es que la prosperidad económica depende del uso efectivo del poder del gobierno. Sobre esta base, Olson fue desarrollando poco a poco un importante concepto que condensa toda su teoría sobre el crecimiento a largo plazo: el concepto de gobiernos impulsores del mercado. Según Olson, si un gobierno es lo suficientemente fuerte para proteger los derechos individuales de propiedad y hacer cumplir los contratos, y si además está restringido de manera que no puede arrebatar o violar arbitraria e ilegalmente los derechos individuales, entonces este es un gobierno impulsor de mercados.

Smith pone énfasis en la expansión de la escala del mercado, mientras que Olson hace hincapié en los gobiernos impulsores de mercados. Ambos entienden profundamente que la escala del mercado tiene un papel decisivo para el crecimiento económico, pero cada cual tiene un foco de atención distinto. Para Smith lo que hay que expandir es sobre todo la "escala del mercado", buscando aumentar la "cantidad" de participación en las transacciones; y para Olson lo que hay que expandir es el "mercado", ampliando constantemente el alcance y la cobertura de las condiciones que permiten la fluidez de las transacciones (es decir, la comerciabilidad), a fin de mejorar la "calidad" de los arreglos institucionales que permiten que se materialicen las "ganancias del comercio". A los ojos de Smith, la expansión de la escala del mercado se asemeja más a un proceso espontáneo impulsado básicamente por las demandas de los comerciantes por sus intereses individuales. Por el contrario, Olson entiende la expansión del mercado como un proceso institucional evolutivo dirigido por el gobierno, con el fin de crear las condiciones para que puedan materializarse todas las potenciales "ganancias del comercio". En pocas palabras, Smith se interesa por la expansión de la escala del mercado hacia el exterior, mientras que Olson se preocupa por la ampliación del contenido del mercado.

Integrando adecuadamente las ideas de ambos pensadores, y agregando algunas reflexiones secundarias, podemos obtener un modelo de crecimiento económico a largo plazo bien complementado, con una lógica clara y con gran fuerza explicativa: se expande la escala del mercado → aparecen las potenciales "ganancias del comercio" → los derechos de propiedad y de contrato son correctamente garantizados por el gobierno → las transacciones se vuelven posibles → aumenta la división del trabajo y el nivel de especialización → aumenta la productividad laboral → crece la economía. Justamente en este modelo se unen estrechamente la "mano invisible" de Smith con la "mano conductora" de Olson. Para simplificar, podemos llamar a esto el "teorema o crecimiento de Smith-Olson".

Para una gran economía que originalmente está aislada del mundo, que sus recursos o factores son asignados principalmente mediante planificación, que tiene restringidas en varios aspectos sus transacciones basadas en contratos voluntarios, y cuya escala de mercado está fuertemente comprimida, si se aplica la lógica "smith-olsoniana", puede verse claramente el camino hacia el crecimiento económico a largo plazo. El objetivo último de este camino es lograr el crecimiento económico acelerado y sostenido mediante la expansión de la escala del mercado, y la principal vía para conseguirlo, es garantizando los derechos de propiedad y respetando los contratos, a fin de impulsar las transacciones y obtener los beneficios del comercio que vienen con la división del trabajo y la especialización. En cuanto al punto de partida de este proceso histórico de crecimiento acelerado y sostenido, este depende principalmente de las condiciones iniciales de cada economía al momento del "despegue", y en especial está altamente relacionado con la situación financiera del gobierno de entonces, con la estructura de los grupos de interés nacionales y el entorno de seguridad y economía política internacional.

Garantizar los derechos de propiedad y respetar los contratos asegurando que sean ejecutados es la función primordial de un gobierno impulsor de mercados. Como se mencionó más arriba, la ampliación de cobertura y el fortalecimiento del poder de ejecución de los sistemas institucionales efectivos, incluido el sistema de derechos de propiedad, es en sí una manera de expandir la escala del mercado. Pero además de esto, un gobierno impulsor de mercados puede actuar en las otras cuatro dimensiones de la expansión del mercado mencionadas anteriormente. Por ejemplo, para aumentar el número de participantes en las transacciones comerciales, se pueden flexibilizar las condiciones de acceso a las industrias y mercados, se puede mejorar la infraestructura, se pueden firmar acuerdos de cooperación en economía y seguridad con otros países, e incluso desde una perspectiva intertemporal, se pueden adoptar políticas apropiadas de planificación familiar para aumentar el número de participantes futuros en las transacciones comerciales. Por otro lado, en lo que respecta a la ampliación del rango de objetos comerciables, las posibles tareas de un gobierno impulsor de mercado incluyen pero no se limitan a flexibilizar los controles sobre los objetos de transacción, aumentar el contenido de los productos y servicios comercializables, y proveer estándares de transacción y herramientas de pago claros y sencillos, entre otras. Asimismo, en cuanto al aumento del nivel de monetización, el gobierno puede esforzarse por mejorar la eficiencia de las políticas monetarias, mantener la reputación de su moneda y expandir la circulación de su moneda a escala global, entre otras.

2.4.3 Innovación basada en el progreso tecnológico

Dentro de los economistas que explican las razones del crecimiento económico, además de Adam Smith y su modelo de "expansión de la escala del mercado → división del trabajo y especialización → productividad laboral → crecimiento económico", existe también la teoría desarrollada por Joseph Schumpeter.

En 1912, Schumpeter publicó el libro *Teoría del Desenvolvimiento Económico*, en el cual propone que la fuente del crecimiento es la innovación, y que aquellos que se dedican a ella, son emprendedores. Específicamente, la innovación se manifiesta en nuevos métodos de producción, nuevas tecnologías, nuevos materiales, nuevos mercados y nuevos modos de organización. Cualquier resultado de estas formas de innovación es la recombinación de nuevos factores de producción y condiciones de producción. En este proceso de integración, el emprendedor juega un rol central, pues su función o su definición misma es ser la persona que lleva a cabo la innovación.

En realidad, si se piensa en detalle, los resultados obtenidos por la innovación schumpeteriana no son más que la profundización en el nivel de división del trabajo y especialización, y la expansión de la escala del mercado. Es claro entonces que la teoría del llamado "crecimiento schumpeteriano" puede totalmente integrarse al "crecimiento smithiano". De todos modos, el énfasis en la innovación y el rol del emprendedor tiene un sentido digno de destacar, y es que parte del nivel empresarial para explicar el crecimiento económico y el problema de los ciclos, poniendo el foco en el emprendedor como organizador de los factores de producción. El relieve en el valor de la persona, y especialmente en el valor de una reducida élite social, atraviesa todo el sistema de ideas de Schumpeter, y es una peculiaridad de su teoría.

Si llevamos el crecimiento de Schumpeter un paso más allá, y observamos el rol que cumple dentro del camino de crecimiento de Smith-Olson (expansión de la escala del mercado → aparecen o aumentan las potenciales "ganancias del comercio" → los derechos de propiedad y los contratos son adecuadamente garantizados por el gobierno → las transacciones se vuelven posibles → se incrementa la división del trabajo y la especialización → aumenta la productividad laboral → crece la economía), no es difícil descubrir que la innovación y el espíritu emprendedor juegan un papel de "catalizadores" dentro de este proceso. El espíritu emprendedor cumple la función de "acelerar", "estabilizar" y "mejorar" cada eslabón dentro del proceso de crecimiento de Smith-Olson, incluidos el mercado y el gobierno, sin limitarse a simplemente a facilitar la división del trabajo y la especialización dentro del eslabón de la operación del mercado.

En primer lugar, la innovación promovida por el espíritu emprendedor implica en sí misma el descubrimiento y la creación de nuevos mercados, lo cual es una expansión de la escala del mercado directa. Tomemos como ejemplo el aire, que está en todos lados y del cual no se diría que es escaso. No obstante, hay empresarios que han descubierto que en ciertas ciudades la severa contaminación atmosférica ha provocado una demanda no satisfecha de "aire limpio", tras lo cual han desarrollado aparatos purificadores de aire o directamente han salido a vender aire fresco enlatado proveniente de regiones con aire de alta calidad. Con esto, lo que han hecho es aumentar el número de productos ofertables, creando un mercado que originalmente era inexistente.

En segundo lugar, la innovación en los procesos de producción, en la tecnología y en las instituciones pueden crear o aumentar las potenciales "ganancias del comercio". A modo de ejemplo, antes de que se desarrollara la tecnología de navegación, la antigua Roma y China solo podían comerciar mediante la ruta continental de la seda. Los nobles romanos tenían una enorme necesidad de la seda oriental, pero bajo las condiciones tecnológicas de la época, los beneficios comerciales que podían obtener eran extremadamente limitados. No obstante, a mediados de la dinastía Tang, la tecnología de navegación comenzó a avanzar notablemente, creciendo consigo la capacidad de afrontar los riesgos de los océanos, y recién entonces pudo desarrollarse el comercio mediante la ruta marítima de la seda, permitiendo que las potenciales ganancias del comercio de ambas partes aumentaran y se materializaran[20].

En tercer lugar, el espíritu emprendedor y la creatividad pueden también ser aprovechados por los gobiernos para proveer protección a los comerciantes, disminuir sus costos de transacción y permitirles tener expectativas estables, lo cual a su vez impulsa la expansión de la escala de las transacciones. El espíritu emprendedor no se restringe únicamente a los grupos empresariales, pues de cualquier persona u organización que posea una fuerte conciencia y capacidad de innovación, puede decirse que tiene espíritu emprendedor. La legalización del sistema de cuotas de producción agrícola por hogar a inicios de la reforma y apertura es nuevamente un buen ejemplo de este punto. El "sistema de responsabilidad en la producción mediante contrato familiar con ingresos en función del rendimiento" puede considerarse una grandiosa invención del campesinado chino. Luego de la Tercera Sesión Plenaria del XI Comité Central del PCCh, estimulado por el espíritu reinante de emancipación de la mente y de búsqueda de la verdad en los hechos, el campesinado chino creó los sistemas de cuotas de trabajo y producción agrícola basados en la responsabilidad familiar. En mayo de 1980, Deng Xiaoping dio su rotunda aprobación al sistema de cuotas de producción agrícola por hogar, lo cual impulsó fuertemente la reforma rural en esta dirección. En septiembre de 1980, las autoridades centrales

20 Solimán. *Sulaiman Dong Youji [Viaje al Oriente de Solimán]*, traducido por LIU Ban-nong. Beijing: Zhonghua Shuju [Compañía Editorial Zhonghua], 1937, p. 58. Tomado de CHEN Yan (1996). *Haishang Sichou zhi Lu yu Zhongwai Wenhua Jiaoliu [La Ruta de la Seda Marítima y el Intercambio Cultural entre China y el Extranjero].* Beijing: Beijing Daxue Chubanshe [Editorial de la Universidad de Beijing], p. 37.

emitieron el Comunicado sobre Varios Asuntos Relacionados con el Fortalecimiento y Perfeccionamiento de los Sistemas de Responsabilidad en la Producción Agrícola, reafirmando que la implementación del sistema de cuotas de producción agrícola por hogar bajo la dirección de las brigadas de producción no se desviaría del camino del socialismo. Desde 1982 hasta 1984, durante tres años consecutivos el gobierno central dedicó su "Documento Central No. 1" a reafirmar plenamente el sistema de responsabilidad mediante contrato familiar, involucrándose activamente en la conducción de las políticas pertinentes, lo cual permitió que dicho sistema se expandiera rápidamente a lo largo de todo el país, provocando al mismo tiempo la desintegración del sistema de comuna popular. Posteriormente, el sistema de responsabilidad mediante contrato familiar continuó perfeccionándose, hasta formar un sistema de gestión de contratos para familias rurales. En 1998, la Ley de Administración de Tierras de la República Popular China (revisada) y la Decisión sobre Varias Cuestiones Importantes Relativas a la Agricultura y el Trabajo Rural, aprobada por la Tercera Sesión Plenaria del XV Comité Central del PCCh, determinaron la extensión por 30 años más del período de contrato de la tierra. En 1999, la nueva reforma constitucional cambió el "sistema de responsabilidad en la producción mediante contrato familiar con ingresos en función del rendimiento" por el "sistema de gestión de contratos domésticos". Los hechos demuestran que el sistema de responsabilidad en la producción mediante contrato familiar le permitió al amplio campesinado obtener autonomía operativa plena, lo cual estimuló fuertemente su proactividad, y llevó a la emancipación y el desarrollo de las fuerzas productivas rurales.

Finalmente, la innovación junto con la división del trabajo y la especialización pueden interactuar potenciándose mutuamente, lo cual también eleva la productividad laboral. En su análisis de la fábrica de alfileres, Adam Smith observó que los obreros solo utilizaban maquinaria muy precaria, y que si esa maquinaria era reemplazada por equipos más modernos y sofisticados (por ejemplo, mediante la introducción de nuevos equipos o procesos de producción), esto provocaría definitivamente un cambio en la división del trabajo y mejoraría la productividad laboral. Adam Smith sostenía además que la invención de maquinaria especializada es quizás también resultado de la división del trabajo, esto es, si cada persona se dedica únicamente a resolver un eslabón del trabajo, tendrá más tiempo y más concentración para reflexionar sobre cómo mejorar la producción y el modo de trabajo dentro de este eslabón, y por lo tanto tendrá mayores oportunidades para promover la innovación en tecnología y modos de producción.

Por lo tanto, en los principales eslabones de la cadena de crecimiento de "Smith-Olson" es preciso prestar atención al efecto de la innovación y al despliegue del espíritu emprendedor. Este crecimiento smith-olsoniano que incorpora el factor subjetivo de la innovación de las personas puede llamarse crecimiento o teorema de "Smith-Olson-Schumpeter". La mayor diferencia de este último con el crecimiento de "Smith-Olson", el cual no considera el factor de la innovación, es que este comprende un sistema completo de incentivo a la creación y la innovación, incluyendo el respeto y la protección de los derechos de propiedad intelectual y los sistemas legales que evalúan y salvaguardan este derecho. Bajo estos incentivos institucionales formales y no formales, el innovador puede obtener más plenamente los beneficios de la innovación, y alentar así a las personas de los sectores público y privado a involucrarse más enérgicamente en la innovación.

Hasta aquí, el papel esencial de la "reforma y apertura" en los más de 40 años de acelerado crecimiento económico de China se vuelve bastante evidente. Describiendo a muy grandes rasgos y al menos desde la perspectiva de la economía institucional, la reforma y apertura llevada a cabo por China en estos últimos 40 años ha avanzado de manera muy similar al crecimiento "Smith-Olson-Schumpeter".

La "reforma", como progreso institucional de significativa importancia, delimitó y protegió los derechos de propiedad (incluido el derecho de propiedad intelectual) y de contrato, y extendió el alcance del sistema institucional efectivo, sentando así las bases para la expansión de la escala del mercado o para la liberación de la energía del mercado que se encontraba reprimida, e incluso expandiendo directamente la escala del mercado. La "apertura", como política de visión a futuro, por un lado provocó la expansión directa del mercado externo de China, permitiendo que el país maximizara sus propios beneficios comparativos mediante la participación en la división del trabajo internacional, y

Para finales de 1983, en casi todas las zonas rurales de China se practicaba el sistema de producción mediante contrato familiar con ingresos en función del rendimiento y el sistema de doble nivel de gestión, combinando centralización y descentralización. La capacidad productiva de la agricultura y el entusiasmo de los campesinos se liberó a niveles sin precedentes. La imagen muestra las carrozas llevando las palabras "el contrato con ingresos en función del rendimiento es bueno", en el desfile por el 35° aniversario de la República Popular China en 1984.

haciendo que la mayor cantidad de empresas chinas posible se volviera beneficiaria de la división del trabajo y las transacciones internacionales; y por otro lado, el abrir las puertas al exterior permitió en sí estimular y profundizar la reforma, ya que se introdujeron nuevas tecnologías y modos de gestión, y se estimuló el uso de nuevas herramientas y metodologías.

Parándonos en las coordenadas históricas de hoy, no es difícil observar que la escala del mercado de China tuvo una expansión sin precedentes, tanto en términos de capacidad interna como en dimensiones externas. Los niveles de división del trabajo y de especialización aumentaron enormemente gracias a la implementación de sistemas de derechos de propiedad cada vez más efectivos, y en base a todo esto, se pudieron lograr la innovación y el progreso tecnológico e institucional, provocando un significativo aumento de la productividad laboral. En resumen, el mecanismo de trasfondo del acelerado crecimiento económico de China en los últimos 40 años, o del fenómeno estudiado por Lin Yifu, Cai Fang y Li Zhou en su libro *El Milagro de China: Estrategia de Desarrollo y Reforma Económica*, radica justamente aquí[21].

La reforma y apertura de China apuntaron principalmente a la economía planificada de manera centralizada, la cual se implementó durante un cuarto de siglo. Para ser justos, el objetivo básico del sistema de economía planificada también era lograr la división del trabajo y la especialización, también se inclinaba por expandir la escala de las transacciones (intercambios), y también buscaba un crecimiento económico acelerado, estable y duradero. La principal razón por la cual el sistema de economía planificada fue exitoso bajo esas determinadas condiciones históricas se debe a su alto nivel de correspondencia con el modelo de crecimiento de "Smith-Olson-Schumpeter". Por ejemplo, una de las razones por las cuales la Unión Soviética pudo obtener un positivo crecimiento durante la década de 1930 es que supo aprovechar las grandes rebajas en los precios de las maquinarias de los países occidentales causadas por la crisis capitalista, lo cual le permitió proveerse de gran cantidad de tecnologías y medios de producción avanzados a precios muy reducidos, logrando así impulsar su productividad laboral mediante la innovación tecnológica exógena. Pero por supuesto que considerando que la razón humana a fin de cuentas es limitada, al punto que cualquier plan tendrá necesariamente algún defecto, considerando también que los incentivos que pueda proveer un sistema de economía planificada son difíciles de sostener en plazos de tiempo más extensos, y considerando que los planes para minimizar las importantes funciones de la moneda en la fijación de precios y las liquidaciones provocan enormes costos de transacción durante su implementación, el "crecimiento planificado" se vuelve difícil de sostener.

Lo expuesto aquí arriba no es más que un marco de análisis para

21 LIN Yi-fu, CAI Fang, LI Zhou (1999). *Zhongguo de Qiji: Fazhan Zhanlüe yu Jingji Gaige [El Milagro de China: Estrategia de Desarrollo y Reforma Económica]*. Shanghai: Shanghai Renmin Chubanshe [Editorial del Pueblo Shanghai].

entender la lógica del acelerado crecimiento económico de China en los últimos 40 años de reforma y apertura. Además de proporcionar los factores clave del crecimiento económico a largo plazo desde una perspectiva general, aquí también se presenta el tema de la "peculiaridad" de la reforma y la apertura china, lo que se conoce como las "características chinas". En su extenso reporte titulado *Consenso de Pekín*, el consejero de la empresa norteamericana Goldman Sachs, Joshua Cooper Ramo, reflexiona particularmente sobre este tema, llegando a la conclusión de que el camino de reforma y apertura de China es un camino completamente fuera de lo común[22]. En este punto es que nos encontramos con una ineludible aporía, la de la relación entre la generalidad y la peculiaridad. Los enormes logros obtenidos por China en los últimos 40 años se deben en gran parte a que la reforma y apertura siguieron la lógica básica del crecimiento económico a largo plazo. Pero al mismo tiempo, las vías adoptadas por China para la expansión de la escala de su mercado y los pasos dados en el trayecto fueron realmente singulares. Y eso es fundamentalmente porque el proceso de reforma y apertura consistió en una serie de medidas, políticas, leyes, regulaciones y reglamentos, adoptados en distintas etapas y de contenido diverso y complejo, lo cual trajo a la mesa los asuntos de "combinaciones de sistemas", "acción en el momento oportuno" y "orden secuencial de implementación". Desde una perspectiva estricta de las ciencias económicas, las llamadas "características chinas" se manifiestan principalmente en la manera en la que estos asuntos son abordados. De todos modos es claro que para que un país o una nación pueda hacer lo correcto en los tiempos correctos y en el orden correcto, no solo requiere de sabiduría y valentía, sino que a veces quizás necesita también de intuición y suerte.

22 Joshua Cooper Ramo (2004). "The Beijing Consensus [El Consenso de Pekín]" en Foreign Policy Centre [Centro de Política Exterior] <http://fpc.org.uk/fsblob/244.pdf>.

Capítulo III

El Desarrollo de China en la Nueva Era

En noviembre de 2012 se celebró el XVIII Congreso Nacional del Partido Comunista de China. En la Primera Sesión Plenaria del XVIII Comité Central del PCCh, Xi Jinping fue elegido secretario general del Comité Central del PCCh y presidente de la Comisión Militar Central del PCCh. La celebración del XVIII Congreso Nacional dio inicio a una nueva era y a una nueva etapa de desarrollo de China.

En este nuevo período, China se enfrenta con profundos y complejos cambios en su entorno de desarrollo, y si bien todavía es una etapa de grandes desafíos y oportunidades, tanto aquellos como estas se presentan también con nuevos cambios. El mundo de entonces se encuentra transitando una transformación sin precedentes en el último siglo: la nueva revolución tecnológica e industrial avanza impetuosamente, el equilibrio de fuerzas internacionales es sometido a un profundo reajuste, la paz y el desarrollo continúan siendo los temas centrales de la era y el concepto de comunidad con destino compartido para la humanidad se arraiga fuertemente en la conciencia de las personas; al mismo tiempo, el entorno internacional se complejiza cada vez más, trayendo una evidente inestabilidad e incertidumbre. Por su parte, China ya se encuentra en transición hacia su etapa de desarrollo de alta calidad, con significativas ventajas institucionales, una gobernanza más eficiente, una economía con crecimiento sostenido, una base material sólida, abundantes recursos humanos, un vasto mercado, un desarrollo fuertemente resiliente, una estabilidad social generalizada y múltiples ventajas y condiciones favorables en aumento. No obstante, al mismo tiempo sigue presente el problema del desarrollo nacional desequilibrado e insuficiente, el país sigue cargando al hombro la ardua tarea de la reforma en eslabones clave de los sectores más importantes, la capacidad de innovación no es suficiente aún para responder a las necesidades del desarrollo de calidad, las bases agrícolas no son lo suficientemente sólidas, la brecha entre las zonas urbanas y rurales en términos de desarrollo regional y de distribución de ingresos es todavía bastante grande, el país tiene aún mucho trabajo por hacer en el área de protección ambiental, no es posible garantizar completamente el nivel de vida de las personas y existen todavía debilidades en el plano de gobernanza social.

El desarrollo de China en la nueva era ha obtenido logros muy destacables. Durante todo este proceso, China ha implementado firmemente la nueva idea de desarrollo, ha promovido el desarrollo de calidad, ha ido resolviendo ordenada y eficientemente la contradicción del desarrollo desequilibrado e insuficiente, ha podido afrontar con calma los crecientes desafíos externos, ha combatido resuelta y decididamente la pandemia de coronavirus y ha seguido avanzando con determinación hacia sus objetivos preestablecidos.

3.1 Logros en la práctica del desarrollo de China en la nueva era

Con el fuerte liderazgo del Comité Central del Partido, nucleado en torno a Xi Jinping, el país ha tenido nuevos y significativos avances, tanto en su proceso de reforma y apertura como en su desarrollo económico, en el nivel de vida de la gente y en su contribución a la economía mundial.

Durante el período del XIII Plan Quinquenal (2016-2020), el proceso de profundización integral de la reforma avanzó a pasos agigantados, las políticas de gobernación integral según la ley y de disciplinamiento integral y riguroso del Partido tuvieron enormes progresos, y el sistema de gobernanza nacional junto con la capacidad de gobernación se modernizaron aceleradamente, poniendo en mayor evidencia las ventajas del liderazgo del Partido Comunista de China y del sistema socialista chino. El país ascendió a un nuevo nivel en términos de poder económico, poder tecnológico y fortaleza general nacional. Las operaciones económicas se mantuvieron generalmente estables, en el marco de una estructura económica que continuaba optimizándose, hasta alcanzar un PIB por encima de los 100 billones de yuanes en 2020 y obtener una destacable victoria en su lucha contra la pobreza, logrando sacar de la pobreza a 55,75 millones de habitantes rurales. Asimismo, se intensificó el trabajo de control y prevención de contaminación, mejorando notablemente el entorno ecológico; continuó avanzando el proceso de apertura, con fructíferos logros en la iniciativa de "la Franja y la Ruta"; y aumentó significativamente el nivel de vida de la gente, con una educación superior ampliamente difundida, con más de 60 millones de nuevos puestos de trabajo en el campo y en la ciudad, con el sistema de seguridad social más grande del mundo, con más de 1.300 millones de personas cubiertas con un seguro médico básico y casi 1.000 millones de personas cubiertas con planes de pensión, y con una industria cultural también en vigoroso desarrollo. Por otro lado, también hubo enormes avances en los sectores militar y de seguridad nacional, con una estructura organizativa militar fuertemente transformada, una seguridad nacional integralmente fortalecida y una sostenida armonía y estabilidad social[1].

En lo que respecta a la construcción económica, en esta etapa China implementó invariablemente la nueva concepción del desarrollo, corrigiendo el concepto y la modalidad de desarrollo para obtener una mejora constante de su calidad y rendimiento. Durante este período, el país logró mantener el crecimiento económico en un ritmo medio-alto, velocidad que permitió situarlo en la línea de vanguardia, a la par de los principales países del mundo, manteniéndose establemente en el segundo puesto a nivel mundial, con una contribución al crecimiento económico global de más del 30%. Asimismo, se profundizó la reforma estructural por el lado de la oferta, se fue optimizando de manera

1 Xinhuanet. *Zhongguo Gongchandang Di-shijiu Jie Zhongyang Weiyuanhui Di-wu Ci Quanti Huiyi Gongbao [Comunicado de la Quinta Sesión Plenaria del XIX Comité Central del Partido Comunista de China]* <http://www.xinhuanet.com/politics/2020-10/29/c_1126674147.htm> [Consulta: 29 de Octubre de 2020].

La economía china mantiene su ritmo de crecimiento medio-alto, y se ha posicionado establemente en el segundo puesto a nivel mundial. La imagen muestra el puerto más grande del mundo: el Puerto de Ningbo-Zhoushan.

constante la estructura económica, se desarrollaron vigorosamente las nuevas industrias emergentes tales como la economía digital, y avanzó aceleradamente la construcción de infraestructura de ferrocarriles de alta velocidad, carreteras, puentes, puertos y aeropuertos. La modernización del sector agrícola también continuó avanzando, logrando mantenerse establemente en una producción anual de alimentos por encima de los 650.000 millones de kg durante 5 años consecutivos. La tasa de urbanización aumentó a razón de 1,2 puntos porcentuales al año, con más de 80 millones de migrantes agrícolas convertidos en residentes urbanos. El desarrollo regional fue mucho más coordinado, con resultados notables en la construcción de "la Franja y la Ruta", el desarrollo de la región de Beijing-Tianjin-Hebei y el desarrollo del Cinturón Económico del Río Yangtze. Asimismo, se implementó fuertemente la estrategia de desarrollo guiado por la innovación, con una serie de fructíferos resultados, incluidos la estación espacial Tiangong, el submarino Jiaolong, el telescopio esférico de quinientos metros de apertura Tianyan, la sonda espacial de materia oscura Wukong, el satélite

Mozi, el avión comercial C919, y otros importantes logros científicos que fueron presentándose sucesivamente al mundo. El nuevo sistema de economía abierta fue también consolidándose gradualmente, llevando al país a colocarse cómodamente entre los primeros lugares del ranking mundial en términos de comercio exterior, inversión en el exterior y reservas de divisas[2]. China se afianzó aún más en su posición de gran país comerciante, con un comercio exterior en acelerada optimización y renovación, y una mejora en la calidad dentro de un estable progreso. Las importaciones y exportaciones de bienes pasaron de 3,95 billones de USD en 2015 a 4,58 billones de USD en 2019, colocando al país en el primer puesto en el ranking mundial en comercio de bienes por 3 años consecutivos, y en el primer puesto en el ranking mundial en exportación de bienes por 11 años consecutivos. Las importaciones y exportaciones de servicios pasaron también de 654.200 millones de USD en 2015 a 785.000 millones de USD en 2019, ubicando al país en el segundo puesto a nivel mundial. Paralelamente, China continuó avanzando en la iniciativa de "la Franja y la Ruta", para lo cual publicó e implementó la Ley de Inversión Extranjera (vigente a partir del 1 de enero de 2020), acelerando la apertura de la industria de servicios y reduciendo la lista negativa de inversiones extranjeras en el país. Por otro lado, en el campo de zonas y tratados de libre comercio, China estableció 21 zonas piloto de libre comercio, creó el Puerto de Libre Comercio de Hainan, firmó en noviembre de 2020 el acuerdo para la Asociación Económica Integral Regional (RCEP, por sus siglas en inglés), concluyó en diciembre de 2020 las negociaciones para el Acuerdo Global de Inversión China-UE, y continuó avanzando en las negociaciones para el Tratado de Libre Comercio China-Japón-Corea del Sur. Asimismo, mediante la organización de eventos tales como el Foro de la Franja y la Ruta para la Cooperación Internacional, la Exposición Internacional de Importaciones de China (CIIE) y la Feria Interna-

2 Xinhuanet. *Zhongguo Gongchandang Di-shijiu Jie Zhongyang Weiyuanhui Di-wu Ci Quanti Huiyi Gongbao [Comunicado de la Quinta Sesión Plenaria del XIX Comité Central del Partido Comunista de China]* <http://www.xinhuanet.com/politics/2020-10/29/c_1126674147.htm> [Consulta: 29 de Octubre de 2020].

cional de Comercio de Servicios de China, se afianzaron aún más los lazos económicos entre China y el resto del mundo[3].

En este período, el país obtuvo significativos progresos en su proceso de profundización integral de la reforma, avanzando a paso acelerado y constante, y erradicando decididamente los defectos institucionales en todos los aspectos. Se tomaron medidas en todos los ámbitos, promoviendo la reforma en profundidad y logrando avances en múltiples áreas. Se llevó adelante la reforma de una manera más sistemática, holística y coordinada, aumentando su cobertura y profundidad, y gracias al lanzamiento de más de 1.500 medidas, se lograron avances en áreas clave y se establecieron marcos generales para la reforma en los principales sectores. De esta manera, el sistema socialista con características chinas continuó perfeccionándose, el sistema y la capacidad de gobernanza nacional mejoraron significativamente y se vigorizaron fuertemente el desarrollo y la innovación en toda la sociedad.

En paralelo a los avances arriba mencionados, el nivel de vida de la gente continuó mejorando constantemente. Bajo la idea rectora del desarrollo centrado en la gente, se implementaron múltiples medidas en favor del pueblo, aumentando fuertemente su sentimiento de satisfacción. Se obtuvieron avances decisivos en la lucha contra la pobreza, logrando sacar de este estado a casi 60 millones de personas, llevando por debajo del 4% a un índice de pobreza que originalmente estaba en el 10,2%. La educación también continuó desarrollándose de manera integral, con un particular fortalecimiento en las regiones central y occidental del país y en las zonas rurales; y continuó mejorando la situación de empleo, con un promedio anual de más de 13 millones de nuevos puestos de trabajo en áreas urbanas. El crecimiento en los ingresos de los habitantes urbanos y rurales fue más rápido que el crecimiento económico, dando lugar a un grupo poblacional de ingresos medios en constante expansión. Asimismo, quedó también básicamente establecido un sistema de seguridad social con cobertura tanto sobre la población urbana como sobre la población rural, hubo notables mejoras en la

3 ZHONG Shan. "Woguo kaifang xing jingji fazhan qude lishi xing chengjiu [Los logros históricos del desarrollo de la economía abierta de China]" en *People's Daily [Diario del Pueblo]*. 29 de septiembre de 2020.

salud pública y en los servicios médicos, y continuó avanzando a paso estable la construcción de viviendas subsidiadas por el gobierno para garantizar las necesidades básicas. En definitiva, hubo nuevas mejoras en el sistema de gobernanza social, se mantuvo la estabilidad social y se fortaleció de manera integral la seguridad nacional.

Por otro lado, se obtuvieron grandes logros en la construcción de la civilización ecológica, la cual fue fuertemente promovida en esta etapa en la que creció la conciencia y la proactividad de todo el Partido y todo el país en la implementación de la idea de desarrollo verde, dejando atrás la etapa de desestimación de la protección del medio ambiente y la ecología. En este período se aceleró la creación de un marco institucional para la promoción de la civilización ecológica, se consolidó gradualmente el sistema de zonificación funcional y se llevaron a cabo ensayos para la creación del sistema de parques nacionales. Asimismo, se promovió con eficacia el ahorro integral de recursos, permitiendo una enorme reducción en la intensidad del consumo de energía y recursos. Se llevaron exitosamente adelante importantes proyectos de protección y rehabilitación ecológica, y la cobertura forestal continuó aumentando. La gobernanza ecológica y ambiental se fortaleció significativamente, trayendo mejoras notables en el medio ambiente. China también tuvo un rol fundamental en la cooperación internacional por el cambio climático, convirtiéndose en un importante participante, contribuidor y conductor en la construcción de la civilización ecológica global[4].

Todos estos destacables logros obtenidos por China en esta nueva era han sido posibles gracias a la adopción de un nuevo concepto de desarrollo acorde a las propias condiciones nacionales. Este nuevo concepto de desarrollo no solo está atravesado por el pensamiento central de reforma y apertura, sino que además, sobre esta base, pone en relieve las nuevas ideas de innovación, coordinación, ecología y beneficios compartidos, lo cual se corresponde mejor con la situación real del país en esta nueva fase de desarrollo.

---

4 Xinhuanet. *Zhongguo Gongchandang Di-shijiu Jie Zhongyang Weiyuanhui Di-wu Ci Quanti Huiyi Gongbao [Comunicado de la Quinta Sesión Plenaria del XIX Comité Central del Partido Comunista de China]* <http://www.xinhuanet.com/politics/2020-10/29/c_1126674147.htm> [Consulta: 29 de Octubre de 2020].

3.2 Nueva concepción de desarrollo innovador, coordinado, ecológico, abierto y con beneficios compartidos

El concepto de desarrollo es una cuestión de carácter estratégico, programático y orientador, y encarna los lineamientos, la dirección y el foco del desarrollo[5]. El desarrollo de un país está definitivamente guiado por el concepto que va formando a medida que avanza. Un concepto adelantado y correcto determina en última instancia los resultados del desarrollo. El desarrollo es asimismo un proceso dinámico en constante marcha y que jamás se detiene, pues en efecto, el entorno del desarrollo cambia, las condiciones de desarrollo cambian y la concepción de desarrollo se ajusta permanentemente según el avance de los tiempos. El desarrollo de China en la nueva era se guía por un nuevo concepto que abarca cinco aspectos: la innovación, la coordinación, la ecología, la apertura y los beneficios compartidos.

Sea desde la perspectiva de la teoría de la economía del desarrollo y de la práctica de desarrollo de los países después de la Segunda Guerra Mundial, o desde la perspectiva de la Agenda para el Desarrollo Sostenible de Naciones Unidas, la concepción de desarrollo parte en primer lugar de las circunstancias concretas en las que se encuentra cada país. La propuesta de China de un desarrollo innovador, coordinado, ecológico, abierto y con beneficios compartidos no surgió de la nada y sin fundamento alguno, por el contrario, es el resultado de una síntesis de las experiencias y lecciones adquiridas a partir del desarrollo nacional e internacional, y de un profundo análisis de su tendencia general. Esta concepción refleja un mayor entendimiento del Partido Comunista de China sobre las leyes del desarrollo económico y social, y surge en respuesta a los prominentes problemas y contradicciones presentes en el

---

5 Xi Jinping (2017). *Xi Jinping Tan Zhiguo Lizheng Di-er Juan [Xi Jinping: La Gobernación y Administración de China. Volumen II].* Beijing: Waiwen Chubanshe [Editorial de Lenguas Extranjeras], p. 197-199.

desarrollo actual de China[6].

La idea de desarrollo innovador está dirigida a resolver el problema de la fuerza motriz del desarrollo. China no tiene una fuerte capacidad de innovación y el nivel de desarrollo científico-tecnológico en general no es muy alto, por lo que no puede aportar suficiente apoyo al desarrollo económico y social, colocando a China muy por debajo de los países desarrollados en términos de contribución de la ciencia y la tecnología al crecimiento económico. Por otro lado, la nueva revolución tecnológica no ha hecho más que intensificar la competencia en el área, y en consecuencia, quedarse atrás en la carrera de innovación tecnológica significa no poder transformar la fuerza de desarrollo, lo que dejaría a China en desventaja dentro de la competencia económica global. Es por esto que China debe hacer de la innovación la principal fuerza motriz y orientadora del desarrollo, valiéndose de los talentos como recurso fundamental de apoyo, colocando a la innovación en una posición principal dentro del esquema general de desarrollo nacional, y promoviendo constantemente la innovación teórica, institucional, científica, tecnológica, cultural, y en cada uno de los aspectos, para que atraviese todas las acciones del Partido y del país, y se convierta en práctica común para toda la sociedad.

La idea de desarrollo coordinado está dirigida a resolver el problema del desequilibrio en el desarrollo. El desarrollo no coordinado es un problema con larga trayectoria en China, y se manifiesta particularmente en la relación entre las distintas regiones, entre las zonas urbanas y rurales, entre la economía y la sociedad, entre el nivel ético-cultural y el nivel material, y entre la economía y la seguridad nacional. Con una economía poco desarrollada, durante un determinado tiempo la tarea principal es avanzar rápido, pero luego de avanzar un cierto trecho, hay que reacomodar las cosas de manera tal que el desarrollo mantenga una efectividad general, de lo contrario comienza a entrar en juego la "ley de Cannikin" (teoría del barril de madera), desencadenando una

---

6 Xi Jinping (2017). *Xi Jinping Tan Zhiguo Lizheng Di-er Juan [Xi Jinping: La Gobernación y Administración de China. Volumen II]*. Beijing: Waiwen Chubanshe [Editorial de Lenguas Extranjeras], p. 197.

El 25 de febrero de 2021, durante la Conferencia Nacional para la Revisión y Ponderación de la Lucha Contra la Pobreza, el secretario general Xi Jinping anunció que bajo los estándares actuales de China, 98,99 millones de personas de las zonas rurales han salido completamente de la situación de pobreza, completando con ello la ardua tarea de erradicar la pobreza extrema. La imagen muestra a unos visitantes observando la exposición fotográfica sobre la lucha contra la pobreza en el Museo Nacional de China.

serie de contradicciones sociales. Por esto es que China debe mantener firmemente el esquema general del socialismo con características chinas, manejando correctamente las relaciones más cruciales dentro del proceso de desarrollo, y buscando constantemente mantener el carácter general del desarrollo.

La idea de desarrollo ecológico está dirigida a resolver el problema de la armonía entre el ser humano y la naturaleza. El desarrollo verde, circular y bajo en carbono es hacia donde apunta la revolución tecnológica e industrial de esta era, y es el área de desarrollo con más futuro. China tiene bastante potencial en este campo, con la capacidad de avanzar en muchas nuevas áreas de crecimiento. Con sus recursos cada vez más limitados, una contaminación ambiental muy severa y graves problemas de degradación de sus ecosistemas, el pueblo chino tiene cada vez una mayor necesidad de aire limpio, agua potable, seguridad alimentaria y un entorno agradable. Por esto es que el país debe mantener sus políticas estatales básicas de conservación de recursos y protección ambiental, y seguir con determinación un modelo de desarrollo que incluya una mayor producción, mejores niveles de vida y ecosistemas saludables, a fin de acelerar la formación de una sociedad ahorradora de recursos y ecológica, promover la construcción de una China hermosa, y colaborar con la seguridad ecológica mundial.

La idea de desarrollo abierto viene a resolver el problema de la interacción entre el desarrollo interno de China con el del mundo exterior. Actualmente, los esquemas de cooperación y competencia internacional están sufriendo profundos cambios, el sistema y las reglas de gobernanza económica global también se enfrentan a una importante reestructuración, el intercambio con el exterior ha llegado a niveles sin precedentes en términos de profundidad, amplitud y velocidad, como también ha alcanzado niveles sin precedentes la presión por los riesgos económicos externos y por salvaguardar la seguridad económica nacional. Al día de hoy, la pregunta no es si hay o no que abrirse al exterior, sino cómo mejorar la calidad de la apertura y la interacción entre el desarrollo interno y el externo.

En términos generales, China todavía no está lo suficientemente abierta, no es lo suficientemente capaz para hacer buen uso de los mercados y recursos internos y externos, tampoco es aún lo suficientemente capaz para afrontar los rozamientos comerciales internacionales y para ganarse el derecho a opinar en los asuntos económicos internacionales, ni lo suficientemente hábil para manejarse con las reglas del comercio internacional, por lo que necesita compensar rápidamente estas falencias. Por esto es que el país debe aferrarse a la política estatal básica de apertura, siguiendo una estrategia de apertura con beneficios compartidos, profundizando el intercambio cultural, mejorando su estructura de apertura en el ámbito regional, comercial y de inversiones, constituyendo un nuevo sistema de apertura, desarrollando una economía aún más abierta, y promoviendo la innovación, la reforma y el desarrollo mediante la ampliación de la apertura. La Iniciativa de "la Franja y la Ruta" es justamente una importante medida estratégica para ampliar la apertura y proporcionar un diseño de alto nivel para la diplomacia económica, por lo que es preciso identificar las áreas donde es más probable que se produzcan avances, promover la propia experiencia en áreas más amplias y consolidar el progreso paso a paso para lograr el éxito final. Hay que ayudar a mejorar el sistema de gobernanza económica mundial, desempeñar un papel de liderazgo en el desarrollo de la agenda económica mundial, mantener un sistema de comercio multilateral, acelerar la implementación de una estrategia de libre comercio y asumir activamente las responsabilidades y obligaciones internacionales que sean acordes con la capacidad y la posición de China.

Finalmente, la idea de desarrollo con beneficios compartidos viene a resolver el problema de la justicia y equidad social. "Para gobernar el país, lo primordial es lograr la igualdad, y luego vendrá la estabilidad". Permitir que la gente comparta los frutos de la reforma y el desarrollo es el mandato esencial del socialismo, y demuestra la superioridad del socialismo y la sinceridad del Partido en su misión de servir al pueblo. Solo si se aborda adecuadamente este problema, se despertará plenamente el entusiasmo, la iniciativa y la creatividad de la gente, y sólo entonces podrá el desarrollo nacional cobrar el impulso suficiente. Si bien es cierto que la "torta" del desarrollo económico de China es cada vez mayor, también es cierto que las porciones no se reparten de manera uniforme. En efecto, existen crecientes disparidades en los niveles de ingresos y en los servicios públicos urbanos y rurales, y muchas imperfecciones tanto a nivel institucional como fáctico no permiten que los frutos de la reforma y el desarrollo puedan ser compartidos por todos. Por esto es que China debe adherir a un modelo de desarrollo que sea para la gente y por la gente, y cuyos frutos sean compartidos por su gente, y debe diseñar sistemas más eficaces para lograr la prosperidad común y estable, y para erradicar la enorme brecha que existe entre los ricos y los pobres.

Perseguir un desarrollo innovador, coordinado, ecológico, abierto y con beneficios compartidos es una profunda reforma que incide en el desarrollo general de todo el país. Cada uno de estos cinco conceptos es esencial a nivel individual, pero a su vez están todos interconectados, formando un todo integrado que debe ser implementado al mismo tiempo y con igual atención. El proceso de desarrollo se verá obstaculizado si se descuida alguno de ellos[7].

3.2.1 Construcción de un sistema económico modernizado bajo la guía del desarrollo innovador

La capacidad de innovación es un factor determinante del futuro y la suerte de un país o una nación. Desde el siglo XVIII en adelante, las revoluciones tecnológicas e industriales por las que ha pasado la humanidad han transformado profundamente el modelo de desarrollo mundial. Algunos países han sabido aprovechar las oportunidades, logrando un rápido desarrollo social y económico y aumentando su poder económico, científico y militar. Algunos incluso se han convertido en potencias mundiales. La primera Revolución Industrial, originada en Reino Unido, convirtió a dicho país en el líder mundial; la segunda Revolución Industrial fue posteriormente aprovechada por Estados Unidos, quien superó a Reino Unido, convirtiéndose en la primera potencia mundial. Desde la segunda Revolución Industrial en adelante, Estados Unidos ha mantenido siempre la hegemonía global, y esto es porque ha sabido liderar y beneficiarse del progreso científico e industrial. El pueblo chino es un pueblo que no le teme a la innovación, y que cuenta con las habilidades para llevarla a cabo. Hay datos que revelan que de las 300 invenciones y descubrimientos más importantes ocurridos en el mundo antes del siglo XVI, 173 corresponden a China, superando por lejos a la Europa de aquel entonces. Durante largos períodos de la historia, China ha ocupado la posición de líder mundial, y con su cultura y su pensamiento, su sistema social, su progreso económico, su ciencia y tecnología, entre otros varios aspectos, China ha sido un importante motivador y conductor de los países y regiones circundantes. Pero

7 Xi Jinping (2017). *Xi Jinping Tan Zhiguo Lizheng Di-er Juan [Xi Jinping: La Gobernación y Administración de China. Volumen II].* Beijing: Waiwen Chubanshe [Editorial de Lenguas Extranjeras], p. 199.

con la llegada de la modernidad, China empezó a quedar poco a poco rezagada, y una de las principales razones es justamente que no supo aprovechar las enormes oportunidades que trajeron las múltiples revoluciones tecnológicas e industriales[8].

Tras 40 años de esfuerzo en la reforma y apertura, la economía china ha logrado posicionarse en el segundo puesto a nivel mundial. No obstante, el desarrollo económico de China es todavía débil en muchos aspectos, y el país se enfrenta al desafío a largo plazo de adoptar nuevos motores, transformar los modelos y reestructurar su crecimiento económico. En esta nueva era, se vuelve difícil sostener el modelo tradicional de crecimiento económico motivado por la inversión de recursos, capital y fuerza de trabajo. Ya sea para hacer frente al problema del envejecimiento poblacional, para afianzar la victoria contra la pobreza o para mejorar el nivel de los servicios de salud, en cualquier caso es necesario apoyarse en el avance tecnológico; asimismo, la innovación científica y tecnológica se ha vuelto indispensable a la hora de abordar la contaminación ambiental y de proteger la seguridad energética, alimentaria, del ciberespacio y de la nación. En definitiva, la innovación se ha convertido en un importante motor del desarrollo de China.

La innovación como principal motor conductor del desarrollo

La innovación es la clave para impulsar el desarrollo social y económico en general. El desarrollo social y económico del mundo actual depende cada vez más de la innovación teórica, institucional, científica y cultural, y cada vez se obtienen más ventajas competitivas a través de la capacidad de innovación[9]. Aquellos que puedan dar un paso adelante en la innovación, serán quienes lideren el desarrollo. Actualmente se avecina una nueva revolución científica e industrial, caracterizada principal-

8 Xi Jinping (2017). *Xi Jinping Tan Zhiguo Lizheng Di-er Juan [Xi Jinping: La Gobernación y Administración de China. Volumen II]*. Beijing: Waiwen Chubanshe [Editorial de Lenguas Extranjeras], p. 202-204.

9 Xi Jinping (2017). *Xi Jinping Tan Zhiguo Lizheng Di-er Juan [Xi Jinping: La Gobernación y Administración de China. Volumen II]*. Beijing: Waiwen Chubanshe [Editorial de Lenguas Extranjeras], p. 201.

mente por el surgimiento constante de grandes tecnologías disruptivas, la transformación acelerada de los logros científicos y el mayor carácter monopólico en la forma de organización industrial y en las cadenas industriales. Las principales potencias mundiales han ido adoptando nuevas estrategias para promover la innovación, aumentando la inversión en ella y compitiendo por recursos estratégicos tales como los talentos, la propiedad intelectual y los estándares. A pesar de ocupar el segundo puesto a nivel mundial, la economía de China sigue siendo una economía aparentemente grande e "hinchada", pero de contextura débil, y su talón de Aquiles es justamente su insuficiente capacidad de innovación. Es por esto que China necesita con urgencia impulsar su crecimiento mediante la innovación, pues en ella se deposita el futuro del país.

La innovación es un complejo y sistemático programa que cubre todas las áreas sociales y económicas del país. Para mantener un desarrollo innovador es necesario impulsar el crecimiento general a través de avances innovadores en sectores clave. Es preciso entonces fortalecer la investigación básica y la investigación en tecnologías genéricas clave con incidencia en el desarrollo general, focalizándose en los puntos clave de la competitividad económica, en los cuellos de botella del desarrollo social y en los grandes desafíos para la seguridad nacional, procurando obtener grandes avances en la innovación científica y tecnológica. Impulsados por la innovación tecnológica, es preciso además acelerar la aplicación de tecnologías innovadoras en la industria y la construcción de un nuevo sistema industrial, a fin de mejorar la calidad económica general y la competitividad internacional[10].

En términos generales, los factores o condiciones que determinan el crecimiento sostenido de un país son de naturaleza diversa, abarcando principalmente los siguientes cinco aspectos: nivel científico y tecnológico o capacidad de innovación; escala del mercado y división del trabajo especializada; cantidad, calidad y estructura poblacional; infraestructura institucional; y organización institucional internacional.

10 Xinhuanet. *Xi Jinping zai sheng bu ji zhuyao lingdao ganbu xuexi guanche dang de shiba jie wu zhong quanhui jingshen zhuanti yantao ban shang de jianghua [Discurso de Xi Jinping en el seminario sobre el estudio e implementación del espíritu de la Quinta Sesión Plenaria del XVIII Comité Central del PCCh].* 10 de mayo de 2016.

La supercomputadora "Sunway TaihuLight", ubicada en el Centro Nacional de Supercomputación en Wuxi, tiene todas sus piezas centrales fabricadas de manera autónoma por China.

De estos cinco aspectos, el nivel científico y tecnológico y la capacidad de innovación constituyen el factor principal. Deng Xiaoping fue bastante acertado al decir que "la ciencia y la tecnología son la primera fuerza productiva". La única forma de lograr el crecimiento económico es mejorando la productividad laboral, y el progreso o la innovación tecnológica inciden directamente en el aumento de la productividad. El hecho de que EE. UU., la Unión Europea y Japón sean los países más desarrollados al día de hoy, se debe en muy gran parte a su gran capacidad de innovación científico-tecnológica. Pero además de la investigación y desarrollo autónomos, existen otras prácticas que pueden llevar a aumentar la productividad, como lo son el aprendizaje y la imitación del otro, y el llamado "derrame tecnológico". En este aspecto, los países emergentes tendrían incluso una suerte de "ventaja por su desarrollo tardío".

El progreso y la innovación tecnológica son llevados a cabo por personas, y los productos y servicios de calidad son también desarrollados por personas. La capacidad de innovación y la actitud de trabajo de las personas, las cuales pueden entenderse como el capital humano y son determinantes sobre el nivel de productividad, están condicionadas en gran medida por el nivel de educación recibida. Según las estadísticas del Banco Mundial, las tasas de escolaridad en escuelas secundarias de Estados Unidos y China son respectivamente del 94% y el 89%, mientras que la de India es un poco más baja, con solo un 69%. Estos datos pueden al menos en parte explicar la razón por la cual estos tres países se encuentran en distintas etapas de desarrollo, y al mismo tiempo señalan su potencial de desarrollo a futuro. En lo que respecta a la estructura poblacional, esta se refiere principalmente a los aspectos etario y étnico. Se estima que para 2050, la población de India dentro del rango etario de los 16-59 años alcanzará el 62,2%, mientras en China y EE. UU. solo será del 52,2% y 54,8% respectivamente. Para los países como estos últimos dos, quienes tienen un envejecimiento poblacional en aumento, y para aquellos como Japón o la UE, quienes ya alcanzaron niveles relativamente altos de envejecimiento poblacional, la disminución de la población en edad laboral provocará necesariamente una reducción del crecimiento potencial. Por otro lado, si los problemas étnicos internos de un país no son manejados correctamente, esto también afectará eventualmente la estabilidad social. Finalmente, en lo que respecta a la cantidad de habitantes, su influencia en el crecimiento económico se manifiesta principalmente en la escala del mercado y en la elaboración de reglas económicas internacionales. La cantidad de habitantes y la escala del mercado están estrechamente relacionados con la capacidad de negociación internacional de un país, y todos ellos a su vez tienen un efecto positivo en el crecimiento sostenido.

Innovación tecnológica e institucional en simultáneo

Además de la innovación científica y tecnológica, la innovación institucional es también muy importante. En términos más específicos, esta última se refiere a la modernización del sistema y de la capacidad de gobernanza, en dirección a descubrir y acercarse constantemente al régimen más adecuado. Aquí se entiende por régimen más adecuado al régimen más óptimo bajo un determinado conjunto de condiciones restrictivas. Si las condiciones cambian, el sistema institucional debe ajustarse junto con ellas. La función primordial de un sistema institucional óptimo es permitir a las personas que se dedican a la producción y la transacción tener expectativas estables, incentivar positivamente a las personas que buscan innovar y que promueven el flujo racional de factores y al mismo tiempo disminuir los costos de transacción que posibilitan una operatividad efectiva de todo el aparato social, político y económico. En el plano internacional, y en particular dentro del proceso de establecimiento de regímenes internacionales que atañen especialmente a los intereses nacionales del país, China necesita involucrarse de manera profunda, efectiva e integral, dejando atrás su papel de receptor pasivo de las reglas internacionales, para pasar a convertirse poco a poco en promotor de su reforma.

La infraestructura institucional o infraestructura "blanda" abarca múltiples aspectos, pero su esencia radica fundamentalmente en proteger los derechos de propiedad, garantizar el respeto generalizado de los contratos y evitar que las transacciones voluntarias sufran excesivos daños por parte del poder. La infraestructura institucional debe ir *aggiornándose* con el tiempo, en concordancia con el avance económico y social. Los efectos de una infraestructura institucional en constante innovación sobre el crecimiento económico se reflejan principalmente en tres aspectos: en primer lugar, proporcionando un entorno que le permita a las personas involucradas en actividades económicas formar expectativas estables; en segundo lugar, proporcionando incentivos eficientes; y en tercer lugar, reduciendo los costos de transacción. Estas tres grandes funciones constituyen los prerrequisitos para que el mercado pueda jugar un papel decisivo en la asignación de recursos. Algo que merece ser destacado es que la protección de los derechos de propiedad y el respeto a los contratos no son cosas que ocurren de manera natural. Sin un poder estatal en el sentido amplio, no puede haber derechos de propiedad ni contratos universales. La clave para garantizar una infraestructura institucional de calidad es la existencia de un gobierno fuerte y eficiente que asuma la responsabilidad de potenciar las funciones del mercado y expandir su escala. Establecer un régimen institucional adecuado y oportuno es de vital importancia, pero también lo es poder implementar este régimen.

Hay que persistir en la innovación tecnológica e institucional en simultáneo, dirigidas a resolver problemas y a responder a las necesidades, y procurar innovar en los portadores de la práctica, en el esquema institucional, en la disposición de políticas y en la creación de entornos, fortaleciendo la capacidad científico-tecnológica estratégica del país y haciendo más eficiente todo el sistema de innovación nacional. Hay que optimizar el diseño de alto nivel del sistema de innovación tecnológica, y definir la función de las empresas, las universidades y los centros de investigación científica dentro de cada eslabón de la cadena de innovación, estimulando el entusiasmo de todos los involucrados. También hay que acelerar la transformación de las funciones gubernamentales en el área de administración científico-tecnológica, aprovechando plenamente las ventajas organizacionales. Asimismo, hay que procurar que el mercado sea quien oriente la investigación y el desarrollo de tecnologías, la elección de rumbos, los precios de los factores y la asignación de los distintos factores de innovación, y hay que perfeccionar los mecanismos de apoyo a las políticas, de inversión de factores, de incentivos y garantías, y de supervisión de servicios, de manera que puedan desarrollarse más vigorosamente nuevas tecnologías, nuevos productos y nuevos modelos de negocios. Finalmente hay que acelerar la transformación de las nuevas investigaciones científicas en resultados aplicables, logrando la integración de los avances tecnológicos, la fabricación de productos, los modelos de mercado y el desarrollo industrial en un todo.

3.2.2 Interconexión armónica entre la economía y la sociedad sobre la base del desarrollo coordinado

Durante todos estos años en los que el Partido Comunista de China ha conducido al pueblo en la construcción del socialismo, han ido surgiendo muchas nuevas ideas y estrategias referidas al desarrollo coordinado. Durante la etapa de revolución y construcción nacional, el pensamiento y método de trabajo giraban en torno a un enfoque más holístico, similar a la acción de "tocar el piano" (metáfora propuesta por Mao Zedong). Posteriormente, luego de la reforma y apertura, con las cuales se entró en una nueva era con nuevas circunstancias y nuevos problemas a resolver, se entendió que "el programa de modernización abarcaba muchos campos que requerían un equilibrio general, por lo que no podía enfatizarse solo uno, dejando de lado a los demás". De esta manera se fueron postulando diferentes estrategias de abordaje de varios asuntos en simultáneo (conocidas bajo la expresión de "trabajo simultáneo con las dos manos"), entre ellas la estrategia de manejar correctamente las 12 relaciones fundamentales en el proceso de modernización socialista[11] y el concepto de desarrollo integral, coordinado y sostenible. Por otro lado, el XVIII Congreso Nacional del PCCh, propuso la idea de las "cinco áreas en un todo" para la construcción del socialismo con características chinas y posteriormente, la estrategia de los "cuatro componentes", entre otras[12]. Todas estas políticas reflejan una comprensión más profunda de la idea de desarrollo coordinado y han demostrado la importancia de la dialéctica materialista para resolver los problemas de desarrollo de China[13].

El desarrollo coordinado en la nueva era presenta ciertas nuevas características. Por un lado, en lo referido a la coordinación en sí, esta es tanto el método como el objetivo del desarrollo, y es al mismo tiempo parámetro y medida para la evaluación de este. Asimismo, en

---

11 Uno, la relación entre la reforma, el desarrollo y la estabilidad; dos, la relación entre la rapidez y la eficiencia; tres, la relación entre el desarrollo económico y la población, los recursos y el medio ambiente; cuatro, la relación entre el sector primario, secundario y terciario; cinco, la relación entre la región del este y la región del centro y el oeste; seis, la relación entre los mecanismos de mercado y el macrocontrol; siete, la relación entre la economía de propiedad pública y los demás elementos de la economía; ocho, la relación entre el Estado, las empresas y los particulares en la distribución de los ingresos; nueve, la relación entre expandir la apertura y mantener la autosuficiencia; diez, la relación entre el gobierno central y los gobiernos locales; once, la relación entre la seguridad nacional y el desarrollo económico; doce, la relación entre el progreso material y el progreso espiritual.

12 El plan general de "las cinco áreas en un todo" hace referencia al avance integral del progreso económico, político, cultural, social y ecológico. La estrategia de los "cuatro componentes" se refiere a la construcción integral de una sociedad modestamente acomodada, la profundización integral de la reforma, la gobernación integral del país según la ley y el disciplinamiento integral del Partido.

13 Xi Jinping (2017). *Xi Jinping Tan Zhiguo Lizheng Di-er Juan [Xi Jinping: La Gobernación y Administración de China. Volumen II]*. Beijing: Waiwen Chubanshe [Editorial de Lenguas Extranjeras], p. 205.

el desarrollo coordinado se deben abordar todos los problemas en paralelo, sean más o menos urgentes, pero el foco debe estar puesto en los problemas más urgentes. Por ejemplo, es sabido que un país, una región o una industria tiene fortalezas y limitaciones en cualquier etapa de su desarrollo, por lo tanto, bajo este doble enfoque, lo que hay que hacer es concentrarse en resolver los problemas difíciles y mejorar los puntos débiles, procurando al mismo tiempo consolidar y fomentar las fortalezas ya existentes, pues solo así se podrá lograr un desarrollo de alto nivel. Por otro lado, el desarrollo coordinado es la unificación del desarrollo equilibrado y el desarrollo desequilibrado, y su curso natural consiste en atravesar una transición del equilibrio al desequilibrio, para luego pasar nuevamente al reequilibrio. El equilibrio es algo relativo, mientras que el desequilibrio es algo absoluto. Buscar el desarrollo coordinado no es perseguir el igualitarismo, sino dar más importancia a la igualdad de oportunidades y la asignación equilibrada de recursos. El desarrollo coordinado es también una interacción entre las debilidades y el potencial de un país. En el caso de China, el país está atravesando una transición de la franja de ingresos medios a la de ingresos altos, y la experiencia internacional demuestra que esta es una etapa de explosión de conflictos de intereses, en la que inevitablemente surgen desequilibrios y debilidades en el desarrollo. Por lo tanto, para alcanzar el desarrollo coordinado, China debe identificar y mejorar sus debilidades, y aprovechar este proceso para descubrir y explotar su potencial, lo cual dará un mayor impulso a su crecimiento.

Las principales medidas referidas al desarrollo coordinado durante el período del XIII Plan Quinquenal de China apuntaron a los siguientes objetivos: desarrollar las ventajas comparativas regionales y mejorar la distribución de las fuerzas productivas; implementar las tres estrategias de "la Franja y la Ruta", el Desarrollo Coordinado de Beijing, Tianjin y Hebei, y la Franja Económica del Río Yangtze; apoyar el desarrollo acelerado en viejas bases revolucionarias, áreas con concentraciones de minorías étnicas, áreas fronterizas y áreas más pobres; y construir un marco de desarrollo regional abierto, multicéntrico y con el soporte de las tecnologías de la información, que conecte las regiones oriental, central y occidental del país, y lo atraviese también de norte a sur, a fin de reducir las brechas en el desarrollo regional. Asimismo, se

La Zona de Xiong'an cumple un rol fundamental para la descentralización de las funciones de Beijing no correspondientes a su condición de capital del país, la exploración de nuevos modelos de desarrollo optimizado para zonas densamente pobladas, la coordinación y optimización del diseño urbano y la estructura espacial del clúster Beijing-Tianjin-Hebei, y el cultivo de nuevos motores para el desarrollo impulsado por la innovación. La imagen muestra la Zona de Xiong'an en construcción.

tomaron medidas orientadas a fortalecer el apoyo de la industria a la agricultura y de las ciudades al campo; a implementar la política de dar más, recibir menos y flexibilizar el control para aumentar los ingresos rurales; a equilibrar la asignación de recursos públicos en las áreas urbanas y rurales; y a construir nuevas formas de relación entre la industria y la agricultura y entre las áreas urbanas y rurales, en las que la industria promueva la agricultura, las áreas urbanas apoyen el desarrollo rural, la industria y la agricultura se refuercen entre sí, y el desarrollo urbano y el desarrollo rural se integran mutuamente, para continuar reduciendo la brecha entre desarrollo urbano y rural[14].

14 Xi Jinping (2020). *Xi Jinping Tan Zhiguo Lizheng Di-san Juan [Xi Jinping: La Gobernación y Administración de China. Volumen III].* Beijing: Waiwen Chubanshe [Editorial de Lenguas Extranjeras], p. 207.

En cuanto al desarrollo coordinado en el plano regional, China por un lado brindó mayor aporte al desarrollo de antiguas bases revolucionarias, áreas con concentraciones de minorías étnicas, áreas fronterizas y áreas más pobres; y por el otro lado continuó promoviendo la formación de un nuevo patrón de explotación a gran escala de la región occidental del país, como también profundizando la reforma y acelerando la revitalización de las antiguas bases industriales del noreste del país, para finalmente establecer un nuevo mecanismo de desarrollo regional coordinado más eficiente. Tomando a los conglomerados urbanos como eje principal, se estableció una estructura urbana que permitió el desarrollo coordinado entre ciudades grandes, medianas y pequeñas y pueblos pequeños, acelerando la conversión de pobladores migrantes rurales a residentes urbanos. Se promovió además el desarrollo coordinado del clúster Beijing-Tianjin-Hebei, tomando como punto de partida la descentralización de las funciones de Beijing no correspondientes a su condición de capital del país, y se construyó la nueva Zona de Xiong'an, con un alto nivel de planificación y altos estándares. Por otro lado, se promovió el desarrollo del Cinturón Económico del Río Yangtze, bajo los lineamientos fundamentales de proteger conjuntamente el medio ambiente y evitar la explotación excesiva, y se fomentó la transformación económica y el desarrollo de las regiones basadas en recursos. Asimismo, se aceleró el desarrollo de las áreas fronterizas, garantizando la consolidación de las fronteras y su seguridad. Finalmente se fomentó también el desarrollo coordinado entre la tierra y el mar, llevando a China a convertirse más rápidamente en potencia marítima[15].

Mejora de los mecanismos e instituciones para el desarrollo integrado de las zonas urbanas y rurales

El desarrollo desequilibrado y descoordinado entre las zonas urbanas y rurales es un gran conflicto en el desarrollo económico y social

15 Xi Jinping (2020). *Xi Jinping Tan Zhiguo Lizheng Di-san Juan [Xi Jinping: La Gobernación y Administración de China. Volumen III].* Beijing: Waiwen Chubanshe [Editorial de Lenguas Extranjeras], p. 26.

de China que debe ser solucionado si se quiere establecer una sociedad modestamente acomodada y acelerar la modernización socialista del país. Desde la reforma y apertura en adelante, se produjeron drásticos cambios en las zonas rurales de China, no obstante, la estructura dualista de ciudad-campo no cambió radicalmente, como tampoco se revirtió completamente la tendencia de aumento de la brecha de desarrollo entre las áreas urbanas y rurales. La solución a este problema es promover el desarrollo integrado de la ciudad y el campo, y para esto es necesario acudir a reajustes institucionales que permitan forjar nuevas relaciones entre la industria y la agricultura y entre las áreas urbanas y rurales, en las que la industria promueva la agricultura, las áreas urbanas apoyen el desarrollo rural, la industria y la agricultura se refuercen entre sí, y el desarrollo urbano y el desarrollo rural estén integrados, permitiendo que los habitantes rurales tengan una participación equitativa en el proceso de modernización y que puedan disfrutar de sus frutos[16].

En lo que respecta al desarrollo integrado de la ciudad y el campo, China ha tomado varias medidas reformistas en esta dirección, entre las cuales se incluyen las siguientes. En primer lugar, procuró acelerar la formación de un nuevo tipo de sistema de operación agrícola. En este marco, se tomaron medidas orientadas a mantener el estatus dominante de la gestión familiar en la agricultura; alentar la transferencia de derechos de uso por contrata de la tierra a grandes operadores especializados, granjas familiares, cooperativas de agricultores y empresas agrícolas; alentar a las áreas rurales a desarrollar la economía cooperativa; fomentar y guiar a la industria y capital comercial para invertir en áreas rurales, a fin de desarrollar industrias modernas de cultivo y cría que sean aptas para una gestión de tipo empresarial; y permitir a los agricultores desarrollar una gestión industrializada mediante la participación accionaria utilizando sus derechos a la gestión por contrata de la tierra. En segundo lugar, se otorgaron más derechos de propiedad a los campesinos. En línea con esto, se protegieron por ley los derechos

16 Xi Jinping (2014). *Xi Jinping Tan Zhiguo Lizheng [Xi Jinping: La Gobernación y Administración de China]*. Beijing: Waiwen Chubanshe [Editorial de Lenguas Extranjeras], p. 81.

de los campesinos en su gestión de la tierra por contrata, se procuró salvaguardar los derechos e intereses de los agricultores como miembros de organizaciones económicas colectivas, garantizar a las familias campesinas el derecho real de usufructo de la propiedad de sus hogares rurales, y determinar áreas piloto para impulsar de manera constante y prudente la hipoteca, la garantía y la transferencia de los derechos de propiedad residencial de los agricultores. En tercer lugar, se procuró fomentar el intercambio equitativo de factores de producción entre las zonas urbanas y rurales y la asignación equilibrada de los recursos públicos entre ellas. En línea con esto, se tomaron medidas orientadas a garantizar que los trabajadores migrantes reciban igual salario por igual trabajo y asegurar que los agricultores compartan equitativamente las ganancias del valor agregado de la tierra. Se procuró asimismo mejorar el sistema de seguro agrícola; fomentar la inversión en desarrollo rural y permitir que las empresas y organizaciones sociales inicien todo tipo de emprendimientos en las zonas rurales; asignar equilibradamente los recursos de educación obligatoria entre las zonas urbanas y rurales; integrar el seguro básico de pensión y los sistemas de seguro de salud de los residentes urbanos y rurales; equilibrar el sistema de dietas mínimas entre las zonas urbanas y rurales; poner a disposición de todos los residentes permanentes de las ciudades los servicios públicos urbanos básicos; e incorporar a la red urbana de vivienda y seguridad social a los agricultores registrados como residentes urbanos.

Desarrollo coordinado de la economía regional

Al construir un sistema económico modernizado guiado por la innovación y el desarrollo, China también está promoviendo desde una perspectiva diferente la formación de un nuevo patrón de economía regional en el que las ventajas se complementan y que apunta a un desarrollo de alta calidad. La idea general de impulsar el desarrollo regional coordinado en esta nueva era es reajustar y mejorar el sistema de políticas de acuerdo a las leyes objetivas de la economía, explotar las ventajas comparativas de cada región, promover el flujo razonable y la aglomeración eficiente de los factores de diversos tipos, impulsar más fuertemente el desarrollo innovador, acelerar la construcción de un sistema dinámico para el desarrollo de alta calidad, reforzar la capacidad de carga económica y de población de las ciudades centrales, las aglomeraciones urbanas y otras áreas favorecidas para el desarrollo económico, y fortalecer las funciones de otras áreas para garantizar la seguridad alimentaria y ecológica y la seguridad de las áreas fronterizas, logrando en definitiva una planificación económica regional con ventajas complementarias y desarrollo de alta calidad. Con el paso de una etapa de crecimiento económico acelerado a una etapa de crecimiento económico de calidad, China ha puesto nuevas condiciones para su desarrollo regional coordinado. Ya no se procura simplemente lograr que todas las regiones alcancen el mismo nivel de desarrollo económico, sino que se busca avanzar por un camino de división del trabajo razonable y desarrollo optimizado, según las condiciones de cada región. Se busca además establecer nuevos focos de impulso para el desarrollo de calidad a nivel nacional, incluidos especialmente las tres grandes regiones de Beijing-Tianjin-Hebei, el Delta del Río Yangtze y el Delta del Río Perla, y otros grupos de ciudades importantes. El desequilibrio es normal, pero hay que buscar un equilibrio relativo entre las distintas regiones; este es el enfoque dialéctico del desarrollo regional coordinado[17].

China tiene un vasto territorio y una enorme población, y pocos países en el mundo tienen tan grandes diferencias en el nivel de concentración de los recursos naturales de cada región como las tiene China, lo cual dificulta enormemente su desarrollo regional coordinado. Actualmente, si bien hay un avance positivo en el desarrollo regional de China, han surgido nuevas circunstancias que representan una cierta dificultad. En primer lugar, existe una fuerte tendencia al desequilibrio en el desarrollo económico regional. Por un lado, regiones tales como el Delta del Río Yangtze y el Delta del Río Perla ya están inicialmente encaminadas en el desarrollo de alta calidad, mientras que en algunas provincias del norte el ritmo de crecimiento ha disminuido, fomentando el desplazamiento del centro económico del país hacia el sur. En el año 2018, el volumen económico total de la región norte repre-

17 Xi Jinping (2020). *Xi Jinping Tan Zhiguo Lizheng Di-san Juan [Xi Jinping: La Gobernación y Administración de China. Volumen III].* Beijing: Waiwen Chubanshe [Editorial de Lenguas Extranjeras], p. 271.

En octubre de 2018 fue inaugurado y abierto al tráfico el puente Hong Kong-Zhuhai-Macao, facilitando enormemente el flujo de factores dentro de la Gran Área de la Bahía de Guangdong-Hong Kong-Macao y proporcionándole un mayor espacio de desarrollo a toda la región.

sentó el 38,5% del total del país, lo cual significa una reducción en 4,3 puntos porcentuales respecto de 2012. Existen además desequilibrios al interior de cada región. En segundo lugar, hay cada vez una mayor polarización de los motores del desarrollo, con una creciente tendencia de concentración económica y poblacional en las grandes ciudades o grupos de ciudades. Las megalópolis como Beijing, Shanghai y Shenzhen tienen cada vez mayores ventajas de desarrollo, y las grandes ciudades como Hangzhou, Nanjing, Wuhan, Zhengzhou, Chengdu o Xi'an también cuentan con un mayor impulso para su desarrollo, por lo que aquellas y estas en su conjunto conforman un polo de crecimiento regional que promueve el desarrollo de alta calidad. En tercer lugar, algunas regiones se enfrentan a mayores dificultades de crecimiento, incluidas las regiones del noreste y noroeste, en donde el desarrollo es relativamente más retrasado. En efecto, desde 2012 hasta 2018, el volumen de la economía de la región del noreste sobre el total del país cayó del 8,7% al 6,2%, y la población residente se redujo en 1,37 millones de personas, en su mayoría jóvenes y personas capacitadas en ciencia y tecnología. Algunas ciudades, especialmente las que carecen de recursos y las tradicionales ciudades industriales y mineras, no tienen suficiente vitalidad de desarrollo.

Actualmente, la estructura espacial del desarrollo económico de China está atravesando profundos cambios, con las ciudades centrales o los grupos de ciudades convirtiéndose en los principales espacios de carga de los factores de desarrollo. Ante esta nueva situación, es necesario adoptar nuevas líneas de pensamiento para planificar el desarrollo regional coordinado, mejorando los sistemas de políticas regionales de acuerdo a las leyes objetivas de la economía, y explotando las ventajas comparativas de cada región. La economía china está pasando de una etapa de crecimiento acelerado a una etapa de crecimiento de calidad, por lo que son mayores las exigencias para el desarrollo regional coordinado, buscando que cada región lleve a cabo una división del trabajo razonable y un desarrollo optimizado de acuerdo a las propias condiciones. Se busca además establecer nuevos focos de impulso para el desarrollo de calidad a nivel nacional, incluidos especialmente las tres grandes regiones de Beijing-Tianjin-Hebei, el Delta del Río Yangtze y el Delta del Río Perla, y otros grupos de ciudades importantes. En términos más específicos, los lineamientos generales para el desarrollo coordinado de la economía regional comprenden los siguientes cuatro aspectos.

En primer lugar, sobre la base del desarrollo regional económico, hay que actuar de acuerdo a las reglas objetivas. Las industrias y la población se concentran en general en las áreas con mayores ventajas, y en consecuencia se forman polos de crecimiento ubicados principalmente en las aglomeraciones urbanas, lo cual implica un aumento general de la eficiencia económica. Esta es una regla objetiva del desarrollo económico. Por lo tanto, hay que romper con las barreras que obstaculizan el flujo de recursos, procurando que el mercado juegue un rol decisivo en su distribución, y fomentar el flujo libre de los factores de producción y su concentración hacia las áreas con mayores ventajas, para de esta manera lograr una mayor eficiencia en la distribución de los recursos.

En segundo lugar, en la distribución de las industrias y la población, hay que actuar respetando las ventajas comparativas. Aquellas regiones que cuenten con mejores condiciones para el desarrollo económico deben cargar con una mayor población e industrias, cumpliendo un rol más fuerte en la creación de valor. Por otro lado, aquellas regiones que tengan una fuerte función ecológica deben ser correctamente protegidas, para poder crear más productos ecológicos. Asimismo, teniendo en cuenta la seguridad nacional, hay que reforzar la capacidad de desarrollo de las regiones fronterizas, garantizando que tengan una cierta cantidad de población y de sustento económico, a fin de fomentar la unidad de la nación y la estabilidad en las fronteras.

En tercer lugar, en cuanto al diseño y planificación de zonas funcionales dentro de las distintas regiones, es necesario mejorar la gestión espacial, mejorar e implementar la estrategia de zonificación funcional, refinar la delimitación de las zonas funcionales y delimitar las unidades de políticas de acuerdo al posicionamiento de su función principal. Asimismo, hay que elaborar políticas diferenciadas para las áreas de desarrollo prioritario, las áreas ecológicamente más vulnerables y las áreas con recursos energéticos, desplegando una planificación de desarrollo espacial con una zonificación efectiva y vinculante, y con una explotación ordenada.

En cuarto lugar, en el desarrollo económico coordinado, la condición mínima debe ser garantizar la vida de las personas. Los requisitos fundamentales del desarrollo regional coordinado son la equiparación de los servicios públicos básicos y un mayor equilibrio en la accesibilidad a la infraestructura. Para ello hay que mejorar las políticas de apoyo referidas a la tierra, los sistemas de registro de residencia y las transferencias de pagos, aumentar la capacidad de carga de los conglomerados urbanos y promover el asentamiento estable de la población migrante.

3.2.3 Desarrollo económico y social sostenible respaldado en el desarrollo verde

El desarrollo verde lo que busca en esencia es resolver el problema de la convivencia armoniosa entre el hombre y la naturaleza. El factor ecológico es un componente fundamental en el nuevo concepto de desarrollo, dentro del cual interactúa y se complementa con los factores de innovación, coordinación, apertura y co-disfrute. El desarrollo verde implica un cambio en todos los aspectos, y es la condición necesaria para construir un sistema económico modernizado y de alta calidad. El objetivo principal es transformar los modelos de producción y consumo tradicionales en los cuales se "produce a gran escala, se consume a gran escala y se contamina a gran escala", buscando que los recursos, la producción y el consumo se adapten mutuamente, en pos de lograr la unificación entre el desarrollo económico y social y la protección medioambiental, y la convivencia armoniosa del ser humano con la naturaleza.

Para resolver el problema de la contaminación es preciso adoptar cuanto antes un modelo de desarrollo verde. Solo podrá haber mejoras notables en la calidad del medio ambiente si se reduce de raíz y drásticamente la emisión de partículas contaminantes. La clave es reajustar las estructuras, optimizar la planificación, fortalecer las industrias y completar la cadena. Hay que realizar ajustes en las estructuras económicas y energéticas, pues esto no solo potenciará el desarrollo económico, sino también ayudará a reducir las emisiones de contaminación. Hay que incorporar evaluaciones de impacto ambiental dentro de las grandes políticas económicas y de las planificaciones a nivel industrial, optimizar la planificación sobre la explotación del espacio nacional y reajustar la estructura industrial en las cuencas hidrográficas. Hay que cultivar fuertes industrias conservadoras de energía y protectoras del medio ambiente, industrias de producción limpia, industrias de energía limpia, una agricultura con desarrollo eficiente, una industria manufacturera avanzada, y una industria de servicios modernizada. Hay que promover el aprovechamiento conservador y circular de los recursos en todos los aspectos, para lograr la interacción circular entre los sistemas de la producción y de la vida.

Actualmente, la principal contradicción de la sociedad china en la nueva era ha pasado a ser aquella que hay entre la creciente demanda del pueblo de una vida mejor y el desarrollo desequilibrado e insuficiente. La escasez de productos ecológicos se ha convertido en una limitación para la construcción integral de una sociedad modestamente acomodada. Y justamente teniendo en cuenta esta contradicción social, es que se promueve enérgicamente la construcción de una civilización ecológica, para poder satisfacer constantemente las crecientes necesidades de la gente de una vida mejor, y para proporcionarles más y mejores productos ecológicos. Las verdes montañas y las aguas cristalinas son cordilleras de oro y plata, por lo tanto, la ecología, la economía y el desarrollo constituyen una unidad dialéctica. Proteger el medio ambiente es proteger las fuerzas productivas, y mejorar el medio ambiente

El ajuste en la estructura energética de China tiene grandes avances. Para fines de 2020, la capacidad instalada de generación de energía renovable del país totalizó 930 millones de kilovatios, lo que representa el 42,5% del total nacional. La imagen muestra la nueva base integral de energía eólica en Hami, Región Autónoma Uigur de Xinjiang.

es desarrollar las fuerzas productivas. Solo adoptando un concepto y un modo de desarrollo correctos, será posible unificar la prosperidad económica del pueblo con un entorno ecológico agradable.

China participó en la Conferencia de las Naciones Unidas sobre el Medio Humano (Estocolmo, 1972), en la Conferencia de las Naciones Unidas sobre el Medio Ambiente y el Desarrollo (Río, 1992) y en la Cumbre Mundial sobre el Desarrollo Sostenible (Johannesburgo, 2002), las cuales tuvieron una importancia histórica en el proceso de formación y desarrollo del concepto de desarrollo sostenible, y fue uno de los primeros países en proponer e implementar una estrategia de desarrollo sostenible. En 1994, dos años después de la Conferencia de la ONU sobre el Medio Ambiente y el Desarrollo, el gobierno chino publicó la Agenda 21 de China – Libro Blanco sobre la Población, el Medio Ambiente y el Desarrollo de China en el Siglo XXI, y en

1996 confirió al desarrollo sostenible el estatus de estrategia nacional, promoviendo posteriormente su implementación. Asimismo, China participó con esmero y cumplió con las iniciativas relacionadas a la protección ambiental dentro de los Objetivos de Desarrollo del Milenio y los Objetivos de Desarrollo Sostenible de las Naciones Unidas, obteniendo fructíferos resultados; publicó también el Plan Nacional de China para la Implementación de la Agenda 2030 para el Desarrollo Sostenible, implementó el Plan Nacional de China para Combatir el Cambio Climático (2014-2020) y depositó en poder de las Naciones Unidas el instrumento de ratificación del Acuerdo de París. Por otro lado, China ha logrado representar más del 50% del total de los países en desarrollo en la eliminación de partículas degradantes de la capa de ozono, convirtiéndose en el país con mayor contribución a la protección global de la capa de ozono a nivel mundial. Asimismo, en el año 2017, por iniciativa de China junto con el Programa de las Naciones Unidas para el Medio Ambiente, se estableció la Alianza Internacional de Desarrollo Verde de "la Franja y la Ruta".

China ha hecho grandes esfuerzos por mejorar su nivel de seguridad energética, lo cual se refleja en medidas tales como la eliminación de capacidad obsoleta, el fortalecimiento de la conservación energética en sectores clave y el desarrollo de nuevas energías y de energías renovables. En efecto, en los últimos 10 años, el autoabastecimiento de energía se ha mantenido por encima del 90%, y el país ha alcanzado el primer puesto a nivel mundial en materia de capacidad hidroeléctrica instalada, capacidad eólica instalada, cantidad de centrales nucleares en construcción, superficie de colectores solares para calentadores de agua y capacidad de generación de energía fotovoltaica. En los últimos años mejoró también el nivel general de explotación y utilización de recursos minerales, y se implementó un régimen sumamente estricto de protección de tierras agrícolas y recursos hídricos, garantizando estabilidad en la superficie de tierras de cultivo y la provisión de agua para satisfacer las necesidades del pueblo en el desarrollo económico y social. Se estima además que para 2020, el consumo de agua por cada 10.000 yuanes del PIB se reducirá en un 23% respecto de 2015. A la par de explotar y aprovechar de manera razonable los recursos marítimos, China también otorga gran importancia a la protección del medio ambiente marino, y ha ido desarrollando poco a poco un sistema de áreas de protección para mares y océanos. Por otro lado, se han desarrollado proyectos de restauración ecológica a gran escala, la cobertura forestal ha pasado de un 16,6% a principios del siglo XXI a un 22% en el año 2018, y se ha logrado controlar preliminarmente la tendencia de degradación del entorno ecológico a nivel nacional, con algunas áreas mostrando significativas mejoras en la calidad de su entorno. Se establecieron además índices vinculantes de conservación de energía y reducción de emisiones. De 2012 a 2017, las acciones de control y prevención de contaminación de la atmósfera, el agua y la tierra obtuvieron notables resultados, con una reducción en la concentración promedio de PM2.5 de más del 30% en regiones clave, una disminución del 20,7% de la intensidad energética, y un aumento en la superficie forestal y el volumen de existencias de 163 millones de *mu* (alrededor de 10,9 millones de hectáreas) y 1.900 millones de metros cúbicos, respectivamente. China además otorga suma importancia al abordaje del cambio climático, y ha hecho importantes contribuciones para promover la construcción de un sistema internacional justo y razonable de respuesta a este fenómeno, proponiendo al mismo tiempo grandes compromisos autodeterminados de reducción de emisiones, a la luz de sus condiciones nacionales. China se encuentra actualmente en la búsqueda de un camino que le permita en esta etapa de acelerada industrialización y urbanización utilizar eficientemente los recursos naturales, proteger el medio ambiente y promover el desarrollo económico y social en coordinación con los recursos y el medio ambiente.

Los seis principios para la promoción del desarrollo verde y la construcción conjunta de una civilización ecológica

Para avanzar en el desarrollo verde y promover la construcción de una civilización ecológica en la nueva era, es necesario atenerse a seis importantes principios[18].

18 Xi Jinping (2019). "Tuidong Zhongguo Shengtai Wenming Jianshe Maishang Xin Taijie [Hacia un Nuevo Avance en la Construcción de la Civilización Ecológica en China]" en *Qiushi*. No. 3.

El primero de ellos es la convivencia armoniosa entre el ser humano y la naturaleza. El hombre y la naturaleza son una comunidad viva, por lo que hay que priorizar la conservación energética, la protección y la restauración natural.

En segundo lugar, hay que entender que las verdes montañas y las aguas cristalinas son cordilleras de oro y plata. Este es un importante concepto de desarrollo y también un principio rector dentro del proceso de modernización. La idea de verdes montañas y aguas cristalinas como cordilleras de oro y plata explica la relación entre el desarrollo económico y la protección ambiental, revela la lógica según la cual proteger el entorno ecológico es proteger las fuerzas productivas y mejorar el entorno ecológico es desarrollar las fuerzas productivas, y señala el nuevo camino para lograr la coexistencia armónica del desarrollo con la protección ambiental. Las verdes montañas y las aguas cristalinas no son solo riqueza natural y ecológica, sino también activos sociales y económicos. Al proteger la naturaleza, protegemos el valor del medio ambiente e incrementamos el capital ambiental, pero también protegemos el potencial para el futuro desarrollo económico y social, asegurando que nuestros activos naturales tengan efectos ecológicos y socioeconómicos duraderos. Teniendo esto en cuenta, es preciso entonces acelerar la formación de patrones espaciales, estructuras industriales, modos de producción y estilos de vida propicios para la conservación de los recursos y la protección del medio ambiente. También hay que mantener las actividades económicas y la actividad humana en general dentro de los límites de lo que el medio ambiente y los recursos naturales pueden soportar, dándole al medio ambiente el tiempo y el espacio que necesita para descansar y recuperarse. También hay que actuar más rápido para definir y hacer cumplir controles estrictos que incluyan líneas rojas para la protección del medio ambiente, estándares mínimos de calidad ambiental y límites máximos a la utilización de recursos. Las líneas rojas para la protección del medio ambiente deben garantizar que los espacios ecológicos no cambien de naturaleza, se reduzcan o pierdan funciones ecológicas. En lo que respecta a la calidad ambiental, se debe asumir estricta responsabilidad por las zonas con grave degradación ecológica o donde la calidad ambiental ha empeorado. Finalmente, en cuanto a los límites máximos a la utilización de recursos, deben establecerse para responder no solo a las necesidades de las personas y del mundo actual, sino también a las del medio ambiente y las generaciones futuras, y para controlar firmemente la intensidad con la que son explotados y utilizados los recursos naturales, garantizando que no se exceda su capacidad de carga.

El tercer principio es que no hay bienestar más beneficioso para todos que un medio ambiente natural sano. Así como el desarrollo económico es para aumentar el bienestar de las personas, también lo es la protección del medio ambiente. Además de crear más riqueza material y cultural para satisfacer las crecientes necesidades de las personas de una vida mejor, también hay que proporcionar más bienes ecológicos de calidad para satisfacer sus crecientes demandas de un medio ambiente más agradable. Hay que asegurar que el medio ambiente beneficie a la gente, focalizándose en aquellos problemas ambientales prominentes que impacten en la salud pública, mejorando más rápidamente la calidad ambiental, proporcionando más bienes ecológicos de alta calidad, y trabajando por lograr la equidad y la justicia social, para poder satisfacer las crecientes necesidades de la gente de un entorno ecológico más agradable.

El cuarto principio es que nuestras montañas, ríos, bosques, campos, lagos y pastizales juntos forman una comunidad biótica. Un ecosistema es una entidad natural integrada, formada por cadenas orgánicas que están estrechamente unidas y en dependencia las unas de las otras. Teniendo esto en cuenta, hay que buscar un nuevo camino para la gobernanza ambiental, desde una perspectiva sistemática y general. Hay que planificar considerando todos los factores y, simultáneamente, implementar múltiples medidas integrales para garantizar que los esfuerzos por construir una civilización ecológica lleguen a todos los campos, regiones y procesos. Por ejemplo, para controlar eficazmente la contaminación del agua y proteger el medio ambiente hídrico, hay que trabajar de manera coordinada sobre todos los factores, incluidos las costas de ambos lados, los tramos río arriba y río abajo, la situación dentro del agua y sobre la tierra, las fuentes de agua superficiales y las subterráneas, los ríos y los océanos, los ecosistemas acuáticos y los recursos acuáticos, la prevención y el control de la contaminación, y la protección de los ecosistemas, para así optimizar al máximo la gestión sistemática del entorno hídrico. Además hay que implementar a fondo la protección y restauración ecológica integrada de montañas, ríos, bosques, campos, lagos y pastizales, llevar a cabo campañas nacionales de ecologización a gran escala y acelerar el control integral de la erosión del suelo y la desertificación. Por otro lado, para promover el crecimiento del cinturón económico del río Yangtze, hay que garantizar una protección ambiental bien coordinada, priorizando el medio ambiente y el desarrollo verde.

El quinto principio es que cuando de protección del medio ambiente se trata, deben aplicarse las regulaciones y leyes más estrictas. La protección ambiental debe tener respaldo legal y regulatorio. Bajo estas directrices, hay que seguir innovando en las regulaciones, procurando que puedan ofrecer más, mejorando las políticas de soporte y aplicando el sistema regulatorio de manera más rigurosa, convirtiéndolo en un límite inflexible e intocable, cual cable de alta tensión. Asimismo, si se quieren proteger los cielos azules y aumentar la cobertura verde, hay que utilizar el sistema regulatorio para controlar el uso del poder, garantizando que quienes tengan responsabilidades cumplan con ellas, y que quienes falten a sus responsabilidades respondan también por ello.

El sexto y último principio es realizar esfuerzos conjuntos para construir una civilización ecológica global. El desarrollo de una civilización ecológica concierne al futuro de la humanidad, y la construcción de un entorno de vida ecológico es la aspiración común de toda la humanidad. El mundo entero debe trabajar unido para proteger el medio ambiente y responder al cambio climático, y ningún país debe desentenderse de este asunto, ni debe buscar el beneficio propio sin pensar en los demás. China aboga por el cultivo de ecosistemas en los que se respete la naturaleza y el desarrollo verde, y por la construcción conjunta de un mundo más limpio y hermoso. Para ello, el país debe involucrarse profundamente en la gobernanza ambiental global, fortalecer su voz y su influencia en el sistema de gobernanza medioambiental global, guiar activamente la transformación del orden internacional y crear soluciones para la protección medioambiental y el desarrollo sostenible en todo el mundo. Debe también mantenerse firme en el respeto por el medio ambiente y desempeñar un papel activo en la cooperación internacional sobre el cambio climático. Fi-

En toda China se pone en práctica la idea de que "las aguas cristalinas y las verdes montañas son cordilleras de oro y plata", en busca de nuevos modelos de desarrollo verde.

nalmente, mediante un mayor impulso a la iniciativa de "la Franja y la Ruta", debe procurar que los principios y prácticas de la civilización ecológica beneficien a los pueblos de todos los países involucrados. Actualmente, China ya se ha convertido en un importante participante, contribuyente y conductor en el movimiento por la construcción de la civilización ecológica global.

Formación del modelo de desarrollo verde y de una forma de vida verde

La formación de un modelo de desarrollo verde y de una forma de vida verde es la condición necesaria para implementar el nuevo concepto de desarrollo, y para promover su avance, es preciso trabajar enfocadamente en los siguientes aspectos. En primer lugar, hay que acelerar la transformación del modelo de desarrollo económico. Para mejorar de raíz los ecosistemas, hay que abandonar el modelo de desarrollo basado en el creciente consumo de recursos materiales y en las industrias de alto consumo energético y de altas emisiones. Hay que apostar a la innovación, y crear un modelo de desarrollo orientado al futuro, que esté más impulsado por la innovación y que permita explotar las ventajas de quienes comiencen primero. En segundo lugar, hay que ejercer un mayor control sobre la contaminación ambiental. Los problemas de contaminación más urgentes como los del aire, el agua y el suelo deben recibir un tratamiento prioritario, y a la par de ello deben redoblarse los esfuerzos en la prevención y el control de la contaminación ambiental. Para ello, hay que continuar con la ejecución del Plan de Acción de Prevención y Control de la Contaminación Atmosférica, fortalecer la prevención y el control de la contaminación del agua, llevar a cabo proyectos de control de la contaminación del suelo y restauración del suelo, e intensificar la gobernanza ambiental integral en las zonas urbanas y rurales. En tercer lugar, hay que avanzar en la protección y restauración ecológica. La protección y la restauración natural deben ser de carácter prioritario, y sobre esta base, se deben llevar a cabo programas integrados de protección y restauración de montañas, mares, bosques, tierras de cultivo y lagos, se deben desplegar acciones a gran escala de ampliación de la cobertura verde, e intensificar el control integral de la erosión del suelo, la desertificación general y la desertificación pedregosa. En cuarto lugar, es preciso promover la conservación integral de los recursos y su utilización eficiente. Los problemas ambientales son causados en definitiva por la sobreexplotación, la utilización ineficiente y el derroche de recursos. La explotación y utilización de recursos no solo debe ser para garantizar una vida feliz a las generaciones actuales, sino también para dejar recursos suficientes para satisfacer las necesidades de las generaciones futuras. Hay que instaurar una mentalidad de conservación, reciclaje y uso eficiente de los recursos, y procurar obtener los máximos beneficios sociales y económicos a un costo mínimo en recursos y medio ambiente. En quinto lugar, hay que apoyar y promover el consumo verde. El progreso ecológico es un asunto que concierne a todos, y cada persona debe ser practicante y promotora de este proceso. Para ello, hay que aumentar la publicidad y la educación sobre la civilización ecológica y fomentar una conciencia ambiental entre la gente, alentándola a desarrollar una forma de vida y un modelo de consumo verdes, civilizados y saludables, caracterizados por la conservación energética, la moderación y el bajo carbono, a fin de generar una tendencia social en favor de la eco-conservación. En sexto lugar, hay que perfeccionar el mecanismo general para la civilización ecológica. Para promover el desarrollo ecológico y garantizar el progreso ecológico, es imperativo contar con las instituciones y la legislación más estrictas posibles. Es preciso además mejorar el sistema de gestión de los recursos naturales, fortalecer la regulación sobre recursos naturales y medio ambiente, llevar a cabo inspecciones ambientales, implementar un sistema de eco-compensación y perfeccionar el sistema de participación pública en la protección del medio ambiente.

El marco básico para promover el desarrollo verde debe contener los siguientes cinco sistemas: un sistema cultural en el que los conceptos y valores ambientales sean norma básica, un sistema económico ecológicamente orientado a la integración de las industrias con el ecosistema, un sistema de responsabilidades y objetivos centrados en mejorar la calidad ambiental, un sistema de instituciones para la civilización ecológica respaldado por una estructura y una capacidad de gobernanza modernizadas, y un sistema de seguridad que se focalice en mantener el buen funcionamiento de los ecosistemas y en la prevención y el control efectivos de los riesgos ambientales. El establecimiento de este sistema básico de civilización ecológica es la clave para aumentar la calidad y la eficiencia del desarrollo económico de China, para garantizar la formación para 2035 del contexto espacial, la estructura industrial, el modo de producción y el modo de vida orientados a la conservación de recursos y protección ambiental, para mejorar de raíz la calidad del entorno ecológico, para lograr la modernización del sistema y la capacidad de gobernanza nacional en el área de medio ambiente, y para alcanzar el objetivo final de construir una China hermosa. Si este modelo prospera, para mediados del siglo XXI, China llegará a ser un gran país socialista fuerte y modernizado, un país culturalmente avanzado, próspero y democrático, armonioso y bello. Se logrará también un progreso integral a nivel material, político, social, espiritual y ecológico, se instalarán definitivamente el modo de desarrollo y el modo de vida verdes, se logrará la armonía entre el hombre y la naturaleza, se modernizará el sistema y la capacidad de gobernanza nacional en el campo del medio ambiente y se podrá finalmente construir una China hermosa.

3.2.4 Incorporación al sistema económico mundial orientada por un desarrollo abierto

El nuevo concepto de desarrollo comprende cinco grandes aspectos: apertura, innovación, coordinación, ecología y co-disfrute. Dentro de ellos, la apertura tiene una evidente importancia sistemática. Por su parte, la innovación tecnológica consiste no solo en la investigación y desarrollo autónomos, sino también en el aprovechamiento pleno de los avances científico-tecnológicos de la sociedad humana y de su experiencia acumulada en administración y gestión en el campo. Por otro lado, en un mundo en el que los países han alcanzado un nivel de interdependencia sin precedentes históricos, la interacción positiva con el exterior se vuelve fundamental para lograr el desarrollo coordinado interno. Al mismo tiempo, en una era en la que los problemas globales como el cambio climático son cada vez más frecuentes y amenazan cada vez más nuestra existencia, el desarrollo verde se vuelve un asunto que requiere de la acción conjunta de cada uno de los países para poder abordarlos. Finalmente, el objetivo último del desarrollo es el desarrollo de las personas, por lo que sus resultados deben ser compartidos por cada pueblo de cada país en el mundo[19].

La apertura al exterior de China es un proceso histórico que desde sus inicios en 1978 ha ido avanzando y profundizándose constantemente. Durante este proceso, tanto los líderes del país como su gente han ido adquiriendo un entendimiento cada vez más profundo acerca de la reforma y la apertura, y la relación de China con el mundo, en especial el rol de China en el escenario mundial, han ido también ajustándose gradualmente. Originalmente, la apertura de China consistía simplemente en su incorporación y adaptación al sistema económico internacional, pero con el tiempo el país comenzó a participar y a mejorar este sistema, para finalmente asumir un rol de promoción y liderazgo de la reforma del sistema. Asimismo, a lo largo de todo este proceso, se fue constituyendo un esquema gradual y progresivo de políticas

19 ZHANG Yu-yan (2018). "Zhongguo Duiwai Kaifang de Linian, Jincheng yu Luoji [Las Ideas, Procesos y Lógica de la Apertura de China]", en *Zhongguo Shehui Kexue [Ciencias Sociales en China]*, No. 11.

y teorías de apertura económica con características propiamente chinas, de manera que llevadas a la práctica concuerdan tanto con la teoría tradicional china o principio de Huainanzi-Sima Qian, como con las teorías modernas sobre el comercio y el crecimiento a largo plazo.

Conforme el socialismo con características chinas entra a una nueva etapa y el escenario internacional se transforma profundamente, China necesita seguir apoyándose en su propia apertura para conducir y fomentar la apertura recíproca y conjunta entre los demás países del mundo, y debe seguir participando activamente en la reforma de la gobernanza mundial y en la cooperación económica regional, a fin de crear las condiciones internacionales propicias para la formación de una comunidad con destino compartido para la humanidad y la construcción de un mundo más abierto, inclusivo, limpio y hermoso, de paz duradera, seguridad generalizada y prosperidad compartida.

Los grandes logros económicos de China se deben a las políticas de reforma y apertura mantenidas durante los últimos 40 años, y si en el futuro China quiere lograr un desarrollo sostenible de alta calidad, tendrá que seguir profundizando su reforma y apertura. Tal como señaló entonces Deng Xiaoping, "si las políticas de apertura se mantienen durante los primeros 50 años del próximo siglo, será incluso menos probable que cambien en los 50 años siguientes, porque entonces China tendrá más intercambios económicos con otros países, y todos los países serán más interdependientes e inseparables"[20]. En efecto, las políticas de apertura al exterior de China se han mantenido coherentes durante los últimos 40 años.

La apertura ha sido uno de los prerrequisitos fundamentales para lograr el acelerado desarrollo económico de China en los últimos 40 años, y es actualmente la condición necesaria para lograr el desarrollo económico de calidad en la nueva era. En abril de 2018, en su discurso durante la ceremonia inaugural del Foro Boao para Asia, el presidente Xi Jinping destacó justamente que el desarrollo económico de China ha sido posible gracias a la apertura, y que para alcanzar un desarrollo económico de calidad en el futuro, es necesario abrirse aún más. Xi Jin-

20 *Deng Xiaoping Wenxuan. Di-san Juan [Obras Escogidas de Deng Xiaoping. Volumen III]*. Beijing: Renmin Chubanshe [Editorial del Pueblo], 1994, p. 103.

ping ha enfatizado múltiples veces en que las puertas de China no se cerrarán, sino por el contrario, continuarán abriéndose más y más[21].

Contenido principal de la apertura

En primer lugar, promover la reforma institucional para mantener la apertura al exterior. La viabilidad o cobertura de todo sistema institucional tiene sus límites. Cualquier práctica que sirva para hacer más viable o para ampliar la cobertura de un arreglo institucional eficiente, o cualquier sistema institucional que permita que se realicen transacciones a mayor escala, servirá en definitiva para expandir el mercado. Esto significa que la apertura no puede ser posible sin un sistema institucional relativamente completo que sirva como garantía. Las reformas económicas de carácter institucional ligadas a la apertura abarcan fundamentalmente los campos de economía rural, estructura de la propiedad, empresas estatales, sistema de precios, sistema financiero, sistema fiscal y tributario, y sistema de comercio exterior. Tomando este último como ejemplo, la Decisión del Consejo de Estado sobre la Profundización de la Reestructuración del Comercio Exterior de enero de 1994 definió como objetivos de la reforma la unificación de las políticas, la liberalización de las operaciones, la competencia igualitaria, que las empresas de comercio exterior asuman la responsabilidad de sus propias ganancias y pérdidas, la integración de la industria y el comercio, la implementación de un sistema de agencias comerciales y el establecimiento de un mecanismo operativo que se adapte a las reglas de la economía internacional. El fin último de esta reforma era justamente hacer más efectivo el sistema institucional, procurando el respeto y la

21 Xi Jinping: "Shenhua huoban guanxi zengqiang fazhan dongli —— Zai Yatai Jinghe Zuzhi Gongshang Lingdaoren Fenghui shang de zhuzhi yanjiang [Impulsar el desarrollo fortaleciendo las relaciones de asociación —— discurso en la Cumbre de Directores Ejecutivos de APEC]" en *People's Daily [Diario del Pueblo]*, 21 de noviembre de 2016; "Kaifang gongchuang rongyu chuangxin yinling weilai —— Zai Bo'ao Yazhou Luntan 2018 nian nianhui kaimushi shang de zhuzhi yanjiang [Apertura para una mayor prosperidad, innovación para un futuro mejor —— discurso en la ceremonia de apertura del Foro Boao para Asia 2018]" en *People's Daily [Diario del Pueblo]*, 11 de abril de 2018.

Desde 2013 hasta hoy, China ha aprobado 18 zonas piloto de libre comercio en múltiples lotes, configurando un nuevo patrón de apertura integral, caracterizado por la coordinación entre el este y el oeste, el norte y el sur, la tierra y el mar. La imagen muestra la Zona Piloto de Libre Comercio en Shanghai, creada en septiembre de 2013.

protección de los derechos de propiedad y los derechos contractuales, con vistas a reducir los costos de transacción. Esto sin duda favoreció la profundización de la apertura y la formación de un mercado único o unificado[22].

En segundo lugar, atraer e introducir tecnología avanzada. Esto no solo fue uno de los objetivos iniciales de la apertura, sino también uno de los factores clave que ayudaron a impulsar el acelerado desarrollo económico. El progreso tecnológico es una de las causas directas del aumento en la productividad laboral, y tiene un efecto crucial en el crecimiento económico a largo plazo. A inicios de la reforma y apertura, China carecía fuertemente de fondos y de conocimientos y experiencia en gestión de ciencia y tecnología avanzada, por lo que la atracción de

22 ZHANG Yu-yan (2018). "Zhongguo Duiwai Kaifang de Linian, Jincheng yu Luoji [Las Ideas, Procesos y Lógica de la Apertura de China]", en *Zhongguo Shehui Kexue [Ciencias Sociales en China]*, No. 11, p. 34-36.

inversión extranjera era para poder aprender de los demás y utilizarla para el propio beneficio. En abril de 1979, el Comité Central propuso la política de "reajuste, reforma, consolidación y mejora", tras lo cual ocurrieron dos "transiciones" en la incorporación de tecnología: por un lado, la transición de un enfoque centrado en la creación de nuevos proyectos a un enfoque centrado en mejorar la tecnología, y por otro lado, la transición de un enfoque centrado en la introducción de sets completos de equipos tecnológicos a un enfoque centrado en el comercio de licencias, la producción en cooperación, la consultoría y los servicios tecnológicos. La Decisión sobre la Reforma del Sistema de Gestión de Ciencia y Tecnología emitida en marzo de 1985 destacó que la ciencia y la tecnología modernas constituyen el factor más activo y más determinante en las nuevas fuerzas productivas sociales. Posteriormente, en 1988 Deng Xiaoping enunció la conocida conclusión de que "la ciencia y la tecnología son la principal fuerza productiva". Años después, en mayo de 1995, el Comité Central del PCCh propuso formalmente la estrategia de "revitalización del país a través de la ciencia y la educación", y más tarde, entrando en el siglo XXI, se siguieron elaborando numerosas políticas de respaldo a los planes de desarrollo nacional científico y tecnológico de mediano y largo plazo. Todo esto sirvió enormemente para estimular y fomentar la innovación científico-tecnológica en el país.

En tercer lugar, la apertura de China sigue el principio de "cruzar el río tanteando las piedras", llevando a cabo proyectos piloto en las etapas iniciales, para poder después extender la experiencia adquirida a todo el resto del país, a fin de expandir plenamente los mercados nacional e internacional. Bajo esta modalidad se tomaron dos grandes medidas. Una de ellas fue la creación de Zonas Económicas Especiales. En julio de 1979, el Comité Central determinó la adopción de un modelo de "políticas especiales y medidas flexibles", estableciendo zonas económicas especiales piloto en las ciudades de Shenzhen, Shantou y Zhuhai, de la provincia de Guangdong, y en la ciudad de Xiamen, de la provincia de Fujian. En abril de 1984, el Comité Central aprobó la apertura al exterior de 14 ciudades, incluida Dalian, y alentó el establecimiento de zonas de desarrollo económico y tecnológico. Posteriormente, de 1988 a 1990, el Comité Central aprobó la creación de la Zona Económica Especial de Hainan y de la Nueva Zona de Pudong de Shanghai. Todas estas zonas especiales cuentan con favorables condiciones para la inversión y con medidas preferenciales tales como reducción y exención arancelaria, facilitando la atracción de capitales extranjeros y permitiendo la introducción de tecnologías avanzadas y de nuevos conocimientos y métodos de gestión científica, lo cual promueve fuertemente el desarrollo de la economía regional y nacional. La segunda gran medida es la creación de las Zonas Piloto de Libre Comercio. En septiembre de 2013 se creó oficialmente la primera Zona Piloto de Libre Comercio en Shanghai, en la cual se adoptó como eje la innovación institucional, implementando medidas orientadas a la transformación de las funciones gubernamentales, la profundización de la reforma financiera, la facilitación de la inversión y del comercio, y la creación de un entorno empresarial internacionalizado, legalizado y simplificado. La experiencia y las metodologías adquiridas en esta zona tomaron luego forma institucional, y fueron promovidas a nivel nacional.

En cuarto lugar, la apertura de China apunta a una mayor participación en la cooperación comercial, económica y financiera regional. En el escenario internacional, la apertura al exterior se manifiesta en los siguientes tres hechos. El primero de ellos es la participación en la cooperación dentro de la región Asia-Pacífico. En noviembre de 1991 China fue oficialmente incorporada al Foro de Cooperación Económica de Asia-Pacífico y en 2000 formó parte de la iniciativa de Chiang Mai, desempeñando un importante rol propulsor en el proceso de integración de Asia oriental y en la creación de mecanismos de cooperación financiera dentro de esta región. El segundo hecho es la creación del Área de Libre Comercio ANSA-China, lo cual representa un gran y novedoso paso para China en la participación regional. Este mecanismo favoreció la expansión del comercio y de la inversión entre ambas partes, y permitió acelerar el flujo de fondos, logística e información entre los países de la región, promoviendo la formación y el desarrollo del mercado regional y allanando el camino para una mayor integración económica entre China y la Asociación de Naciones del Sudeste Asiático. El tercer hecho es el lanzamiento de la iniciativa de "la Franja y la Ruta". Durante sus visitas al extranjero entre septiembre y octubre de 2013, Xi Jinping mencionó en sucesivas ocasiones la gran iniciativa para la construcción conjunta de la "Franja Económica de la Ruta de la Seda" y la "Ruta de la Seda Marítima del Siglo XXI" (conocida como "la Franja y la Ruta"). Basada en los tres principios de consulta recíproca, desarrollo conjunto y disfrute colectivo de los beneficios, guiada por las "cinco prioridades de la cooperación" (coordinación de políticas, conexión de infraestructuras, fluidez del comercio, integración financiera y vínculos entre los pueblos) y con el norte puesto en alcanzar un nuevo esquema de apertura en todos los frentes, esta iniciativa permitió desarrollar nuevos espacios para la cooperación internacional y profundizar la cooperación en materia comercial y de inversión, favoreciendo la interconexión de infraestructuras, la cooperación abierta para la capacidad de innovación y la cooperación para la gobernanza económica mundial, y trayendo mayores beneficios a los habitantes de los países involucrados e incluso al mundo entero.

En quinto lugar, la apertura de China promueve a paso firme la internacionalización del *renminbi* para ampliar los horizontes de la cooperación económica y comercial. El hecho de que el *renminbi* se convierta en la moneda de fijación de precios, liquidación y reserva para las transacciones económicas y financieras internacionales, no solo ayuda a evitar riesgos cambiarios y reducir los costos de transacción, sino que también promueve la integración económica entre China y sus socios comerciales, permitiéndole a China compartir el derecho de fijación de precios de las mercancías. Todo esto permite una mayor diversificación del sistema monetario internacional y un mejor control sobre los comportamientos irresponsables de quienes formulan las políticas sobre las monedas de países clave, con la posibilidad para China de obtener beneficios de señoreaje. En diciembre de 1996, el RMB fue declarado oficialmente convertible por cuenta corriente. Posteriormente, luego de muchos años de trabajo, en noviembre de 2015 el *renminbi* recibió la aprobación para incorporarse a la cesta del derecho especial de giro (DEG) del Fondo Monetario Internacional (FMI), lo cual entró oficialmente en vigor el 1 de octubre de 2016. Esto significó un gran paso para el RMB en su camino hacia convertirse en moneda clave en el escenario mundial. De todos modos, es claro que la moneda china tiene todavía un largo trayecto por recorrer en su camino hacia la internacionalización y que existe todavía una gran brecha entre el RMB y las principales monedas internacionales.

En sexto lugar, la apertura de China apunta a participar en y fomentar la reforma de la arquitectura internacional, mejorar la gobernanza global y compensar la "ausencia de neutralidad" en las reglas internacionales. En 1980, China recuperó su calidad de miembro del Fondo Monetario Internacional y del Banco Mundial, en 2001 se incorporó oficialmente a la Organización Mundial del Comercio (OMC) y en 2015 fundó el Banco Asiático de Inversión en Infraestructura (AIIB, por sus siglas en inglés). Todos estos eventos constituyen grandes hitos históricos dentro del proceso de adaptación e incorporación de China al sistema internacional, en el marco de su apertura al exterior. La crisis financiera iniciada en Estados Unidos trajo severas consecuencias a todos los países del mundo, dejando al mismo tiempo al descubierto las falencias en la supervisión financiera y las deficiencias de las organizaciones financieras internacionales. Ante tal situación, China comenzó a promover enérgicamente la aplicación de reformas en el Banco Mundial y el FMI, a fin de salvaguardar la estabilidad financiera internacional e impulsar el crecimiento económico mundial. En abril de 2010, la reforma de los derechos de voto del Banco Mundial convirtió a China en el tercer país accionista con más importancia dentro de dicha institución. La reforma del régimen de cuotas del FMI entrada en vigor en enero de 2016 permitió que el derecho de voto de China escalara del sexto puesto al tercer puesto en el ranking, lo cual implicó a su vez un aumento en la influencia internacional de China y en su derecho a opinar en asuntos internacionales. Por su parte, la participación determinante de China en la fundación de instituciones financieras internacionales tales como el Nuevo Banco de Desarrollo de los BRICS y el Banco Asiático de Inversión en Infraestructura, representa el inicio de una etapa en la que China comienza a caminar hacia el centro del escenario mundial en calidad de promotora y conductora de todos estos procesos. El Nuevo Banco de Desarrollo de los BRICS se concentra principalmente en el financiamiento de desarrollo a largo plazo para infraestructura y proyectos sostenibles. Por su parte, el Acuerdo de Reservas de Contingencia de los Países del BRICS apunta a brindar liquidez a los países miembro para que resuelvan en el corto plazo sus problemas en la balanza de pagos, con el foco puesto en la estabilidad financiera. Por otro lado, el Banco Asiático de Inversión en Infraestructura apoya la inversión en infraestructura y en áreas productivas en general, con el objetivo último de impulsar el desarrollo económico sostenible del continente asiático. A lo largo de todo su proceso de constante apertura, el rol de China dentro del sistema internacional ha ido transformándose, dejando de ser un país que simplemente participa y se adapta a este sistema, para pasar a ser un país indispensable que lo fomenta, lo conduce y lo mejora.

La apertura de China es un proceso histórico que ha ido en constante expansión y profundización. A finales de la década de 1980 y principios de la década de 1990, con las Revoluciones de 1989, la confrontación URSS-EE. UU. y el fin de la coexistencia de los "dos mercados mundiales paralelos", surgió en el mundo una gran ola de mercantilización, y comenzó a avanzar profundamente el proceso de globalización económica. En este contexto, la apertura al exterior de China también se profundizó y aceleró, logrando finalmente completar cinco importantes transiciones. La primera de ellas es la transición de una apertura orientada únicamente hacia los países desarrollados a una apertura combinada, orientada simultáneamente hacia los países desarrollados y hacia los países en desarrollo. La segunda es la transición en términos de sectores de apertura, pasando de una apertura focalizada en la manufactura y el comercio de bienes físicos, a una apertura focalizada por un lado en múltiples industrias tales como la energética, aeronáutica, automotriz y agrícola, y por el otro en el comercio de servicios, abarcando las áreas de finanzas, seguros, educación, consultoría, etc. La tercera es la transición de una apertura limitada principalmente a las zonas costeras marítimas a una apertura focalizada no solo en las zonas costeras, sino también en las zonas fronterizas en incluso en todo el territorio. La cuarta es la transición de una apertura dirigida únicamente al exterior a una apertura bidireccional y conjunta. Finalmente, la quinta es la transición de una apertura focalizada en atraer inversión extranjera e introducir tecnología avanzada y conocimientos sobre gestión, a una apertura focalizada en promover la construcción conjunta de una cadena global de valor.

Construcción de puertos de libre comercio con características chinas

La globalización económica es un requisito objetivo para el desarrollo de las fuerzas productivas y el resultado necesario del progreso tecnológico. Esta nueva tendencia global ha aportado un fuerte impulso al crecimiento económico mundial, favoreciendo el flujo de mercancías y capitales, el avance tecnológico y cultural, y el intercambio entre los distintos pueblos, por lo que es un proceso que va en línea con los intereses comunes de todos los países. Actualmente, la economía mundial se enfrenta a múltiples y complejos desafíos, con una carencia de nuevos motores de crecimiento y una creciente diferenciación en el crecimiento. No obstante, culpar a la globalización económica por los problemas que aquejan al mundo y acudir al proteccionismo en el comercio y las inversiones, pretendiendo forzar a la economía mundial a que vuelva a los antiguos tiempos de aislamiento, no se condice con el curso real de la historia. La opción correcta es en todo caso aprovechar plenamente las oportunidades y apoyarse en la cooperación para afrontar conjuntamente todos los desafíos[23].

El informe del XIX Congreso Nacional del PCCh expresa claramente que las puertas de China no se cerrarán, por el contrario, se abrirán cada vez más. Esta es una solemne promesa de China para con el mundo. China continuará manteniendo su política estatal básica de apertura, aplicando una estrategia abierta de beneficios mutuos y logros compartidos, respetando y protegiendo el régimen de comercio mundial, trabajando para que la globalización económica tenga una mayor apertura, inclusividad, equilibrio y beneficios compartidos, para que adquiera más vigorosidad y para que sea más comprensiva y sostenible, de manera tal que los frutos de la globalización económica puedan ser disfrutados por cada grupo o estrato social de cada país del mundo.

En 2018, China anunció la transformación de toda la isla de Hainan en una zona piloto de libre comercio, apoyando a la provincia de

---

23 Xi Jinping (2020). *Xi Jinping Tan Zhiguo Lizheng Di-san Juan [Xi Jinping: La Gobernación y Administración de China. Volumen III].* Beijing: Waiwen Chubanshe [Editorial de Lenguas Extranjeras], p. 197.

El 27 de febrero de 2021 se celebró en Haikou la ceremonia de firma de los proyectos clave en el puerto de libre comercio de Hainan. Se firmaron 34 proyectos clave en Hainan, con una inversión total de alrededor de 13.800 millones de RMB.

Hainan para que vaya explorando y promoviendo a paso firme la construcción de un puerto de libre comercio con características chinas, y estableciendo ordenadamente y en etapas el entramado de políticas y el sistema institucional pertinentes. Esta es una decisión crucial por parte de China, la cual fue adoptada sobre la base de un profundo estudio, una comprensiva reflexión y una metódica planificación, tomando en cuenta la situación general de desarrollo nacional e internacional. Mediante dicha decisión, queda demostrada la determinación de China de expandir su apertura y de fomentar activamente la globalización económica.

Para transformar la isla de Hainan en una zona piloto de libre comercio en su totalidad, es necesario centrarse en la innovación institucional y conferir a la provincia una mayor autonomía para la reforma. China debe apoyar a Hainan para que se anime a probar y a avanzar por sí misma, haciendo uso de su autonomía para la reforma, y para que pueda crear cuanto antes un entorno que facilite la actividad empresarial, que tenga respaldo legal y un alto nivel de internacionalización, y un entorno para el mercado que sea justo, abierto, unificado y eficiente. Es preciso además avanzar en la transformación de las funciones gubernamentales, en la simplificación de los procesos administrativos y en la descentralización de los poderes, y encontrar la forma de combinar la descentralización con el control y la optimización de los servicios. Hay que aplicar políticas fuertes de liberalización y facilitación del comercio y la inversión, implementar un régimen administrativo de trato nacional previo al establecimiento junto con una lista negativa, y profundizar la apertura de la agricultura moderna, la industria de alta tecnología y la industria de servicios modernos, focalizándose en las áreas clave de industria semillera, atención médica, educación, deportes, telecomunicaciones, Internet, cultura, mantenimiento, finanzas y transporte marítimo, entre otras, promoviendo un desarrollo más acelerado del comercio de servicios y protegiendo los derechos e intereses legítimos de los inversores extranjeros.

Los puertos de libre comercio son la forma más elevada de apertura en el mundo de hoy. El puerto de libre comercio de la provincia de Hainan refleja las peculiaridades chinas, y se condice con las condiciones nacionales de China y con la definición de Hainan sobre su propio desarrollo. A lo largo de todo el proceso de construcción del puerto de Hainan, China seguirá aprendiendo de los modos de gestión y operación avanzados de los puertos internacionales de libre comercio, y recibirá con los brazos abiertos a todos aquellos que deseen invertir en Hainan y ser parte del desarrollo de su puerto de libre comercio, permitiéndoles aprovechar conjuntamente las oportunidades de desarrollo de China y los logros de su reforma.

Sectores clave del desarrollo abierto futuro

China se mantendrá firme en la implementación de una estrategia de apertura de beneficios recíprocos y logros compartidos, aplicando políticas fuertes de liberalización y facilitación del comercio y la inversión, y promoviendo la formación de un esquema de apertura basado en la interacción terrestre y marítima y en la ayuda recíproca entre el este y el oeste del país. China siempre será un gran promotor de la apertura global, un firme impulsor del crecimiento económico mundial, un gran mercado lleno de dinamismo y oportunidades comerciales para los demás países y un colaborador activo en la reforma de la gobernanza mundial. Para seguir expandiendo la apertura, China concentrará sus esfuerzos en los siguientes cinco aspectos.

En primer lugar, continuará abriendo su mercado. China tiene 1.400 millones de habitantes y su población de ingresos medios es la más grande del mundo. El enorme mercado chino apunta a un potencial que es simplemente ilimitado. China procurará potenciar el papel fundamental del consumo interno en el desarrollo económico y fomentar un mercado interno más sólido para impulsar el crecimiento doméstico y crear más espacio para el crecimiento global. Asimismo, dará mayor importancia a la importación, y continuará reduciendo los aranceles y los costos de transacción institucionales, desarrollando zonas de demostración para promover el comercio de importación mediante métodos creativos, y ampliando la importación de bienes y servicios de alta calidad de todo el mundo. Por otro lado, China tomará medidas para promover el desarrollo equilibrado tanto de las importaciones como de las exportaciones, del comercio de bienes y servicios, del comercio bilateral y la inversión bidireccional, y del comercio y la industria, asegurando así un flujo libre pero ordenado de los factores de producción nacionales e internacionales, mejorando la asignación eficiente de los recursos y profundizando la integración de los mercados.

En segundo lugar, China continuará optimizando su estructura de apertura. La apertura de China avanza en múltiples direcciones y sobre múltiples sectores, y muestra una acelerada tendencia hacia la apertura total. China continuará alentando los intentos de pruebas y experimentos en zonas piloto de libre comercio y procurará acelerar el desarrollo del puerto de libre comercio de Hainan como referente de su apertura. Asimismo, el país seguirá implementando estrategias de desarrollo integrado para la región de Beijing-Tianjin-Hebei, el cinturón económico del Río Yangtze, la región del Delta del Río Yangtze y la Gran Área de la Bahía de Guangdong-Hong Kong-Macao, y elaborará una nueva estrategia nacional para la protección del medio ambiente y el desarrollo de alta calidad en la cuenca del río Amarillo, a fin de alcanzar una mayor sinergia de apertura entre las diferentes partes del país.

En tercer lugar, China continuará optimizando su entorno empresarial. El entorno empresarial es la base para la supervivencia y el desarrollo de las empresas. En octubre de 2019, el Banco Mundial publicó su Informe Doing Business 2020, en el que colocó a China en el puesto número 31 en el ranking referido al entorno para los negocios, lo cual significó para China una escalada de 15 puestos respecto del año anterior. En octubre de 2019, China emitió el Reglamento para la Optimización del Entorno Empresarial. En adelante, el país continuará eliminando las limitaciones en el desarrollo económico, impulsará reformas en los eslabones y áreas clave, y modernizará el sistema y la capacidad de gobernanza, de manera que sirvan como un apoyo institucional para una apertura de alto nivel y un desarrollo de alta calidad. Asimismo, continuará mejorando su entorno para los negocios, procurando que este se base en los principios del mercado, se rija por la ley y cumpla con los estándares internacionales. En línea con esto, se dará mayor acceso al mercado a las inversiones extranjeras, se acortará aún más la lista negativa y se mejorarán las instituciones para la promoción y protección de las inversiones y para el reporte de información. China trabajará también para la creación de un entorno de respeto al valor del conocimiento, mejorando el marco legal para la protección de los derechos de propiedad intelectual, intensificando la aplicación de la ley y mejorando la protección de estos derechos a través de los sistemas de justicia civil y penal.

En cuarto lugar, China continuará profundizando la cooperación bilateral y multilateral. China es un defensor de la cooperación internacional y partidario del multilateralismo, y por ende, aboga por que se realicen las reformas necesarias en la OMC para que la organización pueda desempeñar un papel más importante en la promoción de la apertura y el desarrollo, y para que el sistema de comercio multilateral pueda tener mayor autoridad y eficacia. China está dispuesta a firmar acuerdos de libre comercio de alto nivel con más países, y a acelerar las negociaciones para un acuerdo de inversión entre China y UE, un tratado de libre comercio entre China, Japón y la República de Corea y un tratado de libre comercio entre China y el Consejo de Cooperación para los Estados Árabes del Golfo (CCG, por sus siglas en inglés). Asimismo, el país se mantendrá activamente comprometido en la cooperación dentro de las Naciones Unidas, el G20, APEC y BRICS, impulsando el avance de la globalización económica.

En quinto lugar, China continuará promoviendo la cooperación de "la Franja y la Ruta". En el marco de esta iniciativa en constante avance, China ya ha firmado múltiples acuerdos de cooperación con distintos países y organizaciones internacionales. China continuará ateniéndose al principio de consulta amplia, contribución conjunta y beneficios compartidos, a la filosofía de cooperación abierta, verde y limpia, y a un enfoque sostenible, centrado en las personas y de altos estándares, para promover el desarrollo de calidad de la iniciativa de "la Franja y la Ruta".

3.2.5 Un desarrollo compartido por la prosperidad común y una vida mejor

Uno de los atributos más importantes de la apertura y el desarrollo de China es la idea de servir al pueblo. Esta idea se refiere a que el desarrollo correcto y fluido de China debe basarse en la gente, y sus frutos deben ser disfrutados por la gente. En 1988, Deng Xiaoping expresó que la reforma de China implica grandes riesgos, pero tiene también grandes esperanzas de éxito, y la clave está justamente en "consultar a la gente, actuar con decisión pero con prudencia, reflexionar sobre la propia experiencia de vez en cuando y corregir los planes y métodos inadecuados para evitar que los errores menores se conviertan en errores mayores". El pueblo cumple una doble función, proporcionando apoyo intelectual y la base de las masas en la etapa previa a los eventos, y llevando a cabo la supervisión y la evaluación durante y después de ocurridos los eventos. Xi Jinping hace especial hincapié en la idea de servir al pueblo en la reforma y apertura, en sus palabras: "hay que apoyarse fuertemente en el pueblo para promover la reforma. El pueblo es el creador de la historia y nuestra fuente de poder. La razón por la cual la reforma y la apertura han ganado el apoyo sincero y la participación activa de las amplias masas populares, es fundamentalmente que desde el principio hemos arraigado profundamente la causa de la reforma y la apertura en el pueblo. (...) De todas las valiosas experiencias adquiridas durante el proceso de reforma y apertura, una de las más importantes ha sido entender la necesidad de centrarse en la gente, respetando su posición principal en el país, dando rienda suelta a su creatividad y promoviendo la reforma apoyándonos fuertemente en el pueblo. La reforma no puede ser posible sin el apoyo ni la participación de la gente, y sea cual fuere el desafío que se presente, si contamos con el apoyo y la participación del pueblo, no hay dificultad que no pueda ser superada. Debemos implementar la línea de masas del Partido y mantenernos conectados con el pueblo, compartiendo sus dichas y sus desdichas y trabajando juntos por los mismos objetivos"[24].

La idea de un desarrollo centrado en la gente no es un concepto abstruso que queda en el plano de la abstracción, por el contrario, es un concepto que se refleja en cada eslabón del desarrollo económico y social. Se trata entonces de respetar la posición central del pueblo, de satisfacer sus aspiraciones de una vida mejor, y de materializar, salvaguardar y fomentar apropiadamente los intereses fundamentales de las masas populares más amplias, procurando lograr que el desarrollo sea en favor del pueblo, que se apoye en él y que permita que todo el pueblo pueda disfrutar de sus beneficios. Por supuesto que se necesitan muchos años para alcanzar este objetivo. China está todavía en la fase inicial del socialismo, y lo seguirá estando durante un largo tiempo, y si bien no puede avanzar saltándose etapas, eso no significa que no pueda hacer nada para acercarse paso a paso a la prosperidad compartida. En efecto, China debe hacer todo lo que esté a su alcance según las condiciones dadas en cada etapa, acumulando cada pequeño logro y avanzando a paso firme hacia su objetivo final de prosperidad común.

Durante mucho tiempo, el problema del crecimiento económico ha sido la corriente principal del estudio de la economía. Esto es particularmente notorio en los países en desarrollo, en donde se tiene especial interés por las causas que provocan o limitan el crecimiento económico, y en donde se suelen hacer más comparaciones entre países en términos de poder económico. Si bien el debate sobre la equidad y

24 Xi Jinping (2014). *Xi Jinping Tan Zhiguo Lizheng [Xi Jinping: La Gobernación y Administración de China]*. Beijing: Waiwen Chubanshe [Editorial de Lenguas Extranjeras], p. 97.

la eficiencia es un tema de discusión bastante antiguo, la investigación económica jamás ha adoptado como corriente central el estudio de temas tales como los objetivos del crecimiento económico o la distribución de los resultados del crecimiento económico. Ante este estado de las cosas, el desarrollo inclusivo surge como un nuevo concepto de desarrollo económico, comúnmente entendido como aquel que beneficia a todos los países, regiones y grupos humanos. El desarrollo inclusivo está orientado por los valores de equidad, justicia, inclusión y beneficios compartidos, abogando por la equidad de derechos, la justicia de las normas, la inclusividad en los intereses y los resultados compartidos. En líneas generales, el desarrollo inclusivo abarca al menos las siguientes tres dimensiones[25].

El desarrollo debe poner en primer lugar los intereses de la gente. Esta es la primera dimensión del desarrollo inclusivo. El sentido básico de la "inclusividad" radica en no excluir, en abarcar a todos y en reflejar la equidad entre las personas. El adjetivo "inclusivo" como modificador del desarrollo constituye una rectificación sobre la antigua idea de perseguir única y simplemente el crecimiento económico, destacando por un lado que el objetivo del desarrollo es beneficiar a cada uno de los integrantes de la sociedad, y resaltando por el otro que los beneficios no tienen que ser solamente materiales, sino que el desarrollo económico debe aspirar a valores más elevados. En el plano de los valores, la idea de desarrollo inclusivo entiende a las personas "incluidas" no como el medio sino el objetivo mismo del desarrollo, lo cual demuestra que el fin último en todo caso es mejorar el bienestar de todas las personas. Asimismo, por extensión, el desarrollo inclusivo también implica que todos nacen con el derecho a compartir los frutos del desarrollo económico. En otras palabras, la "inclusividad" es un requisito intrínseco del desarrollo, y es a través de la cual se refleja el propósito mismo del desarrollo. Enfatizar que el objetivo a largo plazo del desarrollo es lograr la prosperidad común, es el significado más básico del desarrollo inclusivo.

El desarrollo es asunto de todos. Esta es la segunda dimensión del

25 ZHANG Yu-yan. "Xunqiu 'baorongxing' yu 'fazhan' de hexie [En busca de la armonía entre la 'inclusividad' y el 'desarrollo']" en *People's Daily [Diario del Pueblo]*, 3 de febrero de 2012.

desarrollo inclusivo. A pesar de que la primera dimensión arriba mencionada sea la más discutida a la hora de hablar del desarrollo inclusivo, la responsabilidad que cada persona tiene sobre el desarrollo económico tampoco es algo que deba pasarse por alto. El objetivo del progreso social es mejorar el bienestar de la gente de manera generalizada, y esto solo puede lograrse mediante el esfuerzo y el trabajo de cada persona. Ahora bien, las personas difieren en capacidades y en oportunidades, por lo que el nivel de contribución al desarrollo económico es diferente en cada caso. No obstante, es un error pensar que el desarrollo inclusivo consiste en "sudar menos y obtener más" o disfrutar sentados de los logros de los demás. Si todos tienen el derecho a disfrutar de los resultados del desarrollo económico, entonces cada cual debe asumir la responsabilidad de hacer todo lo posible para contribuir a este. El derecho y la responsabilidad deben ser proporcionales. El avance del desarrollo hacia un mayor nivel de inclusión es un proceso en el que se pone más atención a la responsabilidad de los individuos para con la sociedad. Si se sostiene que el objetivo del desarrollo económico es la prosperidad común, entonces debe agregarse la condición de que haya una "distribución de acuerdo al trabajo" y de que "sin trabajo, no hay comida" para aquellos que tengan capacidad para trabajar.

Lograr la armonía entre el desarrollo económico y la prosperidad común. Esta es la tercera dimensión del desarrollo inclusivo. La única fuente para el aumento del bienestar general de la humanidad es el desarrollo económico. Sin desarrollo económico, la prosperidad común se vuelve agua sin manantial, árbol sin raíz. Desde esta perspectiva, el "desarrollo" tiene prioridad sobre la "inclusividad". Para un país relativamente atrasado y que se encuentra en plena etapa de industrialización y urbanización aceleradas, el deseo de la gente de mejorar rápidamente su nivel de bienestar mediante el desarrollo económico es mucho más fuerte, por lo tanto deben otorgar especial importancia a este último. Pero visto desde el otro lado, cuando la necesidad de "inclusión" no puede ser plenamente satisfecha, las condiciones o los cimientos para el desarrollo se pueden quebrantar al punto de colapsar. Y esto es porque sin armonía y estabilidad social, el desarrollo económico también se vuelve insostenible. En este punto, el desarrollo inclusivo viene a demostrar que la "inclusividad" y el "desarrollo" no son mutuamente excluyentes. Lejos de eso, lo que debemos hacer es esforzarnos por lograr la armonía entre el desarrollo económico y la prosperidad común, procurando disipar las inequidades a la hora de diseñar los esquemas para el desarrollo económico, y procurando no reducir la eficiencia de los esquemas institucionales destinados a garantizar la equidad.

Para llevar a la práctica la idea de desarrollo inclusivo se tienen en cuenta dos aspectos. Uno es estimular el entusiasmo, la proactividad y la creatividad de las masas, y utilizar su fuerza para impulsar el avance del socialismo con características chinas, haciendo que la "torta" sea cada vez más grande. El otro aspecto es distribuir correctamente esta "torta" agrandada, de manera que quede plenamente plasmada la superioridad del sistema socialista y que la gente pueda tener un mayor sentimiento de satisfacción. Para ello hay que agrandar el sector de ingresos medios, formando gradualmente un patrón de distribución "con forma de oliva", y reduciendo la pobreza hasta eventualmente eliminarla por completo. El 20 de diciembre de 2018, bajo iniciativa y promoción de China, la Asamblea General de las Naciones Unidas aprobó en su 73° período de sesiones el proyecto de resolución "Erradicar la pobreza rural a fin de implementar la Agenda 2030 para el Desarrollo Sostenible", dando un gran paso al adoptar por primera vez en la historia una resolución sobre la erradicación de la pobreza rural. En contribución a esta gran causa, en sus 40 años de reforma y apertura, China logró sacar de la pobreza a más de 700 millones de personas, logro que fue elogiado posteriormente por el Banco Mundial en su un diagnóstico sistemático de país titulado "Hacia un desarrollo más inclusivo y más sostenible", publicado en febrero de 2018. Según dicho informe, desde 1978 hasta 2014, el ingreso real per cápita de China aumentó 16 veces, y la tasa de pobreza extrema, definida en referencia a la paridad del poder adquisitivo internacional (PPA) de $1,90 USD por día, disminuyó del 88,3 % en 1981 al 1,9% en 2013, lo cual significa que 850 millones salieron de la situación de pobreza durante ese período[26].

26 Banco Mundial. *Zhongguo Xitongxing Guobie Zhenduan: Tuijin Gengjia Baorong, Gengjia Chixu de Fazhan [China - Diagnóstico Sistemático de País: Hacia un Desarrollo más Inclusivo y más Sostenible]* <https://www.shihang.org/zh/news/press-release/2018/02/22/promoting-a-more-inclusive-and-sustainable-development-for-china>.

De 2013 a 2019, la pobreza en China disminuyó a razón de más de 10 millones de personas por año, pasando de 98,99 millones a finales de 2012 a 5,51 millones a finales de 2019, con una reducción en la incidencia de pobreza del 10,2% al 0,6%. El 23 de noviembre de 2020, la provincia de Guizhou anunció que sus últimos 9 condados empobrecidos habían salido de la pobreza, con lo cual terminaron de superar dicha condición los últimos 832 condados severamente empobrecidos de todo el país. Este último hecho representó una victoria decisiva en la lucha de China contra la pobreza.

La enorme reducción de la pobreza que logró China en los 40 años de reforma y apertura, y especialmente los logros y las experiencias obtenidos con las políticas de erradicación precisa de la pobreza a partir del año 2012, han demostrado que el desarrollo económico sostenido es la condición básica para la reducción de la pobreza, la adopción de un modelo de crecimiento económico en favor de los sectores menos pudientes es su condición necesaria y la creación de oportunidades para estos sectores mediante acciones estatales de alivio de pobreza es su condición suficiente. La reducción de la pobreza es un proceso de interacción política, económica, social y cultural, y la integración orgánica del Estado, el mercado y la sociedad es la base fundamental para que los sectores menos pudientes desempeñen un rol activo en el alivio de la pobreza.

El proceso de reducción de la pobreza en China es la cristalización de la sabiduría china y el reflejo del plan chino para el desarrollo. Analizando este proceso a lo largo de los 40 años de reforma y apertura, se pueden extraer los siguientes aprendizajes: en primer lugar, cuando el desarrollo económico y la desigualdad social llegan a un nivel tal que ya no benefician a la población menos pudiente, la verdadera decisión de aliviar la pobreza implica la movilización y reasignación de recursos, lo cual requiere el apoyo de un mecanismo político fuerte. En segundo lugar, por más que haya avances en el plano social, si el crecimiento económico es insuficiente, es sumamente difícil para un país pobre lograr una reducción sustancial de la pobreza. En tercer lugar, apoyarse únicamente en el crecimiento agrícola para reducir la pobreza puede ser un método efectivo, pero no es necesariamente suficiente en términos de los procesos históricos de desarrollo. En cuarto lugar, los 40 años de lucha contra la pobreza de China han demostrado que la reducción de la pobreza a gran escala no es algo que se logra de la noche a la mañana. En quinto lugar, si se busca respaldo en los mecanismos de mercado para reducir la pobreza mediante el constante aumento de los ingresos, se debe considerar también la intervención estatal y la coordinación de los mecanismos de mercado con los mecanismos sociales y culturales[27].

El gobierno chino ha adoptado varias políticas para acelerar el desarrollo de las regiones más castigadas por la pobreza, procurando activar su poder de desarrollo endógeno y aliviar su situación de pobreza mediante nuevas formas de desarrollo comercial, tales como la creación de nuevas actividades económicas, el desarrollo de industrias con características y ventajas locales distintivas, el turismo, el desarrollo de proyectos fotovoltaicos y el comercio electrónico, entre otros. Asimismo, gracias a las medidas de alivio de pobreza mediante la conservación ecológica, la reubicación de residentes en situación de pobreza y la transformación de tierras de cultivo para uso forestal, se ha mejorado significativamente el entorno ecológico de las zonas más empobrecidas, logrando ganar simultáneamente y en un mismo campo las dos batallas de protección ambiental y de reducción de pobreza. Por otro lado, el desarrollo de infraestructura y de los servicios públicos también ha permitido mejorar notablemente las condiciones básicas de las zonas empobrecidas, especialmente de las zonas rurales, cambiando por completo su apariencia, mientras que la implementación de los proyectos de identificación, salida y alivio de la pobreza ha traído mejoras sustanciales en su capacidad de gobernanza y de administración a nivel comunitario, fortaleciendo la cohesión y la vigorosidad de las organizaciones primarias del Partido en las zonas rurales. Finalmente, mediante la designación de un primer secretario y un grupo de trabajo en los pueblos, se pudo entrenar mejor a los servidores públicos y desarrollar

27 LI Xiao-yun, XU Jin, YU Le-rong (2018). "Zhongguo Jianpin Sishi Nian: Jiyu Lishi yu Shehuixue de Changshixing Jieshi [Los 40 años de reducción de la pobreza en China: una explicación exploratoria desde las perspectivas histórica y sociológica] en *Shehuixue Yanjiu [Estudios Sociológicos]*. No. 6.

Ante los desastres naturales y la situación de pobreza en la zona de la montaña Qinba, la provincia de Shaanxi lanzó el programa de reubicación de migrantes en el sur de Shaanxi, con el objetivo de reubicar en 10 años a 2,4 millones de personas en zonas montañosas. La imagen muestra la nueva área para residentes migrantes reubicados en la ciudad de Longting, condado de Yangxian, provincia de Shaanxi.

talentos en las zonas rurales[28].

Cabe destacar que el trabajo por el alivio de la pobreza en China concentra las fuerzas de toda la sociedad. Con la inversión gubernamental como mecanismo dominante, el alivio de la pobreza ha sido posible también gracias a la cooperación entre las regiones oriental y occidental de China, la asistencia dedicada de las organizaciones gubernamentales y del Partido, el apoyo del Ejército Popular de Liberación y de la Fuerza de Policía Armada Popular, y la participación de fuerzas sociales. De 2013 a 2017, la financiación del gobierno central para el alivio de la pobreza creció a una media anual de un 22,7%, mientras que la financiación provincial creció a una media del 26,9%.

28 Xi Jinping (2020). *Xi Jinping Tan Zhiguo Lizheng Di-san Juan [Xi Jinping: La Gobernación y Administración de China. Volumen III]*. Beijing: Waiwen Chubanshe [Editorial de Lenguas Extranjeras], p. 148-150.

Por su parte, los condados más empobrecidos recolectaron 529.600 millones de RMB en fondos de desarrollo rural para el alivio de la pobreza, y el sector financiero asignó 350.000 millones de RMB en préstamos especiales para programas de reubicación de residentes para aliviar la pobreza, y destinó más de 430.000 millones de RMB en micropréstamos y más de 160.000 millones de RMB en préstamos de refinanciación para aliviar la pobreza. Por otro lado, las áreas empobrecidas obtuvieron ingresos de más de 46.000 millones de RMB por la transferencia de cuotas de tierras excedentes para la construcción urbana. En el marco de la cooperación entre las regiones oriental y occidental del país, 342 condados más desarrollados del este se asociaron a 570 condados empobrecidos del oeste para brindar asistencia, contribuyendo al alivio de la pobreza en el oeste de China y promoviendo el desarrollo regional coordinado. Asimismo, gracias a los proyectos de asistencia a regiones designadas por parte de las instituciones del Partido y del gobierno, en particular los departamentos centrales del Partido y del gobierno, se pudo obtener una mejor comprensión de las áreas rurales y empobrecidas, y los funcionarios pudieron capacitarse mejor en el campo. En paralelo a todas estas acciones, varios sectores de la sociedad también han participado ampliamente en las iniciativas de alivio de la pobreza. Las empresas de propiedad estatal central, por ejemplo, lanzaron una campaña para apoyar a "10.000 aldeas en 100 condados" en las antiguas bases de apoyo revolucionarias, mientras que las empresas privadas se comprometieron en una amplia campaña para brindar apoyo específico a miles de pueblos. Todas estas acciones han ayudado fuertemente a las regiones y grupos empobrecidos a salir de la pobreza y alcanzar la prosperidad, y son un vívido reflejo de cómo toda la nación disfruta conjuntamente de los logros del desarrollo social.

3.3 Siguiendo el hilo del concepto de desarrollo de China en la nueva era

El mundo de hoy está atravesando enormes cambios sin precedentes en el último siglo, acelerados aún más por la propagación de la pandemia de COVID-19 iniciada en 2020. Como resultado nos encontramos ante una mayor tendencia al proteccionismo y al unilateralismo, una economía mundial en recesión, una cadena industrial y de suministro global golpeada por factores ajenos a la economía, y un escenario internacional en profunda reestructuración en términos económicos, tecnológicos, culturales, políticos y de seguridad. En fin, el mundo ha entrado en una etapa de cambios turbulentos. En esta próxima etapa, seguirán apareciendo circunstancias desfavorables a las que no escapará ningún país, por lo que China debe procurar adaptar su idea de desarrollo de acuerdo a las condiciones de la nueva era.

China ya ha entrado en la fase de desarrollo de alta calidad, etapa en la que la principal contradicción social es aquella que hay entre la creciente necesidad del pueblo de una vida mejor y el desarrollo desequilibrado e insuficiente, etapa en la que el PIB per cápita ha alcanzado los $10.000 USD, la tasa de urbanización ha superado el 60% y el grupo poblacional con ingresos medios ha superado las 400 millones de personas, etapa en la que el pueblo tiene cada vez una mayor demanda de una vida mejor. China tiene significativas ventajas institucionales, una gobernanza más eficiente, una economía con crecimiento sostenido, una base material sólida, abundantes recursos humanos, un vasto mercado, un desarrollo fuertemente resiliente, una estabilidad social generalizada y múltiples ventajas y condiciones favorables en aumento. Pero al mismo tiempo, sigue latente el problema del desarrollo desequilibrado e insuficiente, la capacidad de innovación no es suficiente para responder a las demandas del desarrollo de calidad, las bases agrícolas no son lo suficientemente sólidas, la brecha entre las zonas urbanas y rurales en términos de desarrollo regional y de distribución de ingresos es todavía bastante grande, el país tiene aún mucho trabajo por hacer en el área de protección ambiental, no es posible garantizar completamente el nivel de vida de las personas y existen todavía debilidades en la gobernanza social. Por lo tanto, en esta nueva etapa de desarrollo, China debe comprender y abordar dialécticamente la tendencia general del escenario nacional e internacional, y adquirir un entendimiento profundo de las nuevas características y exigencias que trae consigo el desarrollo y la transformación de las principales contradicciones sociales del país, concentrando sus esfuerzos en lograr un desarrollo de mejor calidad, más eficiente, más equitativo, más sostenible y más seguro.

3.3.1 Establecimiento del nuevo patrón de desarrollo basado principalmente en la circulación fluida de la economía nacional

China busca instalar un nuevo patrón de desarrollo, en donde la circulación doméstica sea el pilar, pero que se refuerce mutuamente con la circulación internacional. Este nuevo modelo es congruente con la fase y el entorno actual de desarrollo de China, y responde a la decisión estratégica de remodelar las nuevas ventajas de China en la cooperación y la competencia internacional. En los últimos años, con los cambios en el entorno externo y en la dotación factorial del desarrollo de China, la circulación externa, o en otras palabras, el impulso del mercado y los recursos fuera de China, ha disminuido significativamente, mientras que el potencial de la demanda interna de China sigue en constante liberación. Con esto, su circulación interna adquiere cada vez más vitalidad, y se observa una tendencia concreta de aumento de una circulación contra la disminución de la otra. Objetivamente hablando, el posicionamiento de la circulación interna como protagonista del patrón de desarrollo puede promover mejor el crecimiento económico de China.

Desde la crisis financiera internacional de 2008 en adelante, la economía china inició su transición hacia un modelo centrado en la circulación doméstica, con un superávit por cuenta corriente de un 9,9% del PIB en 2007 que disminuyó a menos del 1% en la actualidad, y una tasa de contribución de la demanda interna al crecimiento económico que superó el 100% en 7 de los años transcurridos. En el futuro, el mercado interno dominará aún más la circulación económica nacional y continuará liberándose el potencial de demanda interna para el crecimiento económico. Por lo tanto, China debe mantenerse firme en su estrategia de reforma estructural por el lado de la oferta, y focalizarse en expandir la demanda interna como base estratégica, procurando que la producción, la distribución, la circulación y el consumo dependan más del mercado interno, y que el sistema de abastecimiento se adapte mejor a la demanda interna, a fin de alcanzar un balance dinámico de nivel superior en el que la oferta y la demanda se impulsen entre sí.

Por supuesto que este nuevo patrón de desarrollo de ninguna manera apunta a convertirse en un ciclo interno cerrado, por el contrario, lo que se busca es una circulación dual abierta nacional e internacional. En efecto, la posición de China en la economía mundial continuará creciendo, los lazos de China con la economía mundial se volverán aún más estrechos y las oportunidades de mercado que ofrece China a los demás países se ampliarán aún más, lo que convertirá al país en un enorme campo gravitacional de atracción de bienes internacionales y recursos claves.

3.3.2 Nuevo impulso al desarrollo mediante la innovación científico-tecnológica

Para alcanzar el desarrollo de alta calidad, debe lograrse un crecimiento orientado a la calidad que sea impulsado por la innovación. Por ello es que China debe mejorar aún más su capacidad de innovación autónoma, para lograr cuanto antes mayores progresos en tecnologías clave. Este es un asunto crucial que concierne al desarrollo del país en general, pero también es la clave para alcanzar el patrón de desarrollo centrado en la circulación interna al que apunta el país.

China debe explotar al máximo la gran ventaja de su sistema socialista de concentrar fuerzas para realizar grandes tareas, y luchar por ganar fortalezas en tecnologías clave y centrales. China tiene un enorme mercado y un completo sistema industrial, lo cual es una ventaja única para fomentar la aplicación masiva y el avance acelerado de nuevas tecnologías, para acelerar la transformación de los logros científico-tecnológicos en fuerzas productivas reales, y para mejorar y proteger la seguridad de su cadena de producción. Las empresas deben ser reconocidas como la fuerza líder de la innovación tecnológica, impulsando la innovación conjunta y la comercialización de los logros científico-tecnológicos, y creando un ecosistema de innovación que integre estrechamente la tecnología, la educación, la industria y la financiación. La investigación básica es la base misma de la innovación, y por lo tanto hay que aumentar la inversión en esta y alentar la persistencia y la exploración a largo plazo y sin temor, y así de esta manera poder sentar las bases para convertir a China en una superpotencia en ciencia y tecnología. Asimismo, China debe aumentar los esfuerzos para capacitar y atraer talentos y equipos de investigación científica de nivel internacional, y debe avanzar más en su reforma sobre las instituciones de investigación científica, a fin de estimular lo más posible a sus investigadores y mejorar en definitiva su productividad en ciencia y tecnología. Finalmente, el país debe adoptar un enfoque abierto a la innovación, aumentando el intercambio y la cooperación internacionales.

3.3.3 Impulsar una nueva vitalidad en el desarrollo mediante la profundización de la reforma

La reforma es la clave para liberar y cultivar las fuerzas productivas sociales y el motor fundamental para el desarrollo de un país. China lleva más de 40 años de reforma, y sus enormes logros han sido reconocidos por el mundo entero. La sociedad está en continuo desarrollo, y las estructuras y mecanismos que regulan las relaciones y actividades sociales también deben ir ajustándose constantemente, pues solo de esta forma se puede cumplir con el imperativo de liberar y desarrollar las fuerzas productivas sociales.

China está entrando en una nueva etapa de desarrollo donde la reforma se enfrenta a distintas y nuevas tareas. En esta etapa, se debe procurar eliminar los obstáculos institucionales subyacentes, para mantener y perfeccionar el sistema socialista con características chinas y modernizar la estructura y capacidad de gobernanza nacional. China debe defender y corregir la innovación, abrir nuevos caminos para ella y buscar decididamente el propio camino de desarrollo futuro. Debe también defender y perfeccionar el sistema económico básico del socialismo, para permitir que el mercado desempeñe un papel decisivo en la asignación de recursos, y utilizar mejor el papel del gobierno para crear un ambiente institucional estable y que permita formar expectativas a largo plazo. Asimismo, debe fortalecer la protección de la propiedad y de los derechos de propiedad intelectual, construir un sistema de mercados con altos estándares, mejorar el sistema para la competencia leal, y estimular el desarrollo y la vitalidad del mercado, a fin de movilizar plenamente todos los factores beneficiosos al desarrollo de las fuerzas productivas sociales.

3.3.4 Creación de nuevas ventajas para la cooperación y competencia internacional mediante una apertura de alta calidad

Actualmente, la sociedad internacional está muy preocupada por el panorama de la globalización económica mundial. Sin embargo, China considera que la comunicación y el intercambio entre países sigue siendo una necesidad objetiva para el desarrollo de la economía mundial. Una de las principales fuerzas que impulsó el desarrollo económico sostenido y acelerado de China ha sido la apertura al exterior. La apertura es una política básica estatal, y China continuará ampliando su apertura de manera integral, creando un mejor sistema económico abierto y formando nuevas ventajas para la cooperación y competencia internacional. Para ello, debe participar activamente en la reforma del sistema de gobernanza económica global, trabajando para optimizarlo, y para hacerlo más justo y razonable.

3.3.5 Nuevas perspectivas en el desarrollo social en base a la construcción, la gobernanza y el disfrute conjuntos

Es un hecho que existen tantos problemas asociados al desarrollo como problemas asociados al no desarrollo. La estructura social de China está atravesando profundos cambios, y el uso de Internet está transformando los modos de interacción entre las personas, provocando profundos cambios en las normas, la mentalidad y las actividades de la sociedad. Durante el período del XIV Plan Quinquenal, la pregunta es cómo adaptarse a estos profundos cambios en la estructura social, las relaciones sociales, los modos de comportamiento social y la mentalidad social, y sobre esta base, cómo alcanzar un empleo pleno y de mayor calidad, cómo construir un sistema de seguridad social integral y sostenible, cómo fortalecer el sistema de salud pública y de control de enfermedades, cómo promover un desarrollo demográfico equilibrado y a largo plazo, cómo fortalecer la gobernanza social, cómo resolver las contradicciones sociales y cómo mantener la estabilidad social. Todo esto requiere de un despliegue de diligente investigación y trabajo.

Una sociedad modernizada debe tener vitalidad y orden, integrados de manera orgánica. Por lo tanto, China debe procurar construir un sistema de gobierno social basado en las ideas de construcción conjunta, gobernanza conjunta y disfrute conjunto, logrando una sinergia positiva entre la gestión gubernamental, las regulaciones sociales y la autodisciplina y bondad ciudadanas. La gobernanza social es de hecho una unidad, donde cada individuo tiene su parte de responsabilidad, cuyo cumplimiento establece una propiedad sobre el resultado. Por ello es que la mejora y la innovación en la gobernanza social de base se vuelven fundamentales. Si todos los miembros de la sociedad gozan de buena salud y vigor, los conflictos y las disputas se resolverán de raíz, lo que en última instancia conducirá a una sociedad armoniosa y estable, construida desde la misma base. Por lo tanto, hay que poner mayor énfasis en mantener la equidad y la justicia social, y en promover el desarrollo integral de las personas y el avance integral de la sociedad.

Capítulo IV

Participación en la Alianza Mundial para el Desarrollo Sostenible

En la actualidad, China está participando activamente en el desarrollo de una alianza mundial, procurando ampliar los puntos de convergencia de los intereses de cada país y promover la coordinación y cooperación entre los países más fuertes, para construir un marco de relaciones que permita una estabilidad general y un desarrollo equilibrado. Paralelamente, está trabajando en profundizar las relaciones con los países vecinos, bajo los principios de "amistad, sinceridad, beneficio mutuo e inclusión" y siguiendo una política diplomática de "buena vecindad", como también en fortalecer la unidad y la cooperación con los demás países en desarrollo, adhiriendo a una correcta concepción de la justicia y los intereses y respetando los principios de "sinceridad, resultados prácticos, afinidad y buena fe". China continúa además promoviendo la cooperación internacional en el marco de la iniciativa de "la Franja y la Ruta", trabajando fuertemente para lograr una mayor coordinación de políticas, una mayor conectividad de la infraestructura, un comercio sin trabas, una mejor integración financiera y vínculos más estrechos entre los pueblos, para engendrar una nueva plataforma de cooperación internacional y dar así un nuevo impulso al desarrollo conjunto. Asimismo, China está aumentando sus esfuerzos en brindar asistencia a los países en desarrollo, especialmente a aquellos menos adelantados, a fin de reducir la brecha de desarrollo entre el norte y el sur. China aboga además por un sistema de comercio multilateral, apoya la creación de zonas de libre comercio y promueve el desarrollo de una economía mundial abierta.

En cuanto a la gobernanza global, China practica la idea de "amplia consulta, desarrollo conjunto y beneficios compartidos", y defiende la democratización de las relaciones internacionales, sosteniendo la premisa de que todos los países son iguales, sean grandes o pequeños, fuertes o débiles, ricos o pobres. Asimismo, apoya a la Organización de las Naciones Unidas para que cumpla un rol más activo en el escenario mundial y para que los países en desarrollo tengan más representación y más derecho a la opinión en los asuntos internacionales. China está actualmente cumpliendo su rol de gran país responsable, participando activamente en el desarrollo y la reforma del sistema de gobernanza global y aportando constantemente su sabiduría y su fuerza[1].

4.1 Contenido de la alianza mundial para el desarrollo sostenible

La idea de alianza mundial para el desarrollo sostenible surge en el momento en el que se fija la meta de desarrollo sostenible post-2015, por lo que ambos conceptos están estrechamente relacionados. La alianza mundial para el desarrollo sostenible es un nuevo tipo de alianza, y su esencia radica en las palabras "desarrollo sostenible". En términos más específicos, es una relación de cooperación para el desarrollo, de carácter global, y que nace de los distintos actores globales que buscan fortalecer la cooperación para el desarrollo internacional, a fin de poder alcanzar los Objetivos de Desarrollo Sostenible de 2030 (ODS). Esta definición puede explicarse desde los siguientes aspectos[2]:

1 Ver Xi Jinping (2020). *Xi Jinping Tan Zhiguo Lizheng Di-san Juan [Xi Jinping: La Gobernación y Administración de China. Volumen III].* Beijing: Waiwen Chubanshe [Editorial de Lenguas Extranjeras], p. 47.

2 ZHU Dan-dan, SUN Jing-ying, XU Qi-yuan (2016). *Chongzhen Kechixu Fazhan de Quanqiu Huoban Guanxi [Revitalizar la Alianza Mundial para el Desarrollo Sostenible].* Beijing: Social Sciences Academic Press (China) [Editorial de la Academia de Ciencias Sociales (China)], p. 25.

En primer lugar, la alianza mundial para el desarrollo sostenible puede ser entendida como la unión entre los ODS y la alianza mundial para el desarrollo. Los ODS son distintos a los objetivos de desarrollo global, por lo tanto, las relaciones de asociación existentes en torno a estos últimos deben adaptarse a las nuevas demandas de la época. La alianza mundial para el desarrollo sostenible ya no es entonces la alianza tradicional por el desarrollo global, sino que es un nuevo tipo de alianza que se adapta a los Objetivos de Desarrollo Sostenible para 2030.

El segundo aspecto son los actores de la alianza mundial para el desarrollo sostenible. La cooperación para el desarrollo internacional es posible gracias a los distintos organismos que la llevan a cabo, y estos son justamente las plataformas o espacios en los que se realizan las acciones por el desarrollo mundial. Estos organismos son de naturaleza diversa, pudiendo ser de carácter bilateral, multilateral a nivel mundial, multilateral a nivel regional, multilateral de tipo trans-regional, y organizaciones no gubernamentales. Los organismos multilaterales a nivel mundial coordinan las relaciones de cooperación multilateral de carácter global, y ocupan una posición central en la cooperación por el desarrollo internacional. Entre estos se incluyen la Organización de las Naciones Unidas, el Banco Mundial, la Organización Mundial del Comercio, el Fondo Monetario Internacional, la Organización para la Cooperación y el Desarrollo Económicos, etc. Los organismos multilaterales a nivel regional se focalizan más en la protección de las relaciones bilaterales o multilaterales al interior de una determinada región, complementando las funciones de los organismos multilaterales a nivel mundial. Ejemplos típicos de estos son los bancos multilaterales de desarrollo, tales como el Banco Asiático de Desarrollo, el Banco Africano de Desarrollo, el Banco Interamericano de Desarrollo, el Banco Asiático de Inversión en Infraestructura, etc. Los organismos multilaterales trans-regionales actúan a escala global y están normalmente compuestos por países con niveles similares de desarrollo económico o de poder general. Ejemplo de estos es el Banco de Desarrollo BRICS. Finalmente, las organizaciones no gubernamentales abarcan grupos de la sociedad civil y empresas privadas (multinacionales). Los grupos dentro de la sociedad civil generalmente acuden a la opinión pública para encontrar soluciones a problemas relacionados con el desarrollo en un área específica y en distintas partes del mundo, como lo hace el Fondo Mundial para la Naturaleza o la Fundación China para el Alivio de la Pobreza. Por su parte, las empresas privadas se concentran en armonizar las relaciones en cada eslabón de la cadena global de valor y constituyen la fuerza de mercado más importante en la cooperación internacional para el desarrollo.

El tercer aspecto es el contenido de la alianza mundial para el desarrollo sostenible. El modelo actual de cooperación por el desarrollo internacional se originó en el Informe Pearson[3], publicado en 1969, el cual sugería que los países desarrollados deben brindar a los países en desarrollo Ayuda Oficial al Desarrollo (AOD), transferencia de tecnología y preferencias comerciales, entre otros tipos de asistencia, a fin de alcanzar el desarrollo conjunto global. Años después, la Declaración del Milenio declaró oficialmente a la "asociación mundial para el desarrollo" en sí como el octavo Objetivo de Desarrollo del Milenio (ODM8), al cual apuntan los siete objetivos restantes. A partir de entonces, la sociedad internacional comenzó a promover la cooperación por el desarrollo internacional y fomentar relaciones sanas y efectivas de asociación mundial para el desarrollo. Los contenidos específicos de la cooperación para el desarrollo internacional fueron definidos por primera vez en el ODM8 arriba mencionado, el cual determina 16 indicadores para 5 temáticas, a saber, la Ayuda Oficial al Desarrollo, el acceso de los países en desarrollo al mercado de los países desarrollados, la sostenibilidad de la deuda de los países en desarrollo, el nivel de acceso a los medicamentos esenciales en los países en desarrollo y el avance de los países en desarrollo en el uso de nuevas tecnologías. Como continuación del ODM8, el objetivo número 17 de los Objetivos de Desarrollo Sostenible de la ONU (ODS) delimitó por primera vez el contenido concreto de la alianza mundial para el desarrollo sostenible, sumando a aquellas cinco temáticas las secciones de finanzas, tecnología, creación de capacidad, comercio internacional y coherencia normativa e institu-

3 Ver PEARSON Lester B (1969). *El Informe Pearson: Nueva Estrategia para un Desarrollo Global. UNESCO.* El informe propone que los países desarrollados utilicen el 0,7% de su INB anual como AOD para ayudar a los países en desarrollo.

El 24 de septiembre de 2019, el representante especial del presidente Xi Jinping, consejero de Estado y ministro de relaciones exteriores, Wang Yi, asistió a la Cumbre sobre los Objetivos de Desarrollo Sostenible, celebrada en la sede de la ONU en Nueva York. La imagen muestra a Wang Yi tomando la palabra.

cional (cuestiones sistemáticas). Específicamente hablando, la sección de finanzas abarca las áreas de ayuda oficial al desarrollo, sostenibilidad de deuda de los países en desarrollo (alivio, reestructuración de deuda) y promoción de inversiones en países en desarrollo; la sección de tecnología abarca la cooperación en materia de tecnología, el acceso y la transferencia de tecnología; la sección de comercio internacional se refiere principalmente a la construcción de un sistema de comercio multilateral y la Ronda de Doha, las exportaciones de los países en desarrollo y su acceso al mercado; y la coherencia normativa e institucional se refiere a la coordinación entre políticas de desarrollo y políticas macroeconómicas, el establecimiento de alianzas para el desarrollo sostenible entre múltiples interesados y la mejora de la capacidad estadística y de supervisión de los países en desarrollo. Dentro del objetivo 17 de los ODS de la ONU, el tema más desarrollado y completo es el de la alianza para el desarrollo sostenible.

4.1.1 Medios de implementación de la alianza mundial para el desarrollo sostenible

Los medios de implementación de la alianza mundial para el desarrollo sostenible abarcan los cinco aspectos arriba mencionados, a saber, finanzas, comercio internacional, creación de capacidad, cooperación tecnológica y coherencia normativa e institucional. Entre ellos, la creación de capacidad para el desarrollo, esto es, la mejora de la capacidad de producción, es el objetivo más crucial y primordial de la alianza mundial para el desarrollo sostenible, porque es la meta final a la que apunta la inversión de recursos y de tecnologías, como también el origen y la base misma para el intercambio. Para la gran mayoría de los países en desarrollo que reciben ayuda del exterior, esta última solo puede resolver de manera temporal sus problemas de escasez de fondos, pues en el largo plazo, lo único que les permitirá terminar definitivamente con su dependencia hacia ella y lograr el desarrollo autónomo, es el cultivo y la mejora de su propia capacidad de desarrollo.

Ahora bien, los países en desarrollo difícilmente puedan lograr por sus propias fuerzas y en el corto plazo mejorar rápidamente su capacidad de desarrollo. Por ello es que el punto de partida de la alianza mundial por el desarrollo sostenible es brindar a los países en desarrollo todo tipo de apoyo, incluido el apoyo financiero y tecnológico, proporcionando el soporte material para que estos puedan mejorar su capacidad de producción. En este contexto, el apoyo financiero viene a resolver los problemas de las fuentes y la inversión de fondos para la cooperación por el desarrollo internacional, y abarca la ayuda para el desarrollo internacional, la inversión extranjera directa (IED) y el alivio de deuda, entre otros. Por su parte, el apoyo tecnológico consiste en la transferencia de tecnología de los países desarrollados a los países en desarrollo y la cooperación entre ambos en materia de tecnología. Estos dos factores, a saber, financiación y tecnología, son la premisa y la base para resolver los demás problemas de creación de capacidad, comercio y coherencia normativa. El proceso de creación de capacidad de desarrollo es justamente un proceso de transformación de la inversión en producción. Una vez obtenido el producto, este ingresa al mercado para ser intercambiado, y si el proceso trasciende las fronteras, entonces entra en juego el comercio internacional. El comercio internacional existe por un lado para el intercambio de productos para complementar mutuamente las carencias entre los países, satisfaciendo la necesidad de consumo del propio país. Pero por otro lado, el comercio internacional tiene una función aún más importante, y es que puede generar ingresos en divisas y atraer tecnología extranjera avanzada, lo que le permite a los países satisfacer las necesidades técnicas y de capital para su futura creación de capacidad de desarrollo.

Dentro de toda la cadena que implica la asociación para el desarrollo sostenible, el factor de sistematicidad, que abarca la coordinación de políticas entre todos los países, la diversidad de las relaciones de alianza y la supervisión y rendición de cuentas, atraviesa cada uno de los cuatro eslabones arriba mencionados, permitiendo su operatividad efectiva. Ahora bien, hay que saber manejar correctamente la interrelación entre la sistematicidad y los otros cuatro eslabones.

En primer lugar está la relación entre la sistematicidad y la financiación. Para garantizar que haya suficientes fuentes de financiación para asistencia internacional, es necesario captar la participación de distintos tipos de organismos, lo cual significa diversificar las relaciones de alianza. En otras palabras, no alcanza simplemente con que los países desarrollados cumplan con sus compromisos de asistencia internacional, sino que además hay que movilizar a las demás partes para que incrementen los fondos de ayuda, procurando, por ejemplo, captar aportes de las distintas ONG. Al mismo tiempo, para garantizar el aprovechamiento efectivo de los fondos de asistencia, se debe ejercer una correcta supervisión sobre sus fuentes y su utilización. Por otro lado, en lo que respecta a la sostenibilidad de la deuda de los países en desarrollo, cuando de alivio y reestructuración de deuda se trata, la coordinación y negociación entre los acreedores se vuelve un tema esencial, de lo contrario puede llegarse a un dilema de acción colectiva. Así es como surgen numerosas regulaciones y métodos internacionales para coordinar dichas negociaciones. Asimismo, para asegurar que los acuerdos referidos al alivio o reestructuración de deuda sean razonables y efectivos, es naturalmente indispensable contar con sistemas de recopilación, estadísticas, análisis y monitoreo de datos, y es también esencial el establecimiento de un esquema para la rendición de cuentas, que sirva como garantía.

En segundo lugar está la relación entre la sistematicidad y la cooperación en tecnología. Hay tres modos de cooperación en materia de tecnología, a saber, cooperación Norte-Sur, cooperación Sur-Sur y cooperación triangular. De estas tres, la última es la que más requiere de la coordinación entre los países desarrollados, las economías emergentes y los países en desarrollo. Por otro lado, el desarrollo y la transferencia de tecnología también precisa de una cooperación diversificada, ya que requiere del intercambio entre distintos países y distintos organismos gubernamentales, instituciones de investigación, universidades y empresas.

En tercer lugar está la relación entre la sistematicidad y el comercio internacional. El sistema de comercio multilateral está construido sobre la base de negociaciones multilaterales y reglas internacionales. Las negociaciones multilaterales son en sí un tipo de coordinación internacional, ya que tanto para la formulación de reglas como para su aplicación, se requiere de la coordinación entre los distintos países. Por otro lado, si bien las negociaciones comerciales internacionales y la elaboración de las reglas son acciones propias de los países, la ejecución del comercio internacional es una acción del mercado, una acción que realizan las empresas, y especialmente las compañías transnacionales, lo que demuestra que el comercio internacional también requiere de una participación diversificada. Asimismo, la OMC realiza también supervisiones y evaluaciones periódicas, rotativas y exhaustivas sobre las políticas y prácticas económicas de los países miembro y su influencia en el funcionamiento del sistema de comercio multilateral, a fin de aumentar la transparencia de esas políticas y medidas comerciales y presionar para que los países miembro cumplan con sus compromisos y respeten mejor las reglas internas de la Organización. Esta práctica exige a su vez a todos los países, y especialmente a los países en desarrollo, que establezcan y mantengan sus sistemas de estadísticas y datos económicos. En fin, la sistematicidad no solo impulsa el avance de los sectores de financiación, tecnología y comercio internacional, sino que también permite a los países en desarrollo mejorar su capacidad de desarrollo, promoviendo en consecuencia la creación de capacidad para el desarrollo a nivel mundial.

4.1.2 Los cinco medios de implementación

Financiación

Según un informe del Banco Mundial, para 2024 la brecha de infraestructura global alcanzará los 100 billones de USD, por lo que será imposible satisfacer las enormes demandas de inversión en infraestructura de los países en desarrollo si se apoyan únicamente en el sistema de instituciones financieras internacionales existentes. Por ello es que es sumamente urgente abrir cuanto antes nuevas fuentes para aumentar la oferta de fondos para la cooperación por el desarrollo internacional.

En términos generales, existen tres tipos de medidas relacionadas a los fondos para garantizar el desarrollo de los países en desarrollo[4]:

(1) Ayuda Oficial al Desarrollo

En lo que respecta a la AOD, "los proveedores de asistencia oficial para el desarrollo reafirman sus compromisos respectivos, incluido el compromiso de numerosos países desarrollados de destinar el 0,7% de su ingreso nacional bruto a la asistencia oficial para el desarrollo de los países en desarrollo y entre un 0,15% y un 0,2% de su ingreso nacional bruto a la asistencia oficial para el desarrollo de los países menos adelantados." El objetivo de destinar el 0,7% del INB a la asistencia oficial para el desarrollo es sin duda una tarea sumamente difícil de cumplir para los 24 países desarrollados de CAD/OCDE[5], si se tiene en cuenta que su porcentaje actual es de tan solo un 0,3%, aproximadamente. Asimismo, si bien este objetivo cuantificado está dirigido a los países desarrollados, esto no significa que los demás países proveedores de asistencia, y en especial los países emergentes, puedan desligarse de la

4 ZHU Dan-dan, SUN Jing-ying, XU Qi-yuan (2016). *Chongzhen Kechixu Fazhan de Quanqiu Huoban Guanxi [Revitalizar la Alianza Mundial para el Desarrollo Sostenible].* Beijing: Social Sciences Academic Press (China) [Editorial de la Academia de Ciencias Sociales (China)], p. 31.

5 CAD/OCDE es el Comité de Ayuda al Desarrollo de la Organización para la Cooperación y el Desarrollo Económico. El CAD se estableció en el año 1960 como el organismo central bajo la coordinación de la OCDE responsable de coordinar la asistencia oficial para el desarrollo a los países en desarrollo. Está compuesto por 30 países.

responsabilidad de prestar ayuda internacional. Todo lo contrario, cuando la asistencia prestada por los países desarrollados es insuficiente, los demás países pasan a tener un mayor protagonismo, y en consecuencia, aumentan las expectativas de la comunidad internacional para con ellos.

(2) Inversión extranjera

El objetivo número 17 de los ODS de la ONU no se explaya demasiado sobre la inversión extranjera, limitándose a mencionar que "hay que adoptar mecanismos de impulso a la inversión extranjera en los países menos adelantados". Si la Ayuda Oficial al Desarrollo utiliza el poder de los gobiernos para proveer fondos preferenciales a los países en desarrollo, la inversión extranjera utiliza la fuerza del mercado para atraer fondos y tecnología para el desarrollo. Ambas formas garantizan la provisión de fondos para el desarrollo desde el lado de la "apertura de nuevas fuentes".

(3) Sostenibilidad de la deuda

El objetivo 17 de los ODS de la ONU insta a "ayudar a los países en desarrollo a lograr la sostenibilidad de la deuda a largo plazo con políticas coordinadas orientadas a fomentar la financiación, el alivio y la reestructuración de la deuda, según proceda, y hacer frente a la deuda externa de los países pobres muy endeudados a fin de reducir el endeudamiento excesivo". Desde las décadas de 1980 y 1990, la deuda pública aumentó enormemente, y con ella comenzaron también a crecer los riesgos de incumplimiento. El incumplimiento de pago de la deuda por parte de países soberanos trae consigo una serie de graves problemas, afectando no solo al desarrollo económico del propio país, sino también al de otros países y regiones. Las grandes deudas extranjeras y las pesadas cargas que se deben asumir por ellas son parte de las razones por las cuales los países en desarrollo quedan sumidos en la pobreza por largo tiempo. Ante esto, las medidas de alivio y reestructuración de la deuda vienen a ayudar a los países en desarrollo a afrontar la escasez de fondos desde el punto de vista de la "reducción de gastos". Particularmente, las medidas de alivio de deuda consisten en reducir directamente el monto de deuda del país deficitario, estipulando los planes de ajustes estructurales correspondientes; mientras que la reestructuración de la deuda consiste fundamentalmente en aliviar la deuda ajustando los plazos y las condiciones de pago. Actualmente existen a nivel in-

El 24 de abril de 2004, mientras se celebraban las Reuniones de Primavera del FMI y el Grupo Banco Mundial, un grupo de personas se manifestaba en las calles de Washington, protestando en contra de las injusticias de la globalización económica que aumenta la brecha entre los países ricos y pobres, y exigiendo el alivio de la deuda para los países más pobres.

ternacional varios programas de alivio y reestructuración de deuda que permiten a los países en desarrollo aliviar en cierto nivel las cargas por sus deudas, impidiendo la explosión y expansión de una crisis de deuda. Los programas más importantes de alivio de deuda son la Iniciativa Países Pobres Altamente Endeudados (HIPC, por sus siglas en inglés) y la Iniciativa Multilateral de Alivio de la Deuda (MDRI, por sus siglas en inglés); y los programas más importantes de reestructuración de deuda son el Club de París, el Club de Londres y las Cláusulas de Acción Colectiva (CACs).

Tecnología

La alianza mundial para el desarrollo sostenible plantea las siguientes metas en el área de tecnología:

(1) Intercambio de conocimiento. En este sentido, se propone

"mejorar la cooperación regional e internacional Norte-Sur, Sur-Sur y triangular en materia de ciencia, tecnología e innovación y el acceso a estas, y aumentar el intercambio de conocimientos en condiciones mutuamente convenidas, incluso mejorando la coordinación entre los mecanismos existentes, en particular a nivel de las Naciones Unidas, y mediante un mecanismo mundial de facilitación de la tecnología."

(2) Transferencia de tecnología. En cuanto esto, se estipula "promover el desarrollo de tecnologías ecológicamente racionales y su transferencia, divulgación y difusión a los países en desarrollo en condiciones favorables, incluso en condiciones concesionarias y preferenciales, según lo convenido de mutuo acuerdo."

(3) Aplicación de tecnología. En este sentido, se insta a "poner en pleno funcionamiento, a más tardar en 2017, el banco de tecnología y el mecanismo de apoyo a la creación de capacidad en materia de ciencia, tecnología e innovación para los países menos adelantados y aumentar la utilización de tecnologías instrumentales, en particular la tecnología de la información y las comunicaciones."

Actualmente, el mayor problema en el área de tecnología es la transferencia, sobre todo la transferencia de tecnologías ecológicamente racionales. Los países desarrollados tienen una responsabilidad histórica sobre la contaminación ambiental (especialmente sobre las emisiones de gases de efecto invernadero) y sobre la pobreza de los países en desarrollo, por lo que tienen la obligación de transferir tecnologías a estos últimos en condiciones preferenciales. No obstante, lo que sucede es que generalmente utilizan los derechos de propiedad intelectual como excusa para negarse a transferir tecnologías, o si lo hacen, es bajo condiciones sumamente exigentes. La sociedad internacional ha llamado varias veces a quitar las múltiples restricciones existentes, pero la realidad es que en los hechos, este pedido es muy difícil de cumplirse. A modo de ejemplo, en el área de tecnologías de la información y comunicaciones, es sabido que Internet es una herramienta fundamental para el desarrollo, sin embargo, para fines de 2018, si bien más de la mitad de la población mundial (alrededor de 3.900 millones de personas) tenía acceso a Internet, en los países desarrollados, este porcentaje era de más del 80%, mientras que en los países en desarrollo y en los países menos adelantados, los porcentajes eran del 45% y 20%, respec-

Desde el lanzamiento del programa de cooperación técnica para la formación profesional agrícola en Etiopía con la ayuda de China en 2001, se han capacitado más de 50.000 talentos en el área, y gracias a ello Etiopía ha ido estableciendo poco a poco su sistema de formación agrícola adaptado a las propias condiciones nacionales.

tivamente. Asimismo, la calidad de las tecnologías de la información y de las comunicaciones en los países en desarrollo era por lejos mucho peor que la de los países desarrollados[6].

Al día de hoy, el principal modo de cooperación en materia de tecnología sigue siendo la cooperación Norte-Sur. No obstante, las organizaciones internacionales también juegan un importante rol y en los últimos años la cooperación Sur-Sur ha empezado a ganar participación. Dentro de las organizaciones internacionales, las más conocidas y con mayor cantidad de actividades de cooperación tecnológica son el Banco Mundial y el Programa de las Naciones Unidas para el Desarrollo. El primero aspira a convertirse en un "banco de conocimiento", el se-

6 Organización de las Naciones Unidas (2019), *Informe de los Objetivos de Desarrollo Sostenible 2019.* Nueva York, p. 57 <https://unstats.un.org/sdgs/report/2019/The-Sustainable-Development-Goals-Report-2019.pdf>.

gundo es la institución más grande en el mundo de asistencia técnica multilateral. Los tipos de cooperación tecnológica más comunes en las organizaciones internacionales son servicios de análisis y consulta, asistencia técnica e implementación y gestión de proyectos de demostración, mientras que la cooperación tecnológica entre los países desarrollados incluye asistencia técnica, envío de especialistas, capacitaciones, proyectos especiales y colaboración entre instituciones de investigación científica y universidades, entre otras. Por su parte, la cooperación Sur-Sur en materia de tecnología no se limita únicamente a los países en desarrollo, por el contrario, en la mayoría de los casos intervienen también los países desarrollados y, sobre todo, las organizaciones internacionales. Por lo tanto, podría decirse que hay tres formas de cooperación del tipo Sur-Sur, a saber: cooperación bilateral Sur-Sur, cooperación triangular Sur-Organizaciones Internacionales-Sur, y cooperación triangular Sur-Norte-Sur.

Creación de capacidad

Para poder garantizar la sostenibilidad y la efectividad de los programas de desarrollo, los países en desarrollo deben contar con una buena capacidad para elaborarlos e implementarlos. La creación de capacidad consiste entonces en acudir a métodos tales como capacitación de personal, consultoría de políticas o asistencia técnica, para ayudar a los países en desarrollo a crear un régimen óptimo que les permita mejorar su capacidad de elaboración e implementación de políticas de desarrollo. Para ello, hay que "aumentar el apoyo internacional para realizar actividades de creación de capacidad eficaces y específicas en los países en desarrollo, a fin de respaldar los planes nacionales de implementación de todos los Objetivos de Desarrollo Sostenible, incluso mediante la cooperación Norte-Sur, Sur-Sur y triangular". En línea con esto, el Banco Mundial, el FMI y la ONU han establecido instituciones o grupos de trabajo específicamente destinados a la creación de capacidad de los países en desarrollo. El método más importante de creación de capacidad es la capacitación de talentos, especialmente la capacitación del personal de los organismos públicos para planificar, implementar y gestionar procesos de desarrollo de manera sostenible. Esto es algo a lo que las organizaciones internacionales prestan mucha atención.

Comercio

Oponerse al proteccionismo comercial, promover la liberalización del comercio y construir un sistema comercial multilateral equitativo, transparente y sin discriminación, han sido siempre el objetivo fundamental de la gobernanza comercial global. Sobre esto, el objetivo 17 de los ODS de la ONU da un paso más adelante, estipulando "promover un sistema de comercio multilateral universal, basado en normas, abierto, no discriminatorio y equitativo en el marco de la Organización Mundial del Comercio, incluso mediante la conclusión de las negociaciones en el marco del Programa de Doha para el Desarrollo". Para alcanzar este objetivo, se deben considerar y resolver los siguientes tres problemas en las relaciones de asociación comercial mundial. El primero es la elaboración de reglas de comercio multilateral. Las reglas de comercio multilateral son la base legal fundamental para garantizar que el comercio internacional pueda desarrollarse en orden, y su elaboración se logra mediante negociaciones y diálogos multilaterales que permitan crear un marco de disposiciones razonables para el comercio de servicios y bienes, a fin de normalizar las actividades de comercio internacional de todos los países y evitar los conflictos. Actualmente, la principal tarea es reactivar y continuar las negociaciones de la Ronda de Doha, para convertirla en la plataforma de elaboración de reglas comerciales. El segundo problema es acabar con el proteccionismo comercial, y promover la facilitación y liberalización del comercio, esto es, "lograr la consecución oportuna del acceso a los mercados libre de derechos y contingentes de manera duradera para todos los países menos adelantados, conforme a las decisiones de la Organización Mundial del Comercio". Finalmente, el tercer problema a resolver es "aumentar significativamente las exportaciones de los países en desarrollo, en particular con miras a duplicar la participación de los países menos adelantados en las exportaciones mundiales de aquí a 2020."

Cuestiones sistemáticas

Las cuestiones sistemáticas de la alianza mundial para el desarrollo sostenible abarcan tres aspectos: uno referido a la coherencia normativa e institucional, otro referido a la diversidad en las relaciones, y otro referido a los datos, el monitoreo y la rendición de cuentas.

La coherencia normativa e institucional apunta fundamentalmente a unificar o mejorar la coordinación entre las políticas de desarrollo sostenible y las políticas macroeconómicas de los distintos países, sea entre los países desarrollados y las economías emergentes, como entre estos dos y los países en desarrollo más empobrecidos, situación en la que entra en discusión el problema sobre el derecho a liderar el desarrollo de una gran parte de los países en desarrollo. En un mundo donde la economía está globalizada, las políticas macroeconómicas de un país (especialmente de un gran país en proceso de apertura) generalmente provocarán un fuerte "efecto de transferencia" o "efecto de derrame", afectando inevitablemente el desarrollo macroeconómico de otros países, de la misma manera que las políticas económicas de un país extranjero afectan la macroeconomía interna de otro país. Por lo tanto, para alcanzar el objetivo de desarrollo sostenible a nivel mundial es sumamente necesario y urgente la coordinación entre las políticas de desarrollo sostenible y las políticas macroeconómicas de todos los países. Luego de la crisis financiera mundial del 2008, la importancia de la coherencia de las políticas económicas globales ha sido destacada una y otra vez en todas las cumbres del G20. No obstante, el G20 se preocupa principalmente de la coherencia en las políticas macroeconómicas (políticas fiscales, monetarias o cambiarias), sin mencionar la coherencia en las políticas referidas al desarrollo. Durante mucho tiempo, en lo que respecta a las políticas y acciones para el desarrollo, los países desarrollados y las economías emergentes han actuado según sus propias reglas y prácticas, sin coordinación o cooperación recíproca. Esta situación no solo afecta la efectividad de las acciones que dichos países tomen hacia el exterior, sino que también afecta, y en mayor medida, a los países receptores de asistencia, provocándoles costos administrativos extraordinarios. Asimismo, a la hora de desplegar actividades para el desarrollo, los países proveedores de asistencia suelen desestimar el derecho de participación y autonomía de los países receptores, convirtiéndose a veces en "anfitriones" en territorio donde deberían ser "huéspedes". Esto también disminuye fuertemente los resultados de las acciones exteriores para el desarrollo. Por todo esto es que es imperante procurar la unificación y la coherencia entre las políticas de desarrollo de todos los países.

En cuanto a la diversificación de las relaciones de asociación para el desarrollo, esta se refiere a la movilización de todas las partes interesadas en pos de crear relaciones de asociación efectivas entre los sectores público y privado y relaciones dentro de la sociedad civil, en las que se compartan conocimiento, habilidades, tecnologías y fondos, a fin de ayudar a todos los países, en especial a los países en desarrollo, a alcanzar sus objetivos de desarrollo sostenible.

Finalmente, en lo que respecta a los datos, el monitoreo y la rendición de cuentas, la creación de un sistema que asuma estas tres tareas es en sí una forma de creación de capacidad. Siempre que se defina un objetivo de desarrollo, será necesario establecer para este un sistema de monitoreo, evaluación y rendición de cuentas, pues solo así se puede tener una medida clara de las diferencias entre los países, sobre la cual cada país puede posteriormente reajustar y mejorar sus políticas de desarrollo según corresponda, y alcanzar eventualmente sus objetivos preestablecidos. Pero al mismo tiempo, la base de todo sistema de monitoreo y rendición de cuentas es la obtención de datos, y justamente por ello es que el objetivo 17 de los ODS de la ONU estipula claramente que hay que ayudar a los países en desarrollo a crear capacidad estadística y de contabilidad, de manera tal que puedan obtener oportunamente datos fiables y de calidad.

4.1.3 La alianza mundial para el desarrollo sostenible desde la perspectiva de la gobernanza global

En una era en la que la interdependencia entre los países ha alcanzado niveles sin precedentes, la humanidad se encuentra ante problemas globales cada vez más apremiantes. Guerra y paz, estabilidad del comercio y el sistema financiero internacional, cambio climático, seguridad cibernética, estos y muchos más son todos problemas de carácter global, y tienen una particularidad en común: su influencia tiene alcance mundial, y para darles solución, es necesaria la cooperación entre todos los países del mundo. En este sentido, la gobernanza global es una perspectiva adecuada para analizar la alianza mundial para el desarrollo sostenible. En el mundo de hoy, los problemas globales están todavía lejos de haber encontrado solución, por lo tanto, construir una alianza mundial para el desarrollo sostenible es, en esencia, construir un sistema de gobernanza global razonable, que permita formar relaciones de asociación pacíficas, estables y de beneficios mutuos y compartidos, que sirvan de base para resolver los problemas actuales de desarrollo y para promover el avance del mundo hacia un desarrollo más razonable.

No obstante, hay que entender que si bien la solución de estos problemas en teoría beneficia a todos los países, la sociedad humana aún no ha dado con el "plan óptimo" para resolverlos, y está lejos de hacerlo. Aquí aparece entonces una paradoja, y es que las cosas que benefician a todos generalmente son más difíciles de lograr, o dicho de otra manera, la presencia de intereses comunes a toda la humanidad no necesariamente garantiza que todos los países se pongan de acuerdo para resolver los problemas globales.

La razón por la cual estos problemas arriba mencionados siguen sin resolverse, es que la humanidad vive en un mundo en donde no hay un gobierno mundial. Cuando se trata de cada país, un gobierno nacional eficiente puede recaudar impuestos obligatorios para resolver sus problemas internos, haciendo que cada organismo gubernamental o autoridad de seguridad pública cumpla con su obligación de proveer bienes públicos a nivel doméstico. Pero en el escenario internacional, cada país es una entidad soberana, y la soberanía es algo que por principios no puede ser violada. Es lógico que cada país busque maximizar sus propios intereses, y en teoría no hay nada de malo en ello, pero en un mundo en el que los recursos escasean y en el que existe un enorme efecto derrame y múltiples factores externos, es inevitable que surjan conflictos de intereses entre los países.

No obstante, los obstáculos para una gobernanza mundial efectiva no son solo los conflictos de intereses, sino que también se relacionan estrechamente con una característica propia de la gobernanza global misma. Gobernanza global es la provisión suficiente y efectiva de bienes públicos que sirven para resolver los problemas globales, por ejemplo, las reglas internacionales de cada país o los regímenes globales. Aquí el problema central es que proveer bienes públicos mundiales tiene su costo. En general se procura buscar puntos comunes, manteniendo las diferencias, lo cual se traduce al lenguaje de la economía como "pagar un costo". En cuanto se llega al punto en que cada país debe colaborar con su aporte, o dicho de otra manera, en cuanto se trata de dividir costos y distribuir beneficios, inmediatamente surge el dilema de acción colectiva. Teniendo en cuenta que el disfrute de los bienes públicos no es excluyente, todos desean disfrutar de brazos cruzados los resultados obtenidos gracias a los aportes de los demás. De esta manera, la oferta de bienes públicos es naturalmente insuficiente. En su libro *La Lógica de la Acción Colectiva*, Olson discute justamente este problema.

Ante la ausencia de un gobierno mundial, puede decirse que el orden internacional actual es de carácter endógeno. Todos los países esperan disfrutar de los bienes públicos globales, pero este interés común no necesariamente desencadena acciones colectivas que beneficien a todos. Considerando además que cada país difiere de los demás en tamaño y poder, y que tiene distintos grados de interés en los bienes públicos mundiales, los incentivos efectivos o "compatibles" en el mundo real son generalmente selectivos. En efecto, el orden global y los regímenes internacionales son en su mayoría no neutrales, y un mismo régimen representa distintas cosas para distintos países.

En la construcción de la alianza mundial para el desarrollo sostenible, el contenido de esta se concentra en 5 palabras clave: igualdad, democracia, cooperación, responsabilidad y normas.

La igualdad es la base sobre la que se construye la alianza para el desarrollo sostenible. Conforme los problemas globales se intensifican, todos los países y actores del mundo se van incorporando, sea activa o pasivamente, al proceso de desarrollo sostenible, y al enfrentar problemas y desafíos comunes, la sociedad humana va poco a poco constituyéndose en una comunidad con destino compartido. En un mundo en donde no hay un gobierno mundial, todos los actores tienen una participación equitativa en el proceso de desarrollo sostenible, y ninguna parte debe ponerse por encima de la otra. China siempre ha defendido la idea de que todos los países son iguales, sean grandes o pequeños, fuertes o débiles, ricos o pobres, y considera que todos los miembros de la sociedad internacional deben ser tratados como iguales, de la misma manera que se exige la igualdad entre los sujetos.

La democracia es un valor primordial dentro de la formación de la alianza para el desarrollo sostenible. El desarrollo sostenible es una tarea que involucra a toda la humanidad, y está estrechamente ligado a los intereses de los pueblos de cada país. Por esto es que la equidad y la justicia se han convertido en los nobles objetivos que persiguen todos los que participan en el desarrollo sostenible. Pero la realidad es que en el proceso de desarrollo global, la equidad y la justicia están todavía muy lejos de alcanzarse, pues en el plano internacional existen todavía órdenes económicos y estructuras económicas irracionales. Ante esta situación, China siempre ha defendido la democratización de las relaciones internacionales, abogando por que el destino del planeta quede en manos de todos los pueblos, y por que los asuntos mundiales sean resueltos mediante discusión y consulta entre los gobiernos y pueblos de cada país. Y es que sin una consulta democrática, la agenda para el desarrollo sostenible caerá nuevamente en el formato del antiguo orden económico internacional, convirtiéndose en una herramienta para que unos pocos países monopolicen los asuntos internacionales. De esta manera, no habrá acción que alcance el éxito.

La cooperación es el principal camino para forjar la alianza mundial para el desarrollo sostenible. Los problemas ligados al desarrollo sostenible tienen un alcance muy amplio, un impacto muy negativo, y en su mayoría son asuntos muy serios que conciernen a la existencia y el desarrollo de toda la humanidad. La solución a estos problemas excede totalmente la capacidad de uno o algunos países, por lo que se necesita del esfuerzo conjunto de todo el planeta para afrontarlos. Es preciso entonces buscar puntos comunes de interés o un máximo común divisor, que contengan la sabiduría y la creatividad de cada una de las partes, haciendo cada una lo que más sepa y pueda hacer. Solo así podrá alcanzarse una gobernanza cuyos frutos beneficien a toda la humanidad. Ahora bien, esta cooperación no es cerrada y excluyente, por el contrario, es una cooperación abierta, con beneficios recíprocos y compartidos, y cualquier país o grupo que tenga la voluntad puede unirse a este proceso.

El crecimiento económico es un contenido central dentro de la formación de la alianza mundial para el desarrollo. La base y respaldo del desarrollo sostenible es el crecimiento económico sostenido y estable, que a su vez impulsa la realización de los 17 ODS. Un desarrollo sostenible desvinculado del crecimiento económico es como agua sin manantial o árbol sin raíz. El crecimiento económico permite ampliar constantemente las fuentes de toda riqueza, y dentro de esta dinámica se persigue el desarrollo, logrando la erradicación de la pobreza, la igualdad de género, la protección ambiental, y otros objetivos de múltiples dimensiones. China ha reafirmado expresamente su posición estratégica de gran país responsable, y se está convirtiendo actualmente en un participante constructivo dentro de la alianza mundial para el desarrollo sostenible. Esto refleja plenamente la responsabilidad de China y otros miembros de la comunidad internacional de abordar conjuntamente los problemas globales y salvaguardar los intereses comunes de la humanidad.

Finalmente, las normas son la forma principal en la que se manifiesta la construcción de la alianza mundial para el desarrollo sostenible. En última instancia, la participación de los países del mundo en el desarrollo sostenible debe definirse y materializarse mediante ciertas normas o mecanismos internacionales. Consolidar y proteger el orden actual de los acuerdos económicos internacionales, multilaterales, plurilaterales y bilaterales no solo ayuda a reducir los costos de transacción dentro de la división del trabajo internacional, sino también a disipar la incertidumbre en las acciones y los resultados, al tiempo que constituye un incentivo contundente y positivo para llevar a cabo los objetivos de desarrollo sostenible. El derecho a opinión de los países dentro del proceso de desarrollo sostenible también se refleja fundamentalmente en el derecho a formular, interpretar e implementar las normas internacionales.

4.2 Hacia una economía mundial innovadora, fortalecida, interconectada e inclusiva

La economía mundial ha llegado nuevamente a un momento crítico. Los principales motores del crecimiento económico global de las últimas décadas, incluido el progreso tecnológico, el crecimiento poblacional y la globalización económica, han entrado en una etapa de cambio de marcha, con una significativa disminución de su rol impulsor de la economía mundial. El crecimiento provocado por la ola anterior de progreso tecnológico ha ido gradualmente perdiendo inercia, mientras que la nueva ola de progreso tecnológico y de revolución industrial todavía no gana el impulso que necesita. Asimismo, las principales economías han ido entrando poco a poco en una etapa de aumento del envejecimiento poblacional y disminución de la tasa de crecimiento de la población, lo cual trae consigo grandes presiones económicas y sociales. La globalización económica por su parte avanza de manera zigzagueante, con una tendencia proteccionista y aislacionista en aumento, y un sistema de comercio multilateral golpeado, y en cuanto al sector financiero, si bien la reforma en la regulación financiera ha tenido importantes avances, existen todavía grandes riesgos de burbujas y apalancamientos. Ante este escenario, la gran pregunta para los países sigue siendo cómo lograr que el mercado financiero mantenga su estabilidad y pueda al mismo tiempo servir eficientemente a la economía real.

Todos estos factores hacen que la tendencia general de recuperación de la economía mundial se vea todavía amenazada por múltiples riesgos y desafíos tales como la insuficiencia de impulso al crecimiento, la disminución de la demanda, la volatilidad del mercado financiero y la caída sostenida de la inversión y el comercio internacional. Ante estos desafíos, los países deben trabajar más en la coordinación de sus políticas macroeconómicas, juntando sus fuerzas para impulsar el crecimiento económico global y mantener la estabilidad financiera. Es preciso que cada país adopte políticas macroeconómicas más completas, abarcando políticas de reforma fiscal, monetaria y estructural, y que se aúnen los esfuerzos para incrementar la demanda global, para mejorar integralmente la calidad de la oferta, para consolidar las bases del crecimiento económico y seguir fortaleciendo la coordinación de políticas, a fin de minimizar los efectos de desborde negativos.

Por otro lado, los países deben innovar en sus modos de desarrollo y explorar nuevos factores de impulso para el crecimiento, procurando prestar igual atención a las políticas de corto plazo como a las de mediano y largo plazo, y dar igual importancia a la gestión por el lado de la demanda y a la reforma por el lado de la oferta. Los nuevos modos de desarrollo basados en la innovación, la reforma estructural, la nueva revolución industrial y la economía digital deben abrir nuevos caminos a la economía mundial, y permitirle a esta expandir sus límites.

Es preciso que todos los países trabajen para construir una economía mundial abierta, que siga fomentando la facilitación y la liberalización del comercio y de las inversiones. Hay que aprovechar plenamente el efecto de radiación y el papel impulsor de la intercomunicación de infraestructuras, y ayudar a los países en desarrollo y a las pequeñas y medianas empresas para que puedan tener una mejor participación en la cadena de valor, de manera que la economía mundial sea más abierta, con más intercambio y fusión entre sus participantes.

En el mundo de hoy, es preciso que cada país implemente la Agenda 2030 para el Desarrollo Sostenible, promoviendo el desarrollo inclusivo. Según las estadísticas, el coeficiente GINI a nivel mundial ha llegado a 0,7 aproximadamente, traspasando la reconocida "línea de peligro" de 0,6. Esta situación debe despertar la atención de todos los países del mundo[7]. El desarrollo debe colocarse en la posición más prominente de toda agenda global, y los países deben elaborar e implementar conjuntamente los planes de acción para la Agenda 2030 para el Desarrollo Sostenible. Asimismo, se debe reducir la desigualdad y el desequilibrio del desarrollo mundial mediante el apoyo a los esfuerzos de industrialización de África y los países menos adelantados, mejorando el acceso a la energía, desarrollando finanzas inclusivas y alentando a los jóvenes para que realicen emprendimientos, de manera que todas las personas de todos los países puedan disfrutar de los resultados del crecimiento de la economía mundial.

4.2.1 La iniciativa de "la Franja y la Ruta" como importante medio para construir una economía mundial innovadora, fortalecida, interconectada e inclusiva

Todos los problemas a los que se enfrenta el mundo de hoy son causados en definitiva por la brecha y el déficit de desarrollo. Visto a

7 Ver Xi Jinping (2017). *Xi Jinping Tan Zhiguo Lizheng Di-er Juan [Xi Jinping: La Gobernación y Administración de China. Volumen II]*. Beijing: Waiwen Chubanshe [Editorial de Lenguas Extranjeras], p. 473.

escala global, la financiación destinada al desarrollo es todavía sumamente escasa, lo que dificulta enormemente el cumplimiento de la Agenda 2030 para el Desarrollo Sostenible. La iniciativa de construcción de "la Franja y la Ruta" tiene como objetivo justamente movilizar más recursos y estrechar más los lazos de interconexión, dando impulso al crecimiento y conectando los mercados, de manera que más países y regiones puedan participar de la globalización económica y encontrar juntos un camino en el que los beneficios sean mutuos y compartidos. En este sentido, la realización exitosa de la primera y segunda edición del Foro de la Franja y la Ruta para la Cooperación Internacional demuestra la amplia acogida y apoyo a esta iniciativa por parte de la comunidad internacional, ya que responde efectivamente a las aspiraciones de los pueblos y la tendencia de nuestros tiempos. La comunidad internacional debe seguir priorizando el desarrollo en la coordinación de políticas macroeconómicas, aumentando la inversión en desarrollo y conduciendo la cooperación para el desarrollo mediante acciones concretas. De esta manera, se podrá responder a las expectativas de los países en desarrollo y asegurar una fuerza impulsora duradera para el crecimiento mundial.

En 2014, China elaboró el Plan Estratégico para la Construcción de la Franja Económica de la Ruta de la Seda y la Ruta de la Seda Marítima del Siglo XXI, y en 2015 publicó la Visión y Acciones sobre la Construcción Conjunta de la Franja Económica de la Ruta de la Seda y la Ruta de la Seda Marítima del Siglo XXI. Desde entonces, la iniciativa de "la Franja y la Ruta" se ha convertido en un importante medio por el cual China puede participar en un sistema económico mundial innovador, fortalecido, interconectado e inclusivo. Con la mira puesta en la coordinación de políticas, la conectividad de la infraestructura, el comercio sin trabas, la integración financiera y vínculos más estrechos entre los pueblos, esta iniciativa no solo busca promover integralmente la cooperación pragmática, sino también construir una comunidad de intereses compartidos, responsabilidad compartida y futuro compartido, en la que haya confianza mutua a nivel político, integración a nivel económico e inclusividad a nivel cultural. Todo esto está estrechamente relacionado con las normas y mecanismos internacionales, involucrando distintas dimensiones de la gobernanza global. En el plano internacional, la iniciativa de "la Franja y la Ruta" representa la contribución de China a la cooperación internacional y la innovación en el modelo de gobernanza mundial, en la medida en que responde a los intereses más fundamentales de la sociedad global. En el plano nacional, esta iniciativa es un importante canal para cuidar simultáneamente los intereses nacionales e internacionales, y constituye el diseño de alto nivel de China para participar en la gobernanza global. La construcción conjunta de "la Franja y la Ruta" por parte de China y los demás países del mundo aporta una nueva energía positiva a la gobernanza global, y es la forma en la cual China demuestra al mundo su determinación de asumir la responsabilidad que su calidad de gran país le concede.

El objetivo final de la iniciativa de "la Franja y la Ruta" es la interconexión y la profundización de la cooperación pragmática para que los países puedan juntos hacer frente a los peligros y desafíos de la humanidad, en pos de alcanzar un desarrollo conjunto, con beneficios mutuos y compartidos. El esfuerzo de todos los involucrados ha dado sus resultados, ya que se ha logrado finalmente establecer un marco para la conectividad entre los "seis corredores y seis rutas que sirven a múltiples países y puertos"[8], los numerosos proyectos de cooperación han echado raíces y han comenzado a dar frutos, los resultados del primer Foro se han implementado exitosamente, y más de 150 países y organizaciones internacionales han firmado tratados de cooperación

8 Los "Seis Corredores" se refieren a la apertura de los seis grandes corredores de cooperación económica internacional, a saber, el Nuevo Puente Continental Euroasiático, el corredor China-Mongolia-Rusia, el corredor China-Asia Central-Asia Occidental, el corredor China-Península de Indochina, el corredor China-Pakistán y el corredor Bangladesh-China-India-Myanmar. Las "Seis Rutas" se refieren a promover la fluidez, interconexión e intercomunicación de los ferrocarriles, las carreteras, el tráfico marítimo, la aviación, los oleoductos y gasoductos y las autopistas de información. Con "Múltiples Países" se hace referencia al cultivo de un grupo de países de apoyo a la Iniciativa en las regiones de Asia Central, Sudeste Asiático, Asia del Sur, Asia Occidental, Europa, África y otras regiones. El objetivo es aprovechar el entusiasmo de estos países para promover el avance de la Franja y la Ruta según las necesidades. Finalmente, con "Múltiples Puertos" se hace referencia a la construcción, en el marco de la Ruta de la Seda Marítima del Siglo XXI, de una serie de grandes puertos en puntos estratégicos que tengan una evidente función de soporte a la Iniciativa.

con China para la construcción de "la Franja y la Ruta". Asimismo, la Iniciativa se ha conectado con estrategias de desarrollo de muchos países y con programas de desarrollo y cooperación de diversas organizaciones internacionales y regionales tales como la Organización de Naciones Unidas, la Asociación de las Naciones de Asia Sudoriental, la Unión Africana, la Unión Europea y la Unión Económica Euroasiática. Desde Euroasia hasta África, América y Oceanía, la construcción de "la Franja y la Ruta" ha abierto nuevos espacios para el crecimiento económico mundial, ha proporcionado una nueva plataforma para el comercio y la inversión internacional, ha expandido las prácticas para mejorar la gobernanza económica mundial, ha contribuido con nuevos medios para mejorar el bienestar de las personas en varios países, y se ha convertido en un nuevo camino para las oportunidades y la prosperidad compartidas[9].

La construcción de "la Franja y la Ruta" responde a la tendencia histórica de la globalización económica, a las demandas coyunturales de la reforma del sistema de gobernanza mundial y a las fuertes aspiraciones de los pueblos de cada país de tener una vida mejor. La Iniciativa se basa en los siguientes principios.

En primer lugar, el principio de amplia consulta, desarrollo conjunto y beneficios compartidos. En línea con esto, se defiende un multilateralismo en el que todo se haga sobre la base de la consulta, y en el que cada parte haga lo que mejor sepa y más pueda hacer, procurando explotar al máximo las ventajas y potenciales de cada una mediante la cooperación bilateral, multilateral y triangular, en la que cada quien aporte su granito de arena.

El segundo principio es el de apertura, ecología y purificación. La construcción de "la Franja y la Ruta" no tiene exclusión, y se propone entre otras cosas promover la construcción de infraestructura verde y el desarrollo de inversión verde y finanzas verdes, con tolerancia cero a la corrupción. En línea con esto, China ha lanzado la Iniciativa de Beijing para una Ruta de la Seda Limpia, a fin de construir en conjunto con las

9 Ver Xi Jinping (2020). *Xi Jinping Tan Zhiguo Lizheng Di-san Juan [Xi Jinping: La Gobernación y Administración de China. Volumen III].* Beijing: Waiwen Chubanshe [Editorial de Lenguas Extranjeras], p. 490.

El comercio sin trabas es uno de los principales objetivos de la iniciativa de "la Franja y la Ruta". Desde su primera operación en 2011 hasta junio de 2021, el Ferrocarril Express China-Europa realizó más de 40.000 viajes entre ambos extremos, superando un valor de 200.000 millones de USD acumulados en bienes transportados. La imagen muestra un tren de esta línea saliendo de la estación de Eren Hot.

demás partes un entorno sano para la ruta de la seda.

El tercer principio es el de perseguir un desarrollo sostenible de altos estándares y centrado en la gente. Sobre esta base, hay que adoptar reglas y normas que cuenten con el apoyo generalizado de diferentes partes, y llevar a las empresas a observar las reglas y normas internacionales universalmente aceptadas, y respetar las leyes y reglamentos de los países socios en la construcción, operación, adquisición y licitación de proyectos. Con el norte puesto en el desarrollo centrado en las personas, hay que concentrarse en erradicar la pobreza, crear empleo y mejorar el bienestar social, de modo que la cooperación en el marco de "la Franja y la Ruta" pueda beneficiar mejor a los pueblos de todos los países socios y contribuir eficazmente a su desarrollo económico y social. Al mismo tiempo, se debe asegurar la sostenibilidad comercial y financiera para que cualquier buen proyecto tenga un buen comienzo y un buen final.

4.2.2 La iniciativa de "la Franja y la Ruta" enriqueciendo la economía mundial innovadora, fortalecida, interconectada e inclusiva

La infraestructura es el punto débil de muchos países en su avance hacia el desarrollo, y es también un tema central dentro de la iniciativa de "la Franja y la Ruta". Con una infraestructura de alta calidad, sostenible, resistente a los riesgos, de costos razonables, inclusiva y accesible, los países pueden aprovechar al máximo sus propios recursos, integrarse mejor en la cadena global de suministro, industria y valor, y lograr eventualmente un desarrollo interconectado. Ante esto, la iniciativa de "la Franja y la Ruta" invita a los países a construir conjuntamente una red de interconexiones centrada en corredores económicos tales como el Nuevo Puente Continental de Euroasia, complementada con grandes rutas de transporte y autopistas de la información tales como el Ferrocarril Express China-Europa o el Nuevo Corredor Internacional de Comercio Terrestre-Marítimo, y reforzada por importantes proyectos ferroviarios, portuarios y de oleoductos. Para ello, China hará pleno uso del Programa de Préstamos Especiales de la Franja y la Ruta, el Fondo de la Ruta de la Seda y varios otros fondos especiales de inversión, desarrollará bonos temáticos de la Ruta de la Seda y brindará apoyo para el funcionamiento efectivo del Centro de Cooperación Multilateral para la Financiación del Desarrollo. China recibe con agrado la participación de instituciones financieras multilaterales y nacionales en la inversión y el financiamiento de la Iniciativa y alienta la participación de los mercados, buscando alcanzar los beneficios compartidos mediante la participación de múltiples actores[10].

La Iniciativa permite a su vez promover el flujo de factores de producción. Un flujo dinámico de bienes, capital, tecnología y trabajo aporta mayor impulso y mayor espacio para el crecimiento económico. La iniciativa de "la Franja y la Ruta" tiene como fin fomentar la liberaliza-

10 Ver Xi Jinping (2020). *Xi Jinping Tan Zhiguo Lizheng Di-san Juan [Xi Jinping: La Gobernación y Administración de China. Volumen III].* Beijing: Waiwen Chubanshe [Editorial de Lenguas Extranjeras], p. 492.

La conectividad de la infraestructura es un sector prioritario en la construcción de "la Franja y la Ruta" y una de las áreas con resultados más prominentes desde los inicios de esta iniciativa. La imagen muestra el ferrocarril Mombasa–Nairobi en Kenia, fabricado totalmente con tecnología y estándares chinos, plenamente operativo en mayo de 2017, atravesando el puente Mazeras.

ción y facilitación del comercio y la inversión, oponiéndose al proteccionismo y promoviendo el avance hacia una globalización económica más abierta, inclusiva, balanceada y beneficiosa para todos. En línea con esto, China entablará negociaciones con más países para concluir acuerdos de libre comercio de alto nivel, y fortalecerá la cooperación en aduanas, impuestos y supervisión de auditoría mediante el establecimiento del Mecanismo de Cooperación de Administración Tributaria de la Iniciativa de la Franja y la Ruta y acelerando la colaboración internacional en el mutuo reconocimiento de Operadores Económicos Autorizados. Asimismo, China también ha formulado los Principios Rectores sobre el Financiamiento del Desarrollo de la Franja y la Ruta y ha publicado el Marco de Sostenibilidad de la Deuda para los Países Participantes de la Iniciativa de la Franja y la Ruta, a fin de brindar orientación a los países para la cooperación financiera de la Franja y la Ruta.

La Iniciativa permite también aprovechar las oportunidades creadas por el desarrollo digital, en red e inteligente. A este fin, China buscará explorar junto con los demás países involucrados nuevas tecnologías y nuevas formas y modelos de negocio, así como nuevos motores de crecimiento y nuevas vías de desarrollo, para construir una Ruta de la Seda Digital y una Ruta de la Seda de la Innovación. Desde un punto de vista general, todo esto traerá más creatividad y más vigorosidad a la economía mundial.

La Iniciativa es además un espacio para intercambio de personas capacitadas en ciencia y tecnología, la colaboración entre laboratorios, la cooperación en parques científicos y la transferencia de tecnología. Para lograr esto, China implementará el Programa de Intercambio de Talentos de BRI, llevará a cabo otros intercambios, capacitaciones e investigación cooperativa, y apoyará a empresas de varios países en el avance conjunto de la construcción de infraestructura de TIC para mejorar la conectividad cibernética.

Asimismo, la Iniciativa permite ayudar a los países en desarrollo a erradicar la pobreza y alcanzar el desarrollo sostenible. Para ello, se han establecido la Alianza de Ciudades Sostenibles de la Franja y la Ruta y la Coalición Internacional de Desarrollo Verde BRI, y se han formulado los Principios de Inversión Verde para el Desarrollo de la Franja y la Ruta, acelerando la consecución de los objetivos de desarrollo sostenible.

En el marco de la Iniciativa, se ha establecido también la Plataforma de Big Data Ambiental BRI, y a la par de esto, China seguirá implementando el Programa de Enviados de la Ruta de la Seda Verde y trabajará con los países relevantes para implementar conjuntamente el Plan de Cooperación Sur-Sur de la Franja y la Ruta sobre el Cambio Climático. También profundizará la cooperación en agricultura, salud, mitigación de desastres y recursos hídricos; y mejorará la cooperación con las Naciones Unidas para reducir la brecha en el desarrollo.

Por otro lado, se profundizará la cooperación en educación, ciencia, cultura, deportes, turismo, salud y arqueología, fortaleciendo los intercambios entre parlamentos, partidos políticos y organizaciones no gubernamentales y los intercambios entre mujeres, jóvenes y personas con discapacidad, a fin de entablar un patrón de intercambio entre personas interactivo y diversificado.

Finalmente, en el marco de esta iniciativa, China invitará a representantes de partidos políticos, centros de estudios y organizaciones no gubernamentales de los países participantes de "la Franja y la Ruta" a visitar el país, y fomentará una amplia cooperación en proyectos de subsistencia entre las organizaciones sociales de los países participantes, desarrollando una serie de cursos de capacitación en protección ambiental y anticorrupción, y profundizando la cooperación para el desarrollo de recursos humanos en varias áreas. Asimismo, continuará ejecutando el Programa de becas del gobierno chino de la Ruta de la Seda, organizando el Foro Internacional de la Juventud sobre Creatividad y Patrimonio a lo largo de las Rutas de la Seda y el Campamento de Verano "Puente Chino" para estudiantes. También implementará nuevos mecanismos como la Red de Estudios de la Franja y la Ruta y la Alianza de Noticias de la Franja y la Ruta, a fin de aunar fuerzas y conocimientos para lograr una mayor sinergia.

4.2.3 Formas innovadoras de impulsar el nivel general de apertura

Puertos de libre comercio con características chinas

Respecto a los nuevos horizontes de apertura, China está trabajando en la reforma e innovación de sus Zonas Piloto de Libre Comercio (ZLC), y continúa realizando exploraciones basadas en sus condiciones diferenciadas e intensificando las pruebas de resistencia, a fin de desempeñar plenamente su papel como un terreno piloto para la reforma y la apertura. Asimismo, partiendo del Puerto de Libre Comercio de Hainan, China procurará acelerar la exploración y construcción de puertos de libre comercio con características chinas. Esta es tanto una importante medida de apertura al mundo por parte de China, como también una forma de promover el establecimiento de un nuevo modelo de reforma y apertura a un nivel superior.

En 2018, China anunció la creación de la Zona Piloto de Libre Comercio de la Isla de Hainan, brindando el apoyo a la provincia de Hainan para explorar progresivamente y promover a paso firme la construcción de un puerto de libre comercio con características chinas, estableciendo ordenadamente y en etapas el entramado de políticas y el sistema institucional necesario. Los puertos de libre comercio son la forma de apertura más elevada del mundo de hoy. La construcción del Puerto de Libre Comercio de Hainan está en línea con las condiciones nacionales de China y con la definición de Hainan sobre su propio desarrollo, y es fruto del aprendizaje de los modos de gestión y de operación avanzados de los puertos libres internacionales. El Puerto de Libre Comercio de Hainan recibirá con los brazos abiertos a todos aquellos que deseen invertir en Hainan y ser parte de su desarrollo, permitiéndoles aprovechar conjuntamente las oportunidades de desarrollo de China y los logros de su reforma.

En la construcción de la zona piloto de libre comercio de la isla de Hainan se pone el foco en la innovación institucional, y se confiere a la provincia una mayor autonomía para la reforma, de manera que pueda crear cuanto antes un entorno que facilite la actividad empresarial, que tenga respaldo legal, un alto nivel de internacionalización y un entorno para el mercado que sea justo, abierto, unificado y eficiente. Asimismo, con el respaldo de políticas fuertes para la facilitación del comercio y la inversión, se aplica para los capitales extranjeros un sistema administrativo de trato nacional previo al establecimiento junto con una lista negativa, y se procura profundizar la apertura de la agricultura moderna, la industria de alta tecnología y la industria de servicios modernos, focalizándose en las áreas clave de industria semillera, atención médica, educación, deportes, telecomunicaciones, Internet, cultura, mantenimiento, finanzas y transporte marítimo, entre otras, promoviendo un desarrollo más acelerado del comercio de servicios, protegiendo los derechos e intereses legítimos de las inversores extranjeros y promoviendo la apertura gradual del transporte marítimo.

Exposición Internacional de Importaciones de China

La primera Exposición Internacional de Importaciones de China (CIIE, por sus siglas en inglés) se celebró en noviembre de 2018, y hasta la fecha, se han realizado exitosamente 3 ediciones de la misma. CIIE es la primera exposición de carácter nacional en el mundo centrada en importaciones, lo cual la convierte en una obra pionera en la historia del desarrollo del comercio internacional. La celebración de CIIE representa una decisión crucial por parte de China de llevar su apertura a otro nivel, ya que representa la apertura voluntaria de su mercado al mundo. Esto refleja la firme postura de China de defender el sistema de comercio multilateral y promover el desarrollo del comercio libre, y representa una acción concreta hacia la construcción de una economía mundial abierta y más globalizada.

4.3 Participación de China en la nueva alianza mundial para el desarrollo sostenible

4.3.1 Primeros pasos hacia una nueva era de apertura de alto nivel

En los últimos 70 años, el pueblo chino ha dado pasos decisivos que le han permitido ponerse de pie, enriquecerse y fortalecerse, tras lo cual la relación de China con el mundo también se ha transformado profundamente, con un proceso de apertura en transición que comenzó persiguiendo el desarrollo propio e individual para terminar promoviendo el desarrollo conjunto y colectivo. En esta nueva era, la protección de la paz mundial y el desarrollo conjunto forman parte de las tres grandes tareas históricas asumidas por el Partido Comunista de China. En diciembre de 2012, durante un diálogo celebrado en el Gran Salón del Pueblo (Beijing) con expertos extranjeros trabajando en territorio chino, el presidente Xi Jinping enfatizó que China es defensora y practicante de la cooperación con beneficios compartidos, y que el camino de China ha sido apoyado por personas de todos los países del mundo, ya que es un camino que apunta al aprendizaje y la apertura hacia el resto del mundo, y un camino en el que se busca una cooperación mutuamente beneficiosa con los demás países del mundo. En sus palabras: "la sociedad internacional se convierte cada día más en una comunidad con destino compartido, en la que uno tiene más presencia en el otro, y el otro tiene más presencia en uno. Ante la compleja situación de la economía mundial y de los problemas globales, ningún país debe buscar el beneficio propio sin pensar en los demás, por el contrario, el mundo entero debe trabajar unido, procurando considerar las preocupaciones legítimas de los demás países mientras se persiguen los propios intereses, y promover el desarrollo conjunto con los demás países mientras se persigue el propio, en pos de forjar una nueva alianza mundial por el desarrollo sostenible que sea más igualitaria y equilibrada, promover los intereses comunes de la humanidad y construir juntos un mejor hogar en el planeta."

Al día de hoy, una China mucho más abierta colabora constantemente para que la economía mundial mantenga un crecimiento fuerte, sostenible, equilibrado e inclusivo y para alcanzar el desarrollo de alta calidad y la prosperidad común de todos los países, motivo por el cual se ha convertido en indiscutible promotora y colaboradora del desarrollo conjunto global, jugando un rol cada vez más importante en el desarrollo de alta calidad de la economía mundial. En 2018, el PIB de China superó los 90 billones de RMB, lo cual convertido al tipo de cambio promedio equivale a 13,6 billones de USD, ocupando el segundo puesto a nivel mundial; asimismo, el volumen total de importaciones y exportaciones de ese año superó por primera vez los 30 billones de RMB, batiendo récord histórico en escala de comercio de bienes, y manteniéndose en el primer puesto a nivel mundial. El acelerado desarrollo económico de China ha inyectado un fuerte impulso a la economía mundial, con una contribución a su crecimiento de más del 30% durante varios años[11].

Cada etapa del desarrollo económico de China, incluida la etapa de adaptación pasiva, de incorporación activa y posteriormente de promoción y conducción enérgica del desarrollo, ha estado atravesada por la apertura, manteniendo esta siempre una fuerte vitalidad. La apertura de China ha logrado asimismo completar una etapa de transición, dejando de perseguir el desarrollo propio para pasar a promover el desarrollo conjunto.

Desde el XVIII Congreso Nacional en adelante, el Partido Comunista de China, con Xi Jinping como núcleo, ha instaurado un nuevo concepto de desarrollo abierto, procurando acelerar la construcción de un nuevo sistema de economía abierta, promover integralmente la coo-

11 ZHANG Yu-yan, XU Xiu-jun (2019). "Kuoda Kaifang Bu Zhibu [La Expansión de la Apertura No se Detiene]" en *Jinri Zhongguo [China Hoy]*, Nro. 8.

peración de "la Franja y la Ruta", promover el desarrollo de una economía mundial abierta, participar activamente en la gobernanza económica mundial y conducir el proceso de globalización económica, tras lo cual se han obtenido enormes logros en lo que respecta a la apertura al exterior. En abril de 2013, durante un intercambio con representantes de empresas chinas y extranjeras en el marco de la Conferencia Anual del Foro de Boao para Asia 2013, el presidente Xi Jinping enfatizó que las puertas de China no se cerrarán, por el contrario, el país continuará abriendo su economía en términos de alcance, áreas abarcadas y nivel de profundidad, y las puertas de China seguirán abriéndose a los inversores de todos los países, esperando que los demás países abran también sus puertas a los inversores chinos. Aclaró además que China se opone rotundamente al proteccionismo, y que está dispuesta a resolver adecuadamente las diferencias económicas y comerciales con los demás países a través de la consulta, promoviendo la instauración de un sistema de comercio multilateral más equilibrado, mutuamente beneficioso y con el foco puesto en el desarrollo.

El XIX Congreso Nacional elevó la apertura a un nivel aún más alto, proponiendo la participación y promoción proactiva en el proceso de globalización económica, el desarrollo de una economía más abierta y la formación de un nuevo patrón de apertura integral. Centrándose en la iniciativa de "la Franja y la Ruta", China mantiene las políticas simultáneas de "introducir de afuera" y "salir al mundo", y defendiendo los principios de consulta y deliberación, construcción conjunta y co-disfrute, propone fortalecer la apertura y la cooperación para el desarrollo de la capacidad innovadora, a fin de configurar un patrón de apertura caracterizado por la interacción del desarrollo terrestre y el marítimo, del interior y del exterior, y por el soporte recíproco entre el este y el oeste del país. China adhiere además a que todos los países trabajen de la mano para liberalizar y facilitar aún más el comercio y las inversiones, promoviendo el avance hacia una globalización económica más abierta, inclusiva, balanceada y beneficiosa para todos. Estas nuevas afirmaciones y disposiciones demuestran el comienzo de un avance voluntario y proactivo de China desde el XVIII Congreso Nacional en adelante hacia una nueva era de apertura, y su determinación a asumir un rol de liderazgo en la construcción de un sistema de economía mundial abierta y en la reforma del sistema de gobernanza global.

En los últimos años, China ha lanzado una serie de importantes medidas estratégicas referidas a la reforma y apertura, promoviendo sostenidamente el avance de la apertura a un nivel superior y creando nuevas oportunidades para el desarrollo de calidad de la economía mundial. En abril de 2018, durante la ceremonia de apertura de la Conferencia Anual del Foro de Boao para Asia, Xi Jinping anunció el lanzamiento de cuatro grandes medidas de ampliación de la apertura, destinadas respectivamente a flexibilizar significativamente el acceso a los mercados, crear un entorno para las inversiones más atractivo, reforzar la protección a los derechos de propiedad intelectual y ampliar proactivamente las importaciones. En noviembre del mismo año, durante la ceremonia de apertura de la primera edición de la Exposición Internacional de Importaciones de China, Xi Jinping anunció más medidas de apertura destinadas a estimular el potencial de la importación, continuar flexibilizando el acceso al mercado, crear un entorno de primera clase para los negocios internacionales, elevar el nivel de apertura y promover el desarrollo profundo de la cooperación bilateral y multilateral. Asimismo, en junio de 2019, en la Cumbre del G20 de Osaka, Xi Jinping anunció nuevamente una serie de medidas orientadas a abrir más el mercado, ampliar las importaciones, mejorar el entorno empresarial, implementar integralmente un trato igualitario y promover enérgicamente las negociaciones económicas y comerciales.

Puede decirse que la apertura de China en la nueva era es tanto la continuación del curso natural de su relación con el exterior desde la instauración de la República, como también una innovación por parte del país en el plano de las ideas, los métodos y los objetivos de la apertura, reflejando la determinación estratégica, el coraje y la responsabilidad del Comité Central del Partido, con el camarada Xi Jinping como núcleo, dentro de un entorno internacional complejo y cambiante. Desde su etapa de adaptación pasiva, hasta su etapa de incorporación activa y posteriormente de promoción y conducción enérgica, el desarrollo nacional de China ha estado atravesado de principio a fin por la apertura, manteniendo siempre una fuerte vitalidad. Actualmente, China ha lanzado nuevamente una serie de importantes medidas para acelerar la formación del nuevo patrón de apertura, poniendo sus esfuerzos en alcanzar el desarrollo de alta calidad.

Los últimos 70 años de historia han demostrado que el desarrollo de China depende del resto del mundo, y que la prosperidad del mundo depende también de China. China ha logrado su propio desarrollo mediante la apertura al exterior, y los beneficios obtenidos de la apertura no han sido conseguidos a costa del sacrificio de los intereses de otros países. Asimismo, la China desarrollada no juega a monopolizar el tablero y ganárselo todo, sino que persigue un objetivo de beneficios mutuos y compartidos, promoviendo la construcción de una comunidad con destino compartido para la humanidad.

4.3.2 En defensa del nuevo concepto de "deliberación común, construcción conjunta y co-disfrute"

Durante mucho tiempo, China ha sido partícipe y practicante de la gobernanza global, proponiendo su Plan Chino para mejorarla y contribuyendo enormemente para que la sociedad humana pueda afrontar los distintos desafíos del siglo XXI. Dentro del Plan Chino para la gobernanza global también hay incluidas ideas y proyectos para la construcción del sistema de alianza mundial para el desarrollo sostenible.

Mantener su calidad de país en desarrollo es la premisa básica de China en su participación en la construcción de la alianza mundial para el desarrollo sostenible. China sigue siendo, en esencia, un país en desarrollo, pero al mismo tiempo también se ha convertido en una gran potencia con un rol decisivo a nivel mundial. Estas son las dos realidades básicas de China dentro de la alianza mundial para el desarrollo sostenible. En efecto, por un lado, como segunda economía mundial, China debería contraer cada vez más responsabilidades internacionales, dentro de los límites razonables. Esto es un tema central en la participación de China en la gobernanza económica global, y es también la manifestación concreta de su imagen de gran país responsable. Pero por otro lado, China sigue siendo un país en desarrollo, por lo que debe proteger paralelamente sus propios intereses y los intereses de los demás países en su misma condición, teniendo en cuenta tanto sus demandas para con el mundo en su propio proceso de desarrollo, como también las expectativas de la sociedad internacional, y especialmente de los países en desarrollo, para consigo misma. Por esto es que China debe trabajar para que la alianza mundial por el desarrollo sostenible refleje los cambios en la estructura económica y política internacional, procurando fortalecer constantemente la representatividad y el derecho a opinar de los países emergentes y los países en desarrollo, y proteger a los países menos adelantados para que sus intereses no se vean menoscabados.

La idea de "deliberación común, construcción conjunta y co-disfrute" es un concepto básico que sostiene China en su participación en la alianza mundial por el desarrollo sostenible. La deliberación común, la construcción conjunta y el co-disfrute son la cadena sistemática indispensable para fortalecer esta alianza, y los tres conceptos en conjunto conforman el sistema orgánico mediante el cual China participa en ella. La deliberación común hace referencia a que los principios básicos, las áreas centrales, las normas, los mecanismos y los programas de desarrollo de la gobernanza global son acordados mediante consulta entre todas las partes participantes en ella. La construcción conjunta se refiere a que cada parte explote sus ventajas y su potencial para promover conjuntamente la reforma y la innovación en el sistema de gobernanza global. Finalmente, el co-disfrute hace referencia a que cada parte participante disfrute justa y razonablemente de los beneficios y los resultados de la gobernanza global. La idea de "deliberación común, construcción conjunta y co-disfrute" refleja los principios de aunar conocimientos para maximizar los beneficios, explotar las ventajas particulares de cada parte, hacer todo lo posible dentro de los propios límites y disfrutar conjuntamente los logros y resultados. Este concepto refleja plenamente la propensión a la apertura y la inclusividad de China en su participación en la alianza mundial para el desarrollo sostenible, y está en línea con la tendencia mundial de democratización de las relaciones internacionales. Para poner en práctica este concepto, es preciso estimular al máximo la motivación y la iniciativa de todos los actores involucrados, en especial de los países en desarrollo, atendiendo las preocupaciones y las demandas de cada parte, y protegiendo más efectivamente los intereses y derechos razonables de cada una de ellas, de manera tal que todos aquellos que trabajen para mejorar la alianza mundial para el desarrollo sostenible tengan un mayor sentimiento de satisfacción.

El equilibrio entre los derechos y las obligaciones es para China un principio básico en su participación en la alianza mundial para el desarrollo sostenible, pero también es un principio mundialmente reconocido en el derecho internacional. Con el aumento de su poder nacional, China ha ido asumiendo más y más responsabilidades y obligaciones internacionales dentro de su margen de posibilidades, haciendo su contribución al crecimiento de la economía mundial y al avance de las nuevas alianzas globales. Ejemplos de ello son la iniciativa de "la Franja y la Ruta", el aporte para la fundación del Banco Asiático de Inversión en Infraestructura y el Banco de Desarrollo de los BRICS, y la creación del Fondo de la Ruta de la Seda, entre otros. Todas estas acciones ayudan actualmente y seguirán ayudando en el futuro a satisfacer las necesidades de estabilidad y desarrollo económico y social de cada país del mundo, y sobre todo las de los países en desarrollo. Pero a la par de

La central eléctrica de carbón del Puerto Qasim, Pakistán, es el primer gran proyecto de energía del Corredor Económico China-Pakistán, y es también el primer gran proyecto en esta área financiado por capitales chinos y extranjeros. La central es capaz de generar un promedio anual de alrededor de 9.000 millones de kWh, pudiendo satisfacer la demanda de electricidad de 4 millones de hogares. La imagen muestra a un trabajador de la central monitoreando los datos de los aparatos.

cumplir con sus responsabilidades y obligaciones, China también debe gozar de sus derechos correspondientes. Actualmente, los países desarrollados, representados principalmente por Estados Unidos, son quienes llevan el mando de las reglas y los mecanismos de la alianza mundial, y son también los mayores beneficiarios del sistema de gobernanza global, mientras que la gran mayoría de los mercados emergentes y los países en desarrollo, difícilmente reciben un trato justo o tienen la posibilidad de ejercer una influencia acorde a sus propias capacidades. Por ello es que China aboga por la adopción de una concepción correcta de la justicia y los intereses, y busca fortalecer poco a poco su derecho a opinar y a tomar decisiones dentro de la alianza mundial. Esto es un requisito básico para que China asuma una mayor responsabilidad para con el resto del mundo, pero también es el camino que necesariamente hay que tomar si se quiere llevar a la alianza mundial en una dirección más justa y razonable. Mantener la diversidad cultural y el crecimiento económico inclusivo es la base fundamental sobre la que se apoya China para participar en la alianza mundial para el desarrollo sostenible.

En fin, la participación activa de China en la construcción de la alianza mundial para el desarrollo sostenible y su trabajo constante para impulsarla y mejorarla responde no solo a la tendencia natural del desarrollo humano, sino también a las expectativas de la sociedad internacional para con el país. Confucio escribió hace más de dos mil años: "Si quieres establecerte a ti mismo, entonces ayuda a otros a establecerse". Puede decirse que en esta idea radican las bases de China para la construcción de la alianza mundial para el desarrollo sostenible. China seguirá dirigiendo la discusión para este proceso, procurando obtener más resultados que beneficien a los pueblos de cada país, para forjar junto con los demás países un mundo mejor.

4.4 Participación de China en la cooperación por el desarrollo internacional en la nueva era

China es el país en desarrollo más grande del mundo. Desde la instauración de la República Popular China, el país siempre ha mantenido un espíritu humanitario e internacionalista, brindando apoyo a los demás países en desarrollo para que mejoren el nivel de vida de su gente y puedan desarrollarse mejor. El XVIII Congreso Nacional del Partido marca el comienzo de una nueva era para el desarrollo de China, una era en la que el presidente Xi Jinping adopta una perspectiva global de las responsabilidades, para impulsar la construcción de una comunidad con destino compartido para la humanidad y proponer nuevas ideas e iniciativas tales como la de "la Franja y la Ruta"; una era en la que se defiende la adopción de una concepción correcta de la justicia y los intereses y de los principios de "sinceridad, resultados prácticos, afinidad y buena fe" así como de "amistad, sinceridad, beneficio mutuo e inclusión". En esta era, el presidente Xi Jinping anuncia también una serie de importantes medidas para la cooperación práctica en el ámbito internacional, y propone el Plan Chino para resolver los grandes problemas del desarrollo global y promover la implementación de la Agenda de 2030 para el Desarrollo Sostenible de Naciones Unidas, aportando la sabiduría china e inyectando la energía de China a todo el proceso. La ayuda de China al exterior ha ido evolucionando en sintonía con las demandas de la época, entrando finalmente en una nueva era[12].

4.4.1 Visión china de la cooperación para el desarrollo internacional

Desde el XVIII Congreso Nacional en adelante, la participación de China en la cooperación para el desarrollo internacional ha ido evolucionando constantemente hasta conformar una visión con características propias de la nueva era.

En primer lugar, la misión fundamental de China en el despliegue de la cooperación para el desarrollo internacional es construir una co-

12 Oficina de Información del Consejo de Estado de la República Popular China. *Xin Shidai Zhongguo Guoji Fazhan Hezuo Baipi Shu [Libro Blanco: La Cooperación Internacional para el Desarrollo de China en la Nueva Era]*. Enero de 2021 <http://www.scio.gov.cn/zfbps/32832/Document/1696685/1696685.htm>.

munidad con destino compartido para la humanidad. El destino de la humanidad es compartido por todos, tanto en sus dichas como en sus penas, y por lo tanto, si los países en desarrollo no pueden desarrollarse, es imposible alcanzar la estabilidad y la prosperidad mundial. El motivo por el cual China despliega la cooperación internacional, ayudando a los demás países en desarrollo a reducir la pobreza y mejorar la vida de su gente, es trabajar de la mano con cada uno de ellos para reducir la brecha entre el norte y el sur y eliminar el déficit de desarrollo, forjar nuevos lazos internacionales basados en el respeto mutuo, la justicia, la equidad y la cooperación con beneficios compartidos, y construir un mundo más limpio y más hermoso, abierto e inclusivo, de paz duradera, seguridad generalizada y prosperidad compartida.

En segundo lugar, los valores por los que se guía China para participar en la cooperación internacional por el desarrollo se basan en una correcta concepción de la justicia y los intereses, que consiste en valorar ambos, pero anteponer la justicia a los intereses. Esta visión refleja tanto la cultura tradicional china, como también su creencia actual en el internacionalismo. Basada en estos valores, China se esfuerza para que el "pastel" de la prosperidad sea más y más grande, y para que los países en desarrollo puedan avanzar más rápido, de manera tal que puedan compartir las oportunidades y los beneficios que ofrece el desarrollo abierto. Bajo el principio de beneficio mutuo y resultados compartidos, China ofrece toda la asistencia posible a los países en desarrollo, procurando al mismo tiempo cuidar los intereses y necesidades de los demás países.

En tercer lugar, el foco está puesto en la cooperación Sur-Sur. A pesar de los enormes logros de China, hay dos realidades que hasta el día de hoy no han cambiado: una es que China se encuentra en la etapa primaria del socialismo y permanecerá así durante mucho tiempo; otra es que China sigue siendo la economía en desarrollo más grande del mundo. La cooperación para el desarrollo de China es una forma de asistencia mutua entre países en desarrollo, y por lo tanto, constituye un tipo de cooperación Sur-Sur distinto en esencia a la cooperación Norte-Sur. Como partidaria firme, participante activa y contribuyente clave de la cooperación Sur-Sur China continuará asumiendo las responsabilidades internacionales acordes con su nivel de desarrollo y ca-

En abril de 2016 se fundó el Instituto de Cooperación Sur-Sur y Desarrollo, simbolizando la transición de China de una etapa de apoyo financiero y soporte de ingeniería a la cooperación con los países del sur, a una etapa de intercambio de conocimiento y visiones sobre el desarrollo. La imagen muestra la ceremonia de graduación de la primera promoción de la maestría del Instituto, en julio de 2017.

pacidad, y ampliará aún más la cooperación Sur-Sur, a fin de promover esfuerzos conjuntos para el desarrollo común.

En cuarto lugar, dentro de esta visión, la iniciativa de "la Franja y la Ruta" es una plataforma fundamental de cooperación para el desarrollo internacional. La Franja Económica de la Ruta de la Seda y la Ruta Marítima de la Seda del Siglo XXI son importantes bienes públicos que China ofrece a todo el mundo, y son también la plataforma mediante la cual China se une a los demás países para promover una mayor coordinación de políticas, una mayor conectividad de la infraestructura, un comercio sin trabas, una mejor integración financiera y vínculos más estrechos entre los pueblos. De esta manera, se busca convertir "la Franja y la Ruta" en un camino hacia la paz, la prosperidad, la apertura, la innovación, el desarrollo verde, los intercambios culturales y un gobierno limpio.

En quinto lugar, la cooperación para el desarrollo internacional está dirigida principalmente a ayudar a otros países en desarrollo a seguir la Agenda 2030 para el Desarrollo Sostenible de la ONU. La Agenda 2030 es un modelo guía para la cooperación por el desarrollo en todo el mundo y tiene mucho en común con la Iniciativa de "la Franja y la Ruta". En los últimos años, si bien la comunidad internacional ha tenido ciertos avances en los objetivos de la Agenda, la realidad es que el desarrollo global sigue siendo desequilibrado e insuficiente, y esta situación se ha visto aún más agravada por la pandemia de COVID-19, la cual hace que sea aún más difícil alcanzar todos los objetivos previstos en la Agenda sin dejar atrás a ningún país ni a ninguna persona. Mediante la cooperación internacional para el desarrollo, China busca entonces mejorar la capacidad de desarrollo de los países, fortalecer las alianzas por el desarrollo y ayudar a los demás países en desarrollo a mitigar los efectos de la pandemia, a fin de acelerar las acciones para la Agenda 2030 y lograr la prosperidad común.

4.4.2 Medidas concretas de China para la cooperación por el desarrollo internacional

Respetando los solemnes compromisos asumidos, China ha tomado una serie de medidas prácticas en la cooperación para el desarrollo que contribuirán al desarrollo global. Estas medidas han sido anunciadas en múltiples ocasiones en el ámbito internacional por el presidente Xi Jinping.

En primer lugar, en cumplimiento con sus deberes devenidos por su calidad de gran país, se han tomado medidas para proporcionar bienes públicos al desarrollo global. Durante la serie de cumbres conmemorativas del 70 aniversario de la ONU, en septiembre de 2015, el presidente Xi anunció los siguientes compromisos para los próximos cinco años: apoyar "seis grupos de 100 proyectos" (100 proyectos de reducción de la pobreza, 100 proyectos de cooperación agrícola, 100 proyectos de ayuda para el comercio, 100 proyectos de conservación ecológica y respuesta al cambio climático, 100 hospitales y clínicas, y 100 escuelas y centros de formación profesional); ayudar en la implementación de 100 proyectos de atención de salud maternoinfantil y 100 proyectos de "Campus Feliz" ("Happy Campus") ; establecer un fondo de asistencia para la cooperación Sur-Sur y un fondo de paz y desarrollo China-ONU; lanzar programas de capacitación y becas para que personas de otros países en desarrollo estudien en China; cancelar las deudas de los préstamos sin intereses de los países elegibles; y establecer un instituto de cooperación y desarrollo Sur-Sur y un centro de conocimiento internacional sobre el desarrollo. Posteriormente, en la inauguración de la 73ª Asamblea Mundial de la Salud, realizada de manera virtual el 18 de mayo de 2020, el presidente Xi anunció medidas para apoyar la cooperación internacional contra la pandemia de COVID-19, entre ellas: proporcionar un fondo de asistencia de 2.000 millones de USD durante dos años; trabajar con la ONU para establecer un depósito y un centro de respuesta humanitaria global en China; establecer un mecanismo de cooperación para la asociación de hospitales chinos con 30 hospitales africanos; poner a disposición las vacunas COVID-19 como un bien público mundial una vez desarrolladas y aplicadas en China; y trabajar con otros miembros del G20 para implementar la Iniciativa de Suspensión del Servicio de la Deuda para los países más pobres.

En segundo lugar, se han anunciado medidas para aumentar la ayuda a otros países en desarrollo dentro del marco de "la Franja y la Ruta". En el Primer Foro de la Franja y la Ruta para la Cooperación Internacional en 2017, el Presidente Xi anunció que en los siguientes tres años, China proporcionaría asistencia por un monto de 60.000 millones de RMB para lanzar más proyectos destinados a mejorar el bienestar de las personas. Asimismo, anunció la disposición de un monto de 2.000 millones de RMB para brindar ayuda alimentaria de emergencia; una contribución adicional de $1.000 millones de USD al Fondo de Asistencia para la Cooperación Sur-Sur; el lanzamiento de 100 proyectos de "hogar feliz", 100 proyectos de alivio de la pobreza y 100 proyectos de atención médica y rehabilitación; y una contribución de $1.000 millones de USD para las organizaciones internacionales pertinentes. Posteriormente, en la segunda edición del Foro de la Franja y la Ruta para la Cooperación Internacional en 2019, el presidente Xi anunció el lanzamiento de la Iniciativa de la Cooperación Sur-Sur de la Franja y la Ruta sobre el Cambio Climático, la expansión de la cooperación en agricultura, salud, mitigación de desastres y recursos hídricos; la invitación de 10.000 representantes a visitar China; el apoyo a una amplia cooperación en proyectos de bienestar público entre las organizaciones sociales de los países participantes, y la continuación con el programa de becas Ruta de la Seda del gobierno chino.

En tercer lugar, se propusieron esquemas de cooperación con países en desarrollo mediante mecanismos de cooperación regional. El Presidente Xi ha propuesto múltiples medidas de asistencia para impulsar el desarrollo económico y social y el bienestar de las personas en los países receptores en varias conferencias bilaterales y multilaterales, tales como el Foro para la Cooperación China-África (FOCAC, por sus siglas en inglés), la Organización de Cooperación de Shanghai (OCS), el Foro para la Cooperación Económica y Comercial entre China y los Países Lusófonos, el Foro de Cooperación China-Estados Árabes, el Foro de China y la Comunidad de Estados Latinoamericanos y Caribeños (Foro China-CELAC), el Foro de Cooperación Económica y Comercial China-Caribe y el Foro de Cooperación y Desarrollo Económico China-Países Insulares del Pacífico. En la Cumbre de FOCAC de Johannesburgo, celebrada en diciembre de 2015, el presidente Xi presentó para los siguientes tres años, diez importantes programas de cooperación con África en materia de industrialización, modernización agrícola, infraestructura, finanzas, medio ambiente, facilitación del comercio y las inversiones, reducción de la pobreza, salud pública, intercambios culturales y entre pueblos, y paz y seguridad. Posteriormente, en la Cumbre de FOCAC de Beijing, celebrada en septiembre de 2018, Xi anunció el lanzamiento de ocho grandes iniciativas en los próximos tres años e incluso por un tiempo mayor, cubriendo las áreas de desarrollo industrial, conectividad de infraestructura, facilitación del comercio, desarrollo verde, desarrollo de capacidades, atención médica, intercambios entre personas, paz y seguridad. Por último, en la Cumbre Extraordinaria China-África sobre Solidaridad contra COVID-19, celebrada en junio de 2020, el presidente Xi expresó que China continuará haciendo todo lo posible para apoyar la respuesta de África a la pandemia, y que trabajará con África para acelerar la implementación de los resultados de la Cumbre de FOCAC de Beijing, dando una mayor prioridad a la cooperación en salud pública, reapertura de negocios y bienestar de las personas, a fin de construir entre China y África una comunidad de futuro compartido aún más fortalecida.

El gobierno chino está cumpliendo activamente con sus compromisos de cooperación para el desarrollo, y todas las medidas enumeradas anteriormente se han completado o están avanzando según lo programado, convirtiéndose en contribuciones sólidas al desarrollo global.

4.4.3 Impulso a la cooperación internacional en el marco de "la Franja y la Ruta"

Desde la propuesta de la iniciativa de la Franja y la Ruta, China se ha involucrado activamente en la cooperación para el desarrollo y ha trabajado para promover una mayor coordinación de políticas, una mayor conectividad de la infraestructura, un comercio sin trabas, una mejor integración financiera y vínculos más estrechos entre los pueblos, creando espacios y oportunidades en función de las necesidades de los países individuales para promover la cooperación de alta calidad en el marco de "la Franja y la Ruta".

Conectividad de políticas. La coordinación de políticas es la base para la confianza política, la cooperación pragmática y la integración de intereses entre los países participantes de la Franja y la Ruta. Siguiendo el principio de buscar y expandir puntos en común mientras se reservan y resuelven las diferencias, China ha invitado a funcionarios extranjeros a participar en sesiones de capacitación y ha enviado expertos y asesores a los países participantes para promover la comunicación y el entendimiento mutuo y crear sinergias para el desarrollo común. Asimismo, se ha trabajado en el desarrollo de plataformas para articular las estrategias de desarrollo de los países participantes con la Iniciativa de la Franja y la Ruta. China ha realizado más de 4.000 sesiones de capacitación para funcionarios de los países participantes sobre temas como conectividad de infraestructura, capacidad industrial, estandarización de equipos, facilitación del comercio y estandarización tecnológica. Los programas de capacitación sirven como una plataforma de comunicación para coordinar políticas entre los países involucrados, ya que proporcionan el espacio para discutir y planificar conjuntamente formas de vincular la iniciativa de la Franja y la Ruta con programas de desarrollo regionales, tales como la Agenda 2063 de la Alianza Africana, el Plan Maestro de Conectividad ASEAN 2025 y la estrategia de conectividad Europa-Asia de la UE, y con estrategias de desarrollo nacional, tales como la iniciativa del "Nuevo Pakistán", la iniciativa de Laos para transformarse de un país sin litoral a un país conectado por tierra, los enormes proyectos de infraestructura de Filipinas bajo el programa "Build, Build, Build", la iniciativa "Bright Road" de Kazajistán y el programa "Development Road" de Mongolia.

Conectividad de la infraestructura. La conectividad de la infraestructura es clave para la cooperación de la Franja y la Ruta. China brinda pleno apoyo a los países participantes en la construcción de líneas troncales que incluyan carreteras, vías férreas, puertos, puentes y redes de cable de telecomunicaciones, con el fin de construir el marco de conectividad de "los seis corredores, las seis rutas, múltiples países y múltiples puertos". En cuanto a la construcción de los seis corredores y las seis rutas, China brinda su apoyo a los países participantes en proyectos de conectividad de infraestructura para revivir la antigua Ruta de la Seda. A modo de ejemplo, para apoyar el Corredor Económico China-Pakistán y promover el comercio terrestre entre los dos países, China ha participado en la mejora y expansión de la Autopista Peshawar-Karachi y la Autopista Karakoram. Asimismo, para apoyar el Corredor Económico China-Península de Indochina y el Corredor Económico Bangladesh-China-India-Myanmar, China ha brindado apoyo en la construcción de autopistas, puentes y túneles en Bangladesh, Myanmar, Laos y Camboya, promoviendo la conectividad y el desarrollo integrado entre el sudeste y el sur de Asia. Por otro lado, en el Corredor Económico China-Asia Central-Asia Occidental, la construcción de tramos de la carretera Norte-Sur de Kirguistán y el proyecto de renovación de carreteras de Tayikistán han mejorado las condiciones de transporte local. Finalmente, el China Railway Express a Europa, que conecta más de 100 ciudades en más de 20 países de Europa y Asia, también ha hecho una enorme contribución para estabilizar las cadenas industriales y de suministro internacionales durante la pandemia de COVID-19.

China ha trabajado también para construir el corredor logístico en la Ruta de la Seda Marítima del siglo XXI, con miras a hacer de este un corredor de transporte fluido y eficiente, con los puertos clave de la Ruta de la Seda Marítima como enlaces principales. En este marco, China ha brindado asistencia en el proyecto de expansión del Puerto de la Amistad en Mauritania, lo que ha permitido mejorar significativamente su rendimiento y aliviar la congestión de carga y los retrasos en el puerto, convirtiéndolo en un importante nodo de logística comercial a lo largo de la Ruta Marítima de la Seda.

Por otro lado, también se ha trabajado en la construcción de centros de transporte aéreo. En efecto, para satisfacer las crecientes necesidades del transporte aéreo, China ha ayudado a Pakistán, Nepal, Maldivas, Camboya, Zambia, Zimbabue y Togo a mejorar y ampliar sus aeropuertos, lo que ha permitido aumentar su capacidad operativa, mejorar su nivel de seguridad y aumentar el rendimiento de pasajeros y carga, promoviendo el turismo local, facilitando el flujo transfronterizo comercial y de pasajeros, y brindando más oportunidades para su integración con la Iniciativa de "la Franja y la Ruta".

Comercio sin trabas. El comercio es un importante motor para el crecimiento económico. Mediante programas de asistencia para estímulo comercial, China ha ayudado a los países a mejorar su infraestructura y capacidad comercial, sentando sólidas bases para que los participantes de "la Franja y la Ruta" logren un comercio sin trabas.

Facilitación del comercio. Para mejorar la competitividad de los países en desarrollo en la cadena de suministro global, China ha tomado medidas proactivas destinadas a ayudar a los socios de la Franja y la Ruta a mejorar su infraestructura comercial y modernizar sus sistemas comerciales. A modo de ejemplo, para acelerar el proceso de despacho aduanero de mercancías y combatir el contrabando, China ha donado equipos de inspección de contenedores a más de 20 países, incluidos Georgia, Armenia, Tanzania, Kenia y Filipinas. China también ha ayudado a Bangladesh a comprar buques de transporte, entregando tres petroleros y tres graneleros a Bangladesh Shipping Corporation, lo cual ha aumentado su capacidad total de transporte.

Capacidad comercial. Actualmente, China está ayudando a Laos a desarrollar sus políticas, planes y sistemas de comercio electrónico rural, y está ayudando a Myanmar y Camboya a desarrollar sus sistemas para la inspección de productos agrícolas, inspección y cuarentena de animales y plantas, y almacenamiento de granos, con miras a mejorar su competitividad exportadora. Asimismo, de 2013 a 2018, China realizó más de 300 sesiones de capacitación para los países participantes en materia de facilitación del comercio, logística internacional, transporte multimodal, comercio electrónico, salud fronteriza y cuarentena, inspección fronteriza y cuarentena de animales y plantas, y seguridad de los alimentos importados y exportados, promoviendo la coordinación de las políticas comerciales de diferentes países y la construcción de una red de comercio libre y sin trabas. Por otra parte, también ha establecido fondos en la Organización Mundial del Comercio y la Organización Mundial de Aduanas para crear capacidad comercial y ayudar a las economías en desarrollo y, en particular a los países menos adelantados, a integrarse en el sistema de comercio multilateral.

Integración financiera. China ayuda activamente a los países participantes a mejorar sus sistemas financieros y construir plataformas de cooperación para el financiamiento, allanando el camino para la integración financiera.

En cuanto a la mejora de los sistemas financieros, China brinda asistencia a los participantes de "la Franja y la Ruta" para optimizar su entorno financiero, lo cual es requisito previo para su integración en el sistema financiero internacional. A modo de ejemplo, en el año 2015, China asistió a Laos en la construcción de su sistema nacional de pago con tarjeta bancaria, ayudando al país a mantener su estabilidad financiera y a conectarse financieramente con los países vecinos. Asimismo, el establecimiento del Centro de Desarrollo de Capacidades China-FMI y del Centro de Investigación para el Desarrollo Financiero y Económico de la Franja y la Ruta han sido de gran ayuda para que los países participantes de "la Franja y la Ruta" puedan mejorar su marcos macroeconómicos y financieros y desarrollar mejor sus capacidades para la integración financiera.

Por otro lado, en cuanto a la creación de plataformas de cooperación multilateral para la financiación, China ha establecido el Centro de Cooperación Multilateral para la Financiación del Desarrollo (MCDF, por sus siglas en inglés) junto con el Banco Mundial, el Banco Asiático de Inversión en Infraestructura, el Banco Asiático de Desarrollo, el Banco de Desarrollo de América Latina, el Banco Europeo de Reconstrucción y Desarrollo, el Banco Europeo de Inversiones, el Banco Interamericano de Desarrollo y el Fondo Internacional de Desarrollo Agrícola. El MCDF tiene como objetivo promover la conectividad entre las instituciones financieras internacionales y los socios relevantes, y atraer más inversiones en "la Franja y la Ruta" mediante el intercambio de información, apoyando la preparación de proyectos y la creación de capacidad.

Lazos más estrechos de persona a persona. La amistad entre pueblos es la piedra angular de las relaciones sólidas entre los Estados, y la comunicación sincera es la clave para una amistad más profunda. China promueve los intercambios entre pueblos y la cooperación cultural con los países socios a través de proyectos diseñados para mejorar la vida de la población local, aumentando así el aprecio, el entendimiento y el respeto mutuos, y reforzando la base social de la Iniciativa de "la Franja y la Ruta".

Mejora de la vida de las personas. En el marco de "la Franja y la Ruta", China ha lanzado una serie de proyectos orientados a las personas, para abordar cuestiones como la vivienda, el suministro de agua, la atención médica, la educación, los caminos rurales y la asistencia a grupos vulnerables, ayudando a llenar los vacíos en infraestructura y servicios públicos básicos. Por ejemplo, ha ayudado a Costa de Marfil, Camerún, Etiopía y Yibuti a construir sistemas de abastecimiento de agua para garantizar el acceso a agua potable segura; ha ayudado a Sri Lanka, Senegal, Guinea, Níger, Mozambique, Sudán del Sur, Jamaica, Surinam, Dominica y la República Democrática del Congo en la construcción de hospitales para mejorar los servicios médicos locales y facilitar el acceso de la población local al tratamiento médico; y ha ayudado a Bielorrusia a construir viviendas subsidiadas por el gobierno para mejorar las condiciones de vida de los más vulnerables. Por otro lado, entre 2016 y 2019, China realizó más de 2.000 cirugías de cataratas gratuitas en Sri Lanka, Pakistán y Uzbekistán.

Promoción de los intercambios entre pueblos. China ha invitado a representantes de países de "la Franja y la Ruta", como Sri Lanka, Pakistán y Kazajistán, a participar en intercambios que permitan conocer y comprender mejor la cultura y la situación nacional de China. También ha enviado jóvenes voluntarios a otros países de "la Franja y la Ruta",

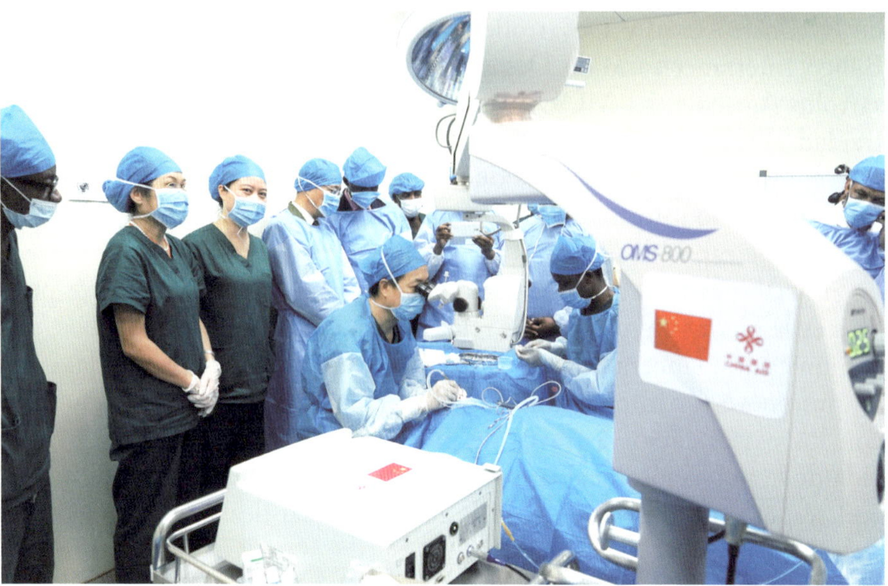

Entre mayo y junio de 2016, un equipo de oftalmólogos chinos viajó a las Comoras para llevar a cabo la actividad "Brightness Action", en la cual realizaron cirugías de recuperación de la vista a 537 pacientes con cataratas y dictaron capacitaciones para los oftalmólogos locales.

como Laos y Brunei, para fomentar lazos más estrechos entre las personas y facilitar los intercambios culturales y el aprendizaje mutuo.

Fortalecimiento de la cooperación cultural. China ha participado en 33 proyectos para la preservación conjunta de reliquias culturales con 17 países de "la Franja y la Ruta". Entre estos se incluyen los proyectos de protección y restauración de Angkor Wat en Camboya, las pagodas budistas de Bagan en Myanmar dañadas por los terremotos y la ciudad antigua de Jiva en Uzbekistán, así como actividades arqueológicas conjuntas en las ruinas de Rakhat en Kazajistán y las ruinas de Bikrampur en Bangladesh. Asimismo ha lanzado un proyecto de acceso a la televisión por satélite para 10.000 aldeas africanas, destinado a proporcionar conexión de televisión digital a las comunidades rurales de más de 20 países africanos, abriéndoles una nueva ventana hacia el mundo; y ha brindado asistencia a proyectos para centros de radio y televisión en Seychelles, las Comoras, Tanzania y Mauricio para mejorar la capacidad de transmisión de las redes locales de radio y televisión, convirtiéndolas en canales importantes para la comunicación cultural en sus respectivas localidades.

4.4.4 Lucha contra la pandemia de coronavirus

La pandemia de coronavirus ha planteado una enorme amenaza para la seguridad de la vida, la salud y el bienestar de las personas en todo el mundo, trayendo grandes desafíos para la seguridad de la salud pública global y obstaculizando fuertemente el trabajo para llevar a cabo la Agenda de 2030 para el Desarrollo Sostenible de la ONU. Por ello es que China continuará dando lo mejor de sí para apoyar a los países en desarrollo en su lucha contra la pandemia, de la manera que mejor convenga según sus necesidades particulares, contribuyendo así a salvaguardar la salud mundial.

Agotando esfuerzos para apoyar a los países en desarrollo en la lucha contra el COVID-19. China seguirá ofreciendo suministros médicos a todo el que lo necesite, participará en la cooperación en tecnologías médicas y continuará enviando equipos de especialistas médicos. Se compromete además a destinar 2.000 millones de USD para ayuda internacional a los países más afectados por el COVID-19, especialmente a los países en desarrollo, durante un período de 2 años, para apoyar su lucha contra el virus y sus esfuerzos por reanudar el desarrollo económico y social. Asimismo, China continuará compartiendo información y experiencias sin reservas con la OMS y la comunidad internacional, y participará en la cooperación internacional para la investigación y el desarrollo de métodos de prueba, tratamientos clínicos, medicamentos y vacunas para detener la propagación mundial del virus lo antes posible y salvaguardar la salud pública mundial.

Ayuda a los países en desarrollo para mejorar sus sistemas de salud pública. La pandemia de coronavirus puso al descubierto las deficiencias y debilidades de los sistemas de salud pública de muchos países, y la forma de fortalecerlos es acudiendo a la solidaridad y la cooperación. En línea con esto, China trabajará con la OMS para ayudar a los países en desarrollo, especialmente a los países africanos, a fortalecer sus sistemas de salud pública y mejorar la velocidad de su respuesta y su capaci-

El 24 de marzo de 2021, llegó al Aeropuerto Internacional de Manila el segundo lote de 400.000 vacunas contra COVID-19 donadas por China a Filipinas.

dad para el control de enfermedades, mediante un mecanismo de asociación de hospitales chinos con 30 hospitales africanos y la adopción de medidas para acelerar la construcción de un Centro para el Control y Prevención de Enfermedades con sede en África.

Apoyo a la OMS y otras organizaciones internacionales en el desempeño de funciones clave. La OMS ha hecho una significativa contribución a la lucha contra la pandemia al liderar y fomentar la cooperación mundial. Apoyar a la OMS es apoyar la cooperación global en la lucha contra la pandemia y el esfuerzo por salvar vidas. China continuará apoyando a la OMS en el desempeño de su papel y pedirá a la comunidad internacional que le brinde más apoyo político y financiero para que pueda movilizar los recursos necesarios en todo el mundo para derrotar a este virus. Asimismo, también continuará apoyando a las demás organizaciones multilaterales, tales como el G20, APEC, BRICS y OCS para aumentar los intercambios y la coordinación, y desplegar conjuntamente la cooperación internacional en materia de prevención y control.

Capítulo V
Programas de Desarrollo: una Comparación Internacional

5.1 Aprendizajes y modelos de desarrollo en el mundo a partir de la Segunda Guerra Mundial

5.1.1 El modelo de Asia Oriental

Estrictamente hablando, no existe una definición categórica de lo que se conoce como el "modelo de Asia Oriental". En términos generales, este es entendido como el conjunto de las prácticas adoptadas y experiencias adquiridas por parte de los países (o regiones) de Asia Oriental en su exitoso proceso de acelerado desarrollo económico. La esencia del "modelo de Asia Oriental" radica en la exitosa recuperación y superación económica de los países (o regiones) de Asia Oriental económicamente atrasados, lograda a partir del desarrollo económico focalizado en la industrialización, que les permitió alcanzar e incluso superar a los países desarrollados de Occidente.

Luego de la década de 1960, los países y regiones de Asia Oriental, incluidos Japón y los llamados "cuatro tigres asiáticos" (Corea del Sur, Taiwán, Hong Kong y Singapur), lograron un considerable desarrollo económico, convirtiéndose en fuertes economías altamente competitivas a nivel mundial, fenómeno que fue posteriormente llamado como el "milagro de Asia Oriental" por el Banco Mundial. En efecto, para la década de 1980, Japón ya se había convertido en la "segunda economía abierta más productiva del mundo" (Johnson, 1982: VII). Asimismo, a la par de crecer económicamente, estos países lograron también reducir la pobreza extrema y la brecha entre ricos y pobres, y puede decirse que se convirtieron en economías modelo al lograr superar exitosamente la "trampa de la renta media" luego de la Segunda Guerra Mundial, algo muy poco común entre los países y regiones en desarrollo.

Según una investigación del Banco Mundial (1993), el "modelo de Asia Oriental" se construye sobre las siguientes particularidades: un entorno macroeconómico estable, altas tasas de ahorro y de inversión, un capital humano de alta calidad, una burocracia basada en el mérito, una menor brecha en los ingresos, incentivo a la exportación, una industrialización exitosa, inversión extranjera directa y transferencia de tecnología[1]. Por otro lado, Perkins (1986) considera que las peculiaridades del "modelo de Asia Oriental" se manifiestan en: un entorno político bueno y estable, un rápido aumento de la productividad laboral, una estrategia de desarrollo económico "orientado a la exportación", políticas exitosas de reforma agraria y bajos niveles de desigualdad en los ingresos[2]. Además de estas particularidades estructurales, el "modelo de Asia Oriental" se basa también en el llamado "modelo de los gansos voladores" (o "modelo de desarrollo en cuña"), en el cual, conforme iban variando las ventajas comparativas, las industrias intensivas en mano de obra iban siendo transferidas de Japón, quien representaba el "ganso líder", hacia los "cuatro tigres asiáticos", los países de la ASEAN y las regiones costeras del sureste de China.

La crisis financiera iniciada en 1997 en el Sudeste asiático llevó a la gente a repensar y explorar más allá del "modelo de Asia Oriental", pero debe reconocerse que el salto económico y el proceso de desarro-

---

1 Banco Mundial (1993). *The East Asian Miracle: Economic Growth and Public Policy [El Milagro de Asia Oriental: Crecimiento Económico y Políticas Públicas].* Nueva York: Oxford University Press.

2 Perkins, D.H. (1986). *China: Asia's Next Economic Giant? [China: ¿el Próximo Gigante Económico en Asia?].* Seattle: University of Washington Press.

llo que desató este modelo hicieron de este un ejemplo a seguir para el auge económico y social de los países en desarrollo.

5.1.2 El modelo latinoamericano

Si bien en las décadas posteriores a la Segunda Guerra Mundial los países latinoamericanos establecieron sus sistemas económicos independientes antes que los países de Asia oriental, en comparación con estos últimos, y en especial con los "cuatro tigres asiáticos", la mayoría de los países en Latinoamérica pasaron por muchos más altibajos, y hasta el día de hoy, no han podido salir de "la trampa de la renta media".

La enfermedad crónica de los países latinoamericanos en su desarrollo económico y social es que a pesar de haber tenido varias oportunidades y reformas históricas, no han podido salir de la "trampa de la renta media" y alcanzar aquel estado de desarrollo del que gozan algunos pocos países occidentales. Luego de su independencia a principios del siglo XIX, los países latinoamericanos se concentraron en desarrollar autónomamente su propia economía. El problema es que la estructura económica arrastrada desde las épocas coloniales estaba todavía muy arraigada, y su economía seguía dependiendo de la exportación de productos primarios. Tras la crisis económica mundial de principios de 1930, que golpeó fuertemente la economía en Latinoamérica, los países de la región optaron por adoptar un modelo de desarrollo económico orientado a la exportación de productos primarios. Posteriormente, bajo la influencia de las nuevas teorías económicas y tendencias de nacionalismo radical provenientes de occidente, las teorías de desarrollo económico dominadas por el estructuralismo fueron poco a poco ganando terreno, llevando a los países latinoamericanos a adoptar programas de "sustitución de importaciones", con un fuerte matiz nacionalista y proteccionista, para guiar sus procesos de transformación y modernización de la economía. Paralelamente, para proteger el desarrollo de la industria nacional, se restringía la competencia con productos extranjeros mediante barreras arancelarias y no arancelarias, así como con medidas preferenciales para las empresas nacionales. En la década de 1950, con el mercado interno de bienes de consumo no duradero básicamente saturado, América Latina pasó gradualmente a la producción por sustitución de importaciones de bienes de consumo duradero y productos intensivos en capital. Pero al llegar a un cuello de botella, y bajo la influencia de la "teoría de la dependencia" y del auge general de los movimientos nacionalistas, que proclamaban la nacionalización y un mayor control, promoción e intervención directa del Estado sobre las actividades económicas, el modelo de "sustitución de importaciones" dio un paso más adelante, buscando establecer un sistema industrial doméstico cerrado o semicerrado, relativamente completo y con la menor influencia externa posible, sobre el cual los países pudieran apoyarse para competir a nivel internacional y alcanzar el nivel de desarrollo de los países industrializados. Sin embargo, en un mundo con una interdependencia económica entre los países en permanente aumento, un flujo internacional de factores en acelerado crecimiento y una estructura industrial en constante renovación, este modelo de desarrollo era muy difícil de ser alcanzado. En efecto, para mantener el proceso de industrialización en continuo avance, era necesario importar más materias primas, productos intermedios, maquinaria y equipos intensivos en capital, por lo que el modelo de "sustitución de importaciones" generaba aún más dependencia de la economía latinoamericana hacia el exterior, desequilibrando también la balanza de pagos y debilitando el sistema económico. Esto provocó un mayor aumento de la brecha de desarrollo entre los países latinoamericanos y los países desarrollados. Luego de la crisis de deuda de principios de 1980 y bajo la influencia de las teorías neoliberales, los países latinoamericanos se vieron forzados a adoptar un modelo de desarrollo orientado al mercado y a la exportación, aprendiendo de las medidas políticas implementadas en Asia Oriental. Pero dado que el escenario internacional había tenido cambios muy grandes para ese entonces, los sistemas y mecanismos operativos acumulados por los países dificultaban la transformación acelerada de su economía.

La "maldición de los recursos" se convirtió entonces en uno de los rótulos del "modelo latinoamericano". Como insumo necesario para la producción, los recursos naturales son una base material fundamental para el desarrollo económico, y los países con recursos relativamente abundantes suelen tener mayor potencial de desarrollo. No obstante, los hechos demuestran que los países con mayor riqueza en recursos naturales generalmente crecen más lento que los países en donde estos escasean.

Al igual que los países latinoamericanos, en los primeros años posteriores a la Segunda Guerra Mundial, las economías de Asia oriental también adoptaron un modelo de desarrollo por industrialización basado en la "sustitución de importaciones". Pero en comparación con los primeros, el nivel de protección a la industria nacional durante esta etapa de industrialización en Asia oriental fue menor, y desde inicios de la década de 1960, cuando el desarrollo en base a "sustitución de importaciones" se acercaba al límite de los recursos internos, estas economías rompieron con la teoría estructuralista de "centro-periferia", y apoyándose en la teoría de las ventajas comparativas dinámicas y la teoría del ciclo de vida del producto, combinaron mano de obra nacional de bajo costo con tecnología de transferencia extranjera, y con la ventaja de bajo costo y el norte puesto en la exportación, desarrollaron sus respectivas ventajas comparativas internacionales en industrias intensivas en mano de obra, como la industria textil, de prendas de vestir y de procesamiento de madera. Luego de la década de 1970, cuando las ventajas por bajo costo de mano de obra de otros países en desarrollo superaron las de las economías de Asia oriental, estas últimas no fueron afectadas por el nacionalismo y la teoría de la dependencia, por el contrario, aprovecharon las oportunidades que ofrecía la transferencia industrial de los países desarrollados hacia el extranjero, y se abocaron al desarrollo de industrias intensivas en tecnología y capital, logrando una mejora en su propia estructura económica. Luego de la década de 1980, las economías de Asia oriental hicieron nuevos ajustes en sus modelos de desarrollo económico, dando lugar a un desarrollo liberalizado, internacionalizado y con un mercado de exportación diversificado.

En definitiva, tanto el "modelo latinoamericano" como el "modelo de Asia oriental" son caminos de desarrollo trazados por los distintos países y regiones según sus propias condiciones y contextos históricos, que bajo las circunstancias de entonces, impulsaron en diferentes niveles su crecimiento económico y su desarrollo social.

5.1.3 El "Consenso de Beijing" y el modelo chino

En mayo de 2004, el ex editor de la revista Time de Estados Unidos y profesor adjunto de la Universidad de Qinghua en China, Joshua Cooper Ramo, propuso por primera vez el concepto de "consenso de Beijing". Ramo define el "consenso de Beijing" a partir de tres aspectos: el primero es la innovación y la experimentación en la reforma, y el uso de la innovación para reducir las pérdidas por fricción de la reforma; el segundo es un modelo de desarrollo donde la sostenibilidad y la paz son la primera consideración; el tercero es el desarrollo independiente y autónomo, oponiéndose al Consenso de Washington, la participación en la globalización de acuerdo a las propias condiciones nacionales y la acumulación de herramientas de proyección de poder asimétrica en el

El 16 de noviembre de 2008, el Programa de Desarrollo de las Naciones Unidas publicó el "Informe de Desarrollo Humano de China 2007/08" en Beijing. El informe señaló que la reforma y la apertura provocaron enormes avances en el desarrollo humano de China, llevando su IDH a los niveles más altos de la historia, y permitiéndole acercarse a los "países de alto nivel de desarrollo humano".

proceso de desarrollo económico, como las enormes reservas de divisas. Estos tres caminos arriba mencionados, le permitieron a China lograr por un lado la independencia nacional, y por el otro, el acelerado crecimiento económico[3].

La innovación y la experimentación son el contenido central del "Consenso de Beijing", y reflejan un modelo tanto ideal como práctico, con flexibilidad para la resolución de problemas, y la posibilidad de adaptarse caso a caso, sin exigir uniformidad. Este no solo se preocupa por el desarrollo económico, sino también por los cambios sociales, procurando mejorar la sociedad mediante el desarrollo económico y una mejor gestión. Ramo considera que el modelo de desarrollo económico chino es adecuado no solo para China, sino para cualquier país en desarrollo que busque el crecimiento de su economía y el progreso de la vida de su gente. El "Consenso de Beijing" ofrece un camino distinto para todos aquellos países en desarrollo que persiguen constantemente el crecimiento propio y la incorporación al orden internacional, y para todos aquellos países que anhelan mantener una verdadera independencia y proteger su historia, su cultura, sus tradiciones y sus decisiones políticas.

5.1.4 El "Consenso de Washington" para los países en desarrollo

En su libro *Neoliberalismo y Orden Global*, el reconocido erudito estadounidense Noam Chomsky aclara expresamente que "el consenso neoliberal de Washington es una serie de principios orientados al mercado, diseñados por el gobierno de los Estados Unidos y las instituciones financieras internacionales que este domina, e implementados por ellos de varias maneras."[4] En 1989, John Williamson, quien

---

3 Joshua Cooper Ramo (2004). *The Beijing Consensus: Notes on the New Physics of Chinese Power [El Consenso de Beijing: Notas sobre la Nueva Física del Poder Chino]*. Londres: Foreign Policy Centre.

4 Noam Chomsky (1999). *Profits over People: Neoliberalism and Global Order [El Beneficio es lo que Cuenta: Neoliberalismo y Orden Global]*. Nueva York: Seven Stories Press.

fue director del entonces Instituto para la Economía Internacional de Estados Unidos y economista del Banco Mundial, enumeró sistemáticamente las diez recomendaciones para la reforma económica en Latinoamérica, lo cual se conoce como el "Consenso de Washington", y que consistían en: 1. Disciplina fiscal, reducción del déficit fiscal y de la tasa de inflación, y estabilización de la situación macroeconómica; 2. Redirección del gasto público hacia una mayor inversión en los sectores de mayores beneficios económicos o que permitan mejorar la distribución de los ingresos (como educación, sanidad e infraestructura); 3. Reforma tributaria, adopción de tipos impositivos marginales más bajos y ampliación de la base tributaria; 4. Liberalización de las tasas de interés; 5. Tipos de cambios competitivos; 6. Liberalización del comercio y apertura del mercado; 7. Liberalización de la inversión extranjera directa; 8. Privatización de las empresas estatales; 9. Desregulación gubernamental; 10. Protección de los derechos de propiedad. Estos diez puntos obtuvieron el reconocimiento de todas las principales instituciones económicas de occidente[5]. Según estas políticas, la vía de escape de la crisis de los países en desarrollo era "la liberalización, la privatización, la orientación al mercado y la integración de la economía", buscando en esencia implementar una economía de mercado liberalizada al estilo occidental.

En la década de 1990, las políticas liberales del "Consenso de Washington" y de la "Terapia de Choque" fueron ampliamente difundidas entre los países de Latinoamérica y en Rusia, pero tras la implementación de este modelo de desarrollo económico de *laissez-faire,* las industrias nacionales de estos países comenzaron a perder competitividad internacional, y los gobiernos comenzaron también a perder capacidad de macrocontrol sobre la economía, lo cual trajo consigo un aumento continuo de la brecha entre ricos y pobres y conflictos sociales más intensos, llevando a la crisis del modelo del "Consenso de Washington".

5 John Williamson. *Journal of Post Keynesian Economics [Revista de Economía Poskeynesiana],* Vol. 27, No. 2 (Invierno, 2004-2005), pp.195-206.

5.2 Revisión histórica de la economía del desarrollo

¿Cuáles son las fuentes del desarrollo económico? La pregunta acerca de cómo explicar el curso histórico del desarrollo económico de la humanidad, y revelar el secreto del auge y la caída de las naciones, es la eterna incógnita del estudio de la economía, y es también el tema central de las teorías de desarrollo económico. Cuando en la década de 1950 la economía del desarrollo se convirtió en una rama de la economía, su foco de atención, al igual que la mayoría de las teorías económicas, era (y básicamente sigue siendo) comprender cómo crece y se expande la economía de los Estados nacionales. Es decir, su preocupación era medir las fuentes y los tipos de expansión económica a partir del crecimiento del PIB, el papel de los diferentes insumos en la producción (capital, mano de obra y tierra) y el impacto del crecimiento en los distintos sectores de la economía (agricultura, manufactura y servicios), considerando al mismo tiempo el rol del Estado. Todos estos son temas centrales tanto en la economía del desarrollo clásica como neoclásica. Por el contrario, las ramas más radicales parten de la otra cara de la moneda, preocupándose en cómo mejorar el bienestar de la población y del planeta entero, pero incluso muchas posturas dentro del marxismo y del neomarxismo ponen el foco en última instancia en el asunto del ingreso nacional. Lo que aquí puede verse son dos enfoques fundamentalmente diferentes de la cuestión central acerca de qué es el "desarrollo", en torno a los cuales se desarrollan las distintas etapas de la economía del desarrollo y sus métodos clave.

En cierto nivel, podría decirse que el núcleo de la economía convencional clásica es justamente la economía del desarrollo. El tema central de este núcleo es la ley de Smith (Adam Smith, 1776): la fuente del crecimiento económico es la división del trabajo, la división del trabajo depende del tamaño del mercado, y el tamaño del mercado depende de las condiciones del transporte[6]. La propuesta política de

6 YANG Xiao-kai, ZHANG Yong-sheng (1999). "Xinxing Gudian Fazhan Jingjixue Daolun [Introducción a la Economía del Desarrollo Clásica Emergente]", en *Jingji Yanjiu [Estudios Económicos]*, No. 7.

la economía del desarrollo clásica se refleja en un párrafo de Adam Smith: "En el proceso de avance de un país desde el nivel más bajo de ignorancia hasta el estado de mayor riqueza, el gobierno realmente no tiene nada que hacer más que mantener la paz, los impuestos flexibles y una administración judicial justa, todo lo demás viene por sí solo". Tal como lo aclara en la primera página de *La Riqueza de las Naciones*, el tema central que preocupa a Adam Smith es por qué algunas naciones son tan ricas, mientras que otras no lo son, o en otras palabras, por qué se desarrollan las naciones. A pesar del extenso desarrollo en los cientos de páginas de *La Riqueza de las Naciones*, la explicación que Smith hace del crecimiento es simple y concisa: el crecimiento económico viene del aumento de la productividad laboral; el aumento de la productividad laboral se debe a la mayor división del trabajo y especialización; y la mayor división del trabajo y especialización provienen de la expansión de la escala del mercado.

Una de las eternas contribuciones de la economía clásica es que pone al comercio como principal impulsor del desarrollo. Esta fe en el comercio proviene del postulado de Smith acerca de los beneficios de la especialización y las "ganancias" devenidas del comercio originado a partir de aquella. De aquí nace también la teoría de las ventajas comparativas de David Ricardo. Debe aclararse que la aprobación de los economistas clásicos hacia el libre comercio no es tan incondicional como la de los economistas neoclasicistas o neoliberalistas de hoy. En efecto, aquellos reconocen que el comercio se desarrolla en el contexto de cierto control gubernamental sobre los flujos de capital, y que así debe ser. El pensamiento de Smith, Ricardo y Thomas Robert Malthus sentó las bases para la teoría clásica del crecimiento basada en la acumulación de capital, la producción, el progreso tecnológico, la división del trabajo y el crecimiento poblacional.

El sistema político liberal británico de los siglos XVII-XIX y la política de reforma de liberalización de Europa Occidental en el siglo XIX son un verdadero retrato de las palabras de Adam Smith. Según Max Weber, Rosenberg y Birdzell, Braudel y North, el desarrollo de la economía moderna es directamente promovido por el sistema capitalista. Este entorno institucional determina las condiciones de transacción, incidiendo en el nivel de división del trabajo y en el tamaño del mercado. A su vez, el nivel de división del trabajo y el tamaño del mercado influyen en el desempeño del desarrollo, y se convierten, en sí, en la fuerza impulsora del cambio institucional.

Durante esta etapa, la división del trabajo y los sistemas políticos y económicos de Europa Occidental y las regiones del Atlántico Norte se vieron favorecidos por sus ventajosas características geográficas. Las particulares condiciones de Gran Bretaña en el siglo XVIII dieron lugar a la formación de un sistema legal y político muy peculiar para el desarrollo económico, el cual fue posteriormente imitado y revisado creativamente por los demás países de Europa Occidental del siglo XIX, difundiéndolo por el continente europeo. Este sistema permitió reducir enormemente los costos de transacción, promoviendo una mayor división de trabajo y sentando las bases para la formación de importantes organizaciones económicas. Los cambios estructurales provocados por la evolución de la división del trabajo fueron lo que se conoce como "industrialización", la cual trajo consigo un aumento en la participación de la producción industrial y un aumento en la tasa de inversión y ahorro[7]. El aumento de la participación del ingreso del sector industrial marcó la transición de la sociedad de la etapa de autosuficiencia a la etapa de alto nivel de división del trabajo. En una sociedad autosuficiente que carece de industria y de división industrial del trabajo, cada persona debe producir todos los suministros agrícolas e industriales necesarios por su propia cuenta, pero con el aumento del nivel de división del trabajo en estas sociedades, apareció la diferenciación entre el campesino y el fabricante de profesión. Al crecer la participación del ingreso en el sector de producción de bienes de inversión

---

7 Lews, W. (1995). *The Theory of Economic Growth [La Teoría del Crecimiento Económico].* New Haven: Yale University Press. Chemery, M. (1979). *Structural Change and Development Policy [Cambio Estructural y Política de Desarrollo].* Oxford University Press. Kuznets, S, (1966). *Modern Economic Growth [Crecimiento Económico Moderno].* New Haven: Yale University Press. Jones Eric L. (1981). *The European Miracle: Environments, Economics and Geopolitics in the History of Europe and Asia [El Milagro Europeo: Entornos, Economía y Geopolítica en la Historia de Europa y Asia].* Cambridge: Cambridge University Press. Kaldor, N. (1957). "A Model of Economic Growth [Un Modelo de Crecimiento Económico]" en *The Economic Journal [La Revista Económica],* Vol. 67, pp. 591-624.

y la inversión en sí, aumentó aún más la división del trabajo en el proceso de producción, lo cual dio lugar al surgimiento endógeno del progreso tecnológico. Dentro de este proceso, las fuerzas productivas y los ingresos personales pudieron crecer de manera estable, y el desarrollo promovió aún más el progreso ideológico y el avance del régimen institucional. El desarrollo de la economía moderna puede analizarse desde cinco aspectos: el esquema geopolítico; la ideología, los códigos de conducta, la ética y el sistema político-jurídico; el régimen empresarial, las organizaciones industriales y las prácticas empresariales; la división del trabajo y la correspondiente evolución en la estructura económica; y la productividad general y el bienestar.

Si bien estos procesos de desarrollo de la economía moderna también alcanzaron a los países en desarrollo, el término "economía del desarrollo" como tal no apareció hasta después de la Segunda Guerra Mundial, presentándose como una rama de la economía aplicada directa y únicamente relacionada con los países subdesarrollados y en vías de desarrollo. Esta economía del desarrollo surgida después de la Segunda Guerra Mundial (entendida como "economía del desarrollo neoclásica") se focaliza en los últimos dos aspectos arriba mencionados, a saber, la división del trabajo y los correspondientes cambios en la estructura económica por un lado, y el aumento de la productividad general y el bienestar por el otro. En particular, el tema de la "ayuda", la cual es un importante factor que típicamente representa la "economía de los países en desarrollo", comienza en esta época a introducirse y a convertirse en uno de los temas centrales del desarrollo.

Luego de la Segunda Guerra Mundial, la economía del desarrollo como rama de estudio comenzó a florecer, y fueron dos las razones que motivaron a los economistas del desarrollo a investigar en este campo, una de ellas era el sentimiento de responsabilidad moral de apoyar a los países en desarrollo, y la otra, más importante aún, es que en este período, los países en desarrollo entraron en una nueva etapa de modernización, y las distintas políticas que cada uno de ellos adoptaba proveían nuevo y abundante material para el estudio de la economía del desarrollo. Durante la primera mitad de la década de 1980, dos de los principales logros de la economía del desarrollo fueron los modelos de desarrollo y las estadísticas de crecimiento. Entre las obras clásicas en este campo se encuentran *Auge y Caída del Crecimiento Económico* (H.W Arndt, 1978)[8], *El Nacimiento, la Vida y la Muerte de la Economía del Desarrollo* (Dudley Seers, 1979)[9] y *Ensayos de Penetración y Superación de Fronteras* (Albert O. Hirschman, 1981)[10]. El primer capítulo de la última obra citada se titula justamente "Auge y ocaso de la teoría económica del desarrollo". En esta época se destacan también las obras *Desarrollo Económico: Teoría, Política y Relaciones Internacionales* (I. M. D. Little, 1982)[11], la cual integra el estudio de la economía del desarrollo en el marco de las relaciones internacionales, y *La Pobreza de la Economía del Desarrollo* (Deepak Lal, 1983)[12], que también es una obra representativa dentro del campo.

En estos años, el Banco Mundial publicó el libro *Pioneros en el Desarrollo* (1984), en el cual presentó los principales postulados y su proceso de formación de diez "pioneros del desarrollo" de la década de 1950, así como la visión de estos economistas del desarrollo acerca de los problemas y las políticas de desarrollo de principios de la década de 1980[13]. Dentro del libro, la revisión histórica desde los orígenes de

---

8 Arndt H W (1978). *The Rise and Fall of Economic Growth: a Study in Contemporary Thought [M] [El Auge y la Caída del Crecimiento Económico: un Estudio sobre el Pensamiento Contemporáneo].* Melbourne: Longman Cheshire. El estudio tiene como objetivo principal corregir los conceptos erróneos sobre el crecimiento en los países industriales avanzados, pero sus argumentos también son claramente relevantes para la economía del desarrollo.

9 Seers, Dudley (1979). "The Birth, Life and Death of Development Economics: (Revisiting a Manchester Conference) [El Nacimiento, la Vida y la Muerte de la Economía del Desarrollo: (Revisitando una Conferencia de Manchester)]" en *Development and Change [Desarrollo y Cambio],* Vol. 10, issue 4, pp. 707-719.

10 Hirschman, Albert O. (1981). *Essays in Trespassing: Economics to Politics and Beyond [De la Economía a la Política y Más Allá: Ensayos de Penetración y Superación de Fronteras].* Archivo de CUP.

11 Little, Ian Malcolm David (1982). *Economic Development: Theory, Policy and International Relations [Desarrollo Económico: Teoría, Política y Relaciones Internacionales].* Nueva York: Basic Books.

12 Lal, Deepak (1983). *The Poverty of Development Economics [La Pobreza de la Economía del Desarrollo],* Institute of Economic Affairs [Instituto de Asuntos Económicos], Londres.

13 Meier G. M., Seers D. (1984). *Pioneers in Development [M] [Pioneros en el Desarrollo].* Banco Mundial.

la economía del desarrollo escrita por Gerald M. Meier y el análisis de las "dicotomías del desarrollo" en el epílogo de Paul Streeten son los ensayos más representativos. Posteriormente, Meier realizó un análisis explicativo más amplio de la evolución de las teorías del desarrollo, aportando su propia propuesta política (ver *Emerging from Poverty: The Economics that Really Matters [Saliendo de la Pobreza: La Economía que Realmente Importa]*). En 1983, el día de su asunción como presidente de la Asociación Estadounidense de Economía, el economista William A. Lewis pronunció un discurso titulado *El Estado de la Teoría del Desarrollo*, en el que expresó que "Como quiera que se defina, se dice que la economía del desarrollo anda de capa caída, después de un par de decenios vivaces. Parece cierto que el tema ha sido abandonado por los estudiantes estadounidenses de doctorado. Sus antenas les indican dónde encontrar los mejores puestos y en esta competencia ya no resulta competitiva la economía del desarrollo. La ayuda al exterior ha disminuido, las instituciones multilaterales no pueden marchar al paso de la inflación y la Fundación Ford ha cambiado sus prioridades." Pero seguidamente, Lewis aclaró a los economistas estadounidenses que esta no era una tendencia mundial, pues la economía del desarrollo estaba todavía plenamente presente en las políticas y las prácticas de los países del Tercer Mundo, en los que seguía teniendo un buen impulso.

Por otro lado, las propuestas de orientación política provenientes de los campos de estadística del crecimiento y de la econometría empezaron también a acercarse más hacia cuestiones de política de desarrollo. Al igual que los economistas del desarrollo tradicionales, el punto de partida de estos campos generalmente es estudiar cómo promover o impulsar el crecimiento económico de los países en desarrollo, y definir los métodos concretos para alcanzar este objetivo. Pero mientras los primeros necesitan dar con métodos orientados por indicadores de crecimiento específicos, los economistas del desarrollo se ven menos limitados a la hora de analizar el crecimiento económico y proponer políticas acordes, e incluso para un mismo problema, puede ocurrir que se propongan distintas políticas.

La economía del desarrollo ha pasado por importantes etapas evolutivas, en cada una de las cuales el estudio referido a las políticas ha estado siempre estrechamente ligado a la realidad del mundo. Según

Rostow, el proceso de desarrollo de la economía del desarrollo se puede dividir en seis etapas[14].

5.2.1 Planificación para la guerra en la era de posguerra (principios y mediados de la década de 1940)

En esta época hay tres trabajos de investigación bastante representativos: *Problemas de Industrialización de Europa Oriental y Sudoriental* (Rosenstein-Rodan, 1943)[15], *Desarrollo Económico Mundial: Efectos en los Países Industriales Avanzados* (Eugene Staley, 1944) y *La Industrialización de los Países Atrasados* (Kurt Mandelbaum, 1945)[16], entre los cuales el trabajo de Rodan en particular hace una novedosa contribución. Rodan diseña un plan de desarrollo para los diez años posteriores a la guerra, proponiendo aumentar el ahorro interno, atraer capital extranjero y utilizar las reparaciones de guerra de Alemania y los nuevos inmigrantes para complementar la fuerza laboral, a fin de sacar a la economía de Europa oriental y sudoriental del estancamiento de entonces, aumentar su crecimiento a más del 4 %, y transformar el desempleo en empleo pleno, apuntando particularmente a elevar la tasa de empleo del 40% al 50% en el sector industrial.

En ese entonces, Europa oriental y sudoriental eran consideradas zonas de depresión internacional, y el motivo de la industrialización en estas regiones era crear oportunidades de trabajo productivo para la población agrícola excedente, y así promover el equilibrio estructural

14 Rostow W. W., Kennedy M. (1992). *Theorists of Economic Growth from David Hume to the Present: with a Perspective on the Next Century [M] [Teóricos del Crecimiento Económico desde David Hume hasta el Presente: con una Perspectiva del Próximo Siglo].* Nueva York: Oxford University Press on Demand.

15 Rosenstein-Rodan P. N. (1943). "Problems of Industrialization of Eastern and South-Eastern Europe [J] [Problemas de Industrialización de Europa Oriental y Sudoriental]" en *The Economic Journal [La Revista Económica],* Vol. 53, No. 210/211, pp. 202-211.

16 Mandelbaum K. (1945). *Industrialization of Backward Areas [M] [La Industrialización de los Países Atrasados].* Oxford: Basil Blackwell.

de la economía mundial. Pero para desarrollar estas regiones, era indispensable la inversión de capital inicial, ante lo cual, el planteo de Rodan era el siguiente: "Incluso si tenemos en cuenta el aumento gradual de la renta nacional, una tasa de ahorro que empiece en el 8% y alcance el 15% en 10 años parece representar el máximo que podemos planificar. Suponiendo una renta nacional que aumente anualmente un 4% y una tasa media de inversión del 12%, la oferta interna de capital sólo ascendería a 3.000 millones de libras esterlinas…En el mejor de los casos, el 70-80% de los trabajadores desempleados podrían ser empleados nuevamente. Se deduce que la emigración debe todavía usarse como una medida complementaria para la industrialización. Sin embargo, además de esto, las reparaciones alemanas en forma de equipo de capital podrían aportar una parte del capital de los fondos fiduciarios de inversión de Europa del Este".

Por su parte, Staley analiza el problema de los países ricos y pobres, y procura definir aquellas políticas que generen el mayor beneficio mutuo para los países industrializados avanzados y los países en desarrollo. Con la ayuda de estadistas y economistas del Departamento de Comercio de Estados Unidos, Staley recopila una gran cantidad de datos históricos para obtener la siguiente conclusión: el crecimiento económico en los países menos desarrollados conduce a una mayor demanda de importaciones desde los países más desarrollados. Seguidamente, analiza el proceso de adaptación industrial por el que deben pasar estos dos grupos de países. Analizando las políticas de Europa occidental, Estados Unidos y Japón en 1989, concluye que todos los países industrializados avanzados deben reajustar sus políticas de acuerdo a los siguientes tres principios: (1) alentar el desarrollo de las industrias más fuertes y con mayor potencial y reducir el desarrollo de las industrias débiles y menos prometedoras, a no ser que estas últimas puedan mejorar su eficiencia y sus perspectivas de desarrollo mediante el progreso tecnológico; (2) alentar y promover el flujo de mano de obra y capital desde las industrias sin potencial hacia las industrias con potencial; (3) evitar que el ajuste industrial provoque un deterioro en el bienestar de los grupos desempleados, pero no detener la reestructuración industrial por miedo a ello.

Al igual que Rodan, Mandelbaum también estudia los países de

Europa oriental y sudoriental, particularmente Bulgaria, Grecia, Hungría, Polonia, Rumania y Yugoslavia. Su intención es partir del análisis de "este rincón de Europa" para estudiar las razones más profundas de la "presión demográfica, la pobreza y el atraso industrial". Sobre la base de las relaciones esbozadas por Colin G. Clark[17] en *Las Condiciones del Progreso Económico*, y utilizando el modelo de input-output de Leontief, Mandelbaum elabora un plan de industrialización de 5 años para estas regiones. El plan incluye requerimientos de capital de fuentes nacionales y extranjeras que absorberían el excedente poblacional, especialmente la población desempleada invisible de las zonas rurales. El estudio de Mandelbaum parte de varias premisas: no toma en cuenta la implementación de las políticas en concreto, se hacen suposiciones de corto plazo (por ejemplo, supone una productividad laboral y una tasa de ahorro constantes), y no considera los cambios en la agricultura. De todos modos, su trabajo es sin duda alguna un innovador intento en el campo de planificación para el desarrollo.

Mientras tanto, en el escenario internacional, la presión conjunta de los países en desarrollo logra introducir el término "Desarrollo" en el nombre y concepto del Banco Mundial. En paralelo a esto, se establecen también la FAO y la Organización Internacional del Comercio, con una agenda de interés para los países en desarrollo, y poco después de la Segunda Guerra Mundial, comienzan a establecerse los comités económicos regionales para Asia, el Lejano Oriente y América Latina.

Pero a pesar de estos avances institucionales en la sociedad internacional, la atención de los economistas de los países industrializados avanzados de la posguerra estaba puesta principalmente en Europa, y el resurgimiento europeo era todavía la tarea más urgente que las políticas económicas de estos países debían resolver. Si bien los países en desarrollo estaban en cierta forma resentidos por esta preocupación, la realidad es que en este período, la mayoría de las regiones de Europa del Este y de Asia estaban sumidas en guerras civiles, o dentro de agitados movimientos anticolonialistas. Mientras tanto, América Latina disfrutaba de una etapa de bonanzas por las mejoras en las condiciones

17 Colin, G. Clark (1940). *The Conditions of Economic Progress, 3rd Edition [Las Condiciones del Progreso Económico, Tercera Edición]*. London: Macmillan.

comerciales, con una situación mucho mejor que la que vivirían después del cambio de precios relativos en 1951.

5.2.2 Cambio de foco: de la reconstrucción europea a las regiones en desarrollo (1948-1949)

En esta etapa ocurrieron una serie de eventos que llevaron a Estados Unidos y a Europa occidental a poner más atención y dar mayor prioridad a las políticas de desarrollo, con un consecuente aumento en el número de estudiosos dedicados al tema del desarrollo. Fueron cuatro los factores que influyeron en esto: en primer lugar, con la aprobación del Plan Marshall por el Congreso de los Estados Unidos y la reforma monetaria de Alemania en 1948, quedó garantizada la resurrección de Europa occidental. En segundo lugar, a medida que la revolución de China por la independencia nacional y la liberación del pueblo se acercaba a la victoria, se desataron también las guerras de liberación nacional en Malasia, Birmania, Filipinas e Indonesia, sumadas a la ansiedad creada por la Guerra de Indochina iniciada en 1946. En tercer lugar, se independizaron India y Pakistán, incorporando expresamente el desarrollo a su agenda nacional. En cuarto lugar, la fuerte recesión en Estados Unidos entre 1948 y 1949 (iniciada a fines de 1948) provocó una disminución relativa de los precios de los productos básicos y la consecuente fluctuación de las economías de América Latina y otras regiones exportadoras de materias primas.

Todo esto provocó un aumento en la oferta y la demanda de ayuda externa en el ámbito internacional. En este período, la Asamblea General de las Naciones Unidas se convirtió en el representante de los intereses de los países en desarrollo y en la plataforma para la discusión internacional sobre políticas de desarrollo. En enero de 1949, Truman propuso el programa del Punto Cuatro (Point Four), que fue el primer proyecto lanzado por Estados Unidos en apoyo al desarrollo, y el cual resultó en un punto de inflexión para las políticas de Occidente, generando una amplia resonancia e influencia. Justamente en esta etapa, el Banco Mundial otorgó los primeros préstamos a los países en desarrollo: Chile (1948), Méjico y Brasil (1949), y en 1950 se puso en marcha el Plan Colombo, que comenzó a brindar ayuda técnica a los países en desarrollo.

5.2.3 Prosperidad del desarrollo y de las políticas de desarrollo (década de 1950)

Durante este período, la discusión en torno al desarrollo y las políticas de desarrollo se centró principalmente en tres tópicos: conceptos y debates acerca de las políticas de ayuda exterior, las políticas de desarrollo en sí y conceptos y debates acerca de las teorías de desarrollo. En estos años, tres grupos de expertos de Naciones Unidas elaboraron sucesivamente tres programas para ampliar la ayuda externa a los países extranjeros, estos fueron: *las Medidas a Nivel Nacional e Internacional sobre el Pleno Empleo (National and International Measures for Full Employment,* 1949), en las cuales la ayuda para el desarrollo fue colocada en el segundo lugar; las *Medidas para el Desarrollo Económico de Países Subdesarrollado (Measures for the Economic Development of Under-Developed Countries,* 1951), las cuales apoyaban un aumento sustancial de los préstamos oficiales a los países en desarrollo; y las *Medidas para la Estabilidad Económica Internacional (Measures for International Economic Stability,* 1951), las cuales proponían medidas de apoyo a los países en desarrollo más pobres para reducir la fluctuación de los precios de los productos primarios y ampliar el ingreso de capital internacional[18].

Estados Unidos fue el centro de discusión de las políticas de desarrollo internacional en la década de 1950, y la gestión de Eisenhower (1953-1961) estuvo atravesada de principio a fin por la preocupación sobre cómo elaborar políticas de desarrollo. En esta discusión se involucraron no solo personas y agencias dentro de la administración, sino también ONG y el mismo Congreso de los Estados Unidos. A medida que el debate avanzaba, fueron surgiendo una serie de documentos de carácter analítico y regulatorio, entre los cuales se encuentran *A Proposal: Key to an Effective Foreign Policy (Propuesta para una Política Exte-*

18 Meier G. M., Seers D. (1984). *Pioneers in Development [M] [Pioneros en el Desarrollo].* Banco Mundial. pp. 11-13.

rior Eficaz), publicado por el Centro MIT de Estudios Internacionales, y el debate de Bauer en oposición a la ayuda para el desarrollo de India[19].

A finales de la década de 1950, una serie de eventos llevaron al gobierno de Eisenhower a adoptar finalmente políticas para ampliar la ayuda al desarrollo. Con la llegada de John F. Kennedy a la presidencia, se estableció el Fondo de Préstamos para el Desarrollo de los Estados Unidos, los préstamos a largo plazo de bajos intereses del Banco Mundial, la Asociación Internacional del Fomento, el Banco Interamericano de Desarrollo y el Consorcio del Banco Mundial para Apoyar a India y Pakistán. Además de esto, antes de dejar el cargo, Eisenhower había presentado al Congreso un proyecto de ley que durante ocho años no había sido aceptado, proponiendo un aumento en el presupuesto para ayuda al exterior del 30%, lo cual alivió fuertemente la presión sobre Kennedy.

Pero los debates y políticas no se limitaron únicamente a Estados Unidos. En efecto, Europa occidental y Japón también se sumaron al movimiento de ayuda para el desarrollo de la década de 1950, lo cual fue un objetivo explícito de las resoluciones del Senado de los Estados Unidos entre 1958-1959, patrocinadas por el Senador John F. Kennedy y su colega republicano John Sherman Cooper, que proponían brindar asistencia para el desarrollo sostenido a India y Pakistán. Luego de la resolución Kennedy-Cooper, el Banco Mundial llevó a cabo una serie de estudios de campo, contribuyendo directamente con el nacimiento del innovador acuerdo de consorcio internacional del Banco Mundial.

Conforme el estudio de la economía del desarrollo iba perdiendo "vitalidad", las políticas de desarrollo y las tasas de crecimiento económico por el contrario entraban en una etapa de aceleración: los años cuarenta y especialmente los cincuenta presenciaron un notable sur-

19 Millikan M. F., Rostow W. W. (1957). *A Proposal: Key to an Effective Foreign Policy [M] [Propuesta para una Política Exterior Eficaz].* Nueva York: Harper and Brothers. El estudio de Bauer es: Bauer P. T. (1959). *United States Aid and Indian Economic Development [M] [Ayuda de los Estados Unidos y Desarrollo Económico de la India].* American Enterprise Association.

gimiento de ideas y modelos fundamentales que dominarían el nuevo campo y generarían todo tipo de controversias sobre la economía del desarrollo. En esa época, la economía del desarrollo se desempeñó mucho mejor incluso que su propio objeto de estudio: el desarrollo económico de las regiones más pobres ubicadas principalmente en Asia, América Latina y África.

5.2.4 Etapa compleja y clave para el desarrollo y las políticas de desarrollo (década de 1960)

Con la extensión de los acuerdos de consorcio internacional del Banco Mundial a partir del modelo preliminar de India, la creación de la Alianza para el Progreso en marzo de 1961, las iniciativas de los Decenios de Naciones Unidas para el Desarrollo y la declaración expresa del presidente Kennedy en apoyo al desarrollo, hubo un aumento del 27% en la ayuda oficial al desarrollo por parte de los países de la OCDE entre 1960 y 1965, y del 35% por parte de Estados Unidos. A partir de la segunda mitad de la década de 1960, los montos de la OCDE comenzaron a decrecer, en parte debido al impacto de la guerra indo-pakistaní, y en parte también porque la guerra en el Sudeste Asiático había desviado los recursos y la atención de Estados Unidos, alejándose del asunto del desarrollo. De todos modos, los segundos 5 años de la década presenciaron un aumento acelerado de las contribuciones relativas de Europa occidental y de Japón, y en estos años, tanto el Banco Mundial como los bancos de desarrollo regional comenzaron a adquirir un rol más importante.

El aumento acelerado de la ayuda a Latinoamérica a lo largo de toda esta etapa provocó un sustancial crecimiento en la economía de la región. Gracias a esto, Brasil pudo por ejemplo salir de sus aprietos de inicios de 1960 e incorporarse al proceso de crecimiento económico. Al mismo tiempo, las diversas teorías surgidas en los años 50 pudieron ser aplicadas en los países en desarrollo, instituciones internacionales y misiones de asesoramiento, dejando resultados en parte esperanzadores y en parte alarmantes, y algunas lecciones para reflexionar.

5.2.5 Reflexiones sobre la postura ortodoxa del desarrollo (década de 1970)

En esta etapa, el concepto de "crecimiento" en el desarrollo comenzó a debilitarse, y en contrapartida empezó a cobrar fuerza la idea de "necesidades humanas básicas". Este último concepto surge por dos razones. La primera y más importante, es que en muchos países las altas tasas de crecimiento real llegaron acompañadas de pobreza, desempleo total o parcial y otras enfermedades sociales. La segunda razón es que una de las doctrinas dentro del movimiento en defensa de las "necesidades básicas" abogaba por limitar el crecimiento, sosteniendo que para proteger el hábitat de la humanidad, el crecimiento debía detenerse, los ingresos debían ser redistribuidos y el ingreso real debía estabilizarse en un nivel suficiente para cubrir las necesidades básicas del hombre.

Una de las exposiciones más claras de la doctrina de las "necesidades básicas" llega en respuesta al informe de la Comisión Pearson: *Partners in Development. Report of the Commission on International Development (El Desarrollo: Empresa Común. Reporte de la Comisión para el Desarrollo Internacional)* (1969). El informe, financiado por el Banco Mundial, subraya la importancia de mantener e incluso ampliar la ayuda para el desarrollo, en un contexto en donde el apoyo político de los países industrializados avanzados se estaba debilitando.

La Comisión Pearson proponía que a lo largo de la década de 1970, los países en desarrollo fijaran su meta de crecimiento medio en un 6%, que la ayuda oficial al desarrollo representara el 0,7% del PNB en los países industrializados avanzados, con un 20% otorgado mediante agencias multilaterales, y que las condiciones de los préstamos de AOD se limitaran al 2% de interés (con un vencimiento de 25 a 40 años). El porcentaje de la AOD sobre el PNB establecido en esta segunda recomendación significaba un aumento del 100% respecto de los niveles anteriores, lo cual hacía de este un objetivo muy ambicioso. En febrero de 1970, este informe fue evaluado en una conferencia sobre desarrollo económico internacional de la Universidad de Columbia. Dicha conferencia dio origen a la *Declaración de Columbia*, la cual captó muy acertadamente el espíritu y el tema fundamental del informe[20].

Según la Declaración, en las últimas décadas, mientras un tercio de la población mundial ha tenido constantes avances en ingresos, nivel de vida, nivel económico y poder político, todo el resto del mundo se ha mantenido en un nivel de pobreza relativa, en muchos casos sin acceso a agua limpia, educación, instalaciones médicas básicas y vivienda adecuada. Sin embargo, con la tecnología moderna y la capacidad de producción existente, si la humanidad realmente quisiera el desarrollo y se organizara para utilizar los recursos disponibles, esta situación podría revertirse.

La Declaración planteaba también la necesidad de establecer nuevos criterios objetivos para una asistencia para el desarrollo más efectiva, y de criterios que se centraran en los niveles de vida del cuarto inferior de la población de cada país. Proponía además la creación de un fondo especial, dedicado al cumplimiento de todo tipo de objetivos sociales en las áreas de educación, salud, planificación familiar, y obras y vivienda urbanas y rurales, entre otros.

Asimismo, consideraba que los criterios de desempeño de la asistencia para el desarrollo debían centrarse cada vez más en la distribución del ingreso, las reformas agrarias y fiscales, las políticas comerciales y cambiarias ineficaces, la magnitud del gasto militar y el progreso de la justicia social.

Por otro lado, la Declaración planteaba también que el poder internacional debía compartirse cada vez más democráticamente, y que este objetivo sólo podía lograrse fortaleciendo el papel de las instituciones en las que las economías en desarrollo tenían un voto representativo.

La defensa de las "necesidades humanas básicas" no fue una doctrina ignorada en la década de 1970. En efecto, el Banco Mundial dis-

20 Ward, B., Runnalls, J. D., & d'Anjou, L. (1971). *Widening Gap: Development in the 1970's [Ampliación de la Brecha: Desarrollo en la Década de 1970]* en la Conferencia de Columbia sobre Desarrollo Económico Internacional, Columbia University Press, p. 11-13. Paul S. (1981). *First Things First: Meeting Basic Human Needs in the Developing Countries [J] [Primero lo Primero: Satisfacer las Necesidades Humanas Básicas en los Países en Desarrollo].*

puso más recursos para programas sociales, y llevó a cabo sofisticados estudios acerca de la relación entre la pobreza y la distribución de los ingresos excesivamente sesgada, en relación con las tasas de crecimiento general y sectorial. Si bien la situación social de los países en desarrollo se debe generalmente a causas más profundas, el planteo de las "necesidades humanas básicas" llevó a la sociedad internacional y al mundo académico a reflexionar sobre la redistribución de los recursos para el desarrollo a nivel nacional e internacional, y a analizar más profundamente el asunto de la pobreza en los países en desarrollo.

No obstante, la realidad es que durante la década de 1970, los gobiernos de los países industrializados avanzados no solo rechazaron los objetivos y las exigencias de la Declaración de Columbia, sino también los objetivos planteados por el informe de la Comisión Pearson. Los recursos destinados por los países de OCDE para la AOD se mantuvieron básicamente en el mismo porcentaje sobre el PIB: un 0,34% en 1970 y en 1979.

Estos resultados se debieron a una serie de eventos relacionados con la economía mundial y con las relaciones políticas Norte-Sur. En primer lugar, con la quiebra del sistema de Bretton Woods, entre 1970 y 1974, el precio de las materias primas, primero de los cereales y luego del petróleo, aumentaron considerablemente. En segundo lugar, el sostenido auge de los países de la OCDE en las décadas de 1950 y 1960 fue reemplazado por la estanflación, provocando que los economistas de los países desarrollados desviaran su atención de los países en desarrollo hacia sus propios países. En tercer lugar, los economistas y políticos de muchos países en desarrollo creían que el éxito temporal de la OPEP en desviar enormes recursos del Norte mediante el aumento de los precios del petróleo podía replicarse en otros sectores. Pero esta idea no duró mucho, ya que los importadores de petróleo resultaron las principales víctimas de los altos precios del petróleo, los cuales condujeron también a una profunda recesión en el mundo desarrollado. En cuarto lugar, a pesar de la turbulenta situación internacional, muchos países en desarrollo siguieron creciendo económicamente apoyándose en sus propios recursos y en el apoyo continuo e intencionado del Banco Mundial, el Banco de Desarrollo de América Latina y el Banco Asiático de Desarrollo. Debe destacarse que este desarrollo fue posible gracias a la repentina expansión de los créditos privados, la cual a su vez dependía de los sistemas bancarios creados por los países desarrollados para transferir el exceso de petrodólares. Y este exceso de petrodólares se debía justamente a la falta de oportunidades de inversión de los países de la OCDE, que se encontraban ya bastante deprimidos.

5.2.6 El problema de la deuda: la clave del aprieto económico de los países en desarrollo (1980 hasta fines del siglo XX)

La segunda crisis del petróleo entre 1979 y 1980, con la excesiva escalada en el precio del petróleo y su acelerada disminución subsiguiente, provocó el agotamiento de los petrodólares como base para los préstamos privados en los países en desarrollo. Al mismo tiempo, la fuerte desaceleración del crecimiento económico de la OCDE y el aumento de las tasas de interés de Estados Unidos erosionaron aún más la capacidad de importación de algunas economías clave del Sur, haciendo más difícil para estas mantener un nivel de importación compatible con altas tasas de crecimiento. En este contexto de largas y duraderas crisis para algunos, y crecimiento desacelerado para la mayoría de los demás, la deuda pasó al centro de la agenda política de desarrollo internacional liderada por la OCDE, junto con un creciente proteccionismo y otros problemas urgentes más específicos.

En el campo de la investigación surgieron dos corrientes de pensamiento. Por un lado, estaban los teóricos de la dependencia, con su foco puesto en el control de las "regiones centrales" industrializadas sobre las "regiones periféricas" subdesarrolladas. Este pensamiento se vio reforzado por el endeudamiento de los países en desarrollo y la desaceleración del crecimiento y el aumento del proteccionismo en los países de la OCDE. La otra corriente de pensamiento se focalizaba en ajustar de manera gradual la economía centralmente planificada, preocupándose en entender más profundamente el rol del mercado competitivo en la distribución de recursos y la fijación de precios. En el plano de los hechos, entrando en la etapa de madurez tecnológica, muchos países vieron una diversificación y un refinamiento de su sector industrial, y el desarrollo en sí no se detuvo.

Tres tendencias surgieron en esta etapa: en primer lugar, los países en desarrollo más avanzados durante las décadas de 1960 y 1970 saltaron de la fase de despegue a la fase de relativa madurez tecnológica (nivel de ingreso medio); en segundo lugar, la mejora en el nivel educativo permitió una mejor absorción de la tecnología; y en tercer lugar, hubo un evidente aumento en la capacidad de algunos países en desarrollo para producir y exportar manufacturas diversificadas y sofisticadas cada vez más competitivas.

Por otro lado, gracias a una mejor comprensión de la importancia de la agricultura en el proceso de modernización, adquirida con la ayuda de India y de China, algunos países en desarrollo reformaron completamente sus políticas correspondientes, obteniendo llamativos resultados. Los países en desarrollo comenzaron a dividirse entonces entre aquellos que habían logrado pasar de la fase de despegue a la fase de madurez tecnológica, y aquellos que no habían entrado en la fase de despegue.

Tabla 1 Desempeño de los países industriales y en desarrollo, 1965-1985 (variación porcentual anual media)

Grupos de países	1965-1973	1973-1980	1980-1985
Países industrializados			
Crecimiento del PIB	4,7	2,8	2,2
Tasa de inflación[a]	5,1	8,3	-0,3
Tipo de interés real[b,c]	2,5	0,7	6,7
Tipo de interés nominal sobre préstamos[c]	5,8	8,4	12,0
Países en desarrollo			
Crecimiento del PIB	6,6	5,4	3,3

Países de bajos ingresos			
África	3,9	2,7	0,9
Asia	5,9	5,0	7,8
Exportadores de petróleo de ingresos medianos	7,1	5,8	1,4
Importadores de petróleo de ingresos medianos			
Grandes exportadores de manufacturas	7,6	5,9	2,1
Otros países importadores de petróleo	5,4	4,5	1,7
Crecimiento de las exportaciones	5,0	4,6	4,1
Manufacturas	11,6	13,8	7,9
Productos básicos	3,8	1,1	1,4
Crecimiento de las importaciones	5,8	5,9	0,9

Nota: Las tasas de crecimiento proyectadas se basan en una muestra de 90 países en desarrollo.
a: Deflactor del PIB ponderado de los países industriales expresado en dólares estadounidenses. La inflación de Estados Unidos es del 3% anual con las proyecciones altas y del 5,7% anual en el caso de las bajas. Pero para los países industriales en conjunto es más elevada en dólares debido a una depreciación supuesta del dólar entre 1985 y 1990.
b: Promedio de los tipos de interés sobre pagarés en euromonedas a seis meses expresados en dólares estadounidenses deflactados por la tasa de variación en el deflactor del PIB de los Estados Unidos.
c: Tipo medio anual
Fuente: Informe sobre el Desarrollo Mundial, Banco Mundial, 1986.

Tabla 2 Crecimiento del PIB per cápita, 1965-1985
(variación porcentual anual media)

Grupos de países	1965—1973	1973—1980	1980—1985
Países industrializados	3,7	2,1	1,7
Países en desarrollo	4,0	3,2	1,3
Países de bajos ingresos	3,0	2,7	5,2
África	1,2	-0,1	-2,0
Asia	3,2	3,0	5,9
Exportadores de petróleo de ingresos medianos	4,5	3,1	-1,1
Importadores de petróleo de ingresos medianos	4,5	3,2	-0,1
Grandes exportadores de manufacturas	5,2	3,7	0,2
Otros países importadores de petróleo	2,8	2,1	-0,8

Nota: Las tasas de crecimiento proyectadas se basan en una muestra de 90 países en desarrollo.
Fuente: Informe sobre el Desarrollo Mundial, Banco Mundial, 1986.

5.2.7 Principios de siglo XXI hasta la actualidad

La teoría moderna del desarrollo económico estudia principalmente el crecimiento y desarrollo económico de los países en desarrollo, focalizándose en tres aspectos: determinar las causas de la pobreza y el retraso, explorar los caminos para impulsar el crecimiento y el desarrollo, y elaborar políticas acordes a las condiciones nacionales de cada país y a las tendencias de la época. Por su parte, la economía del desarrollo, que para este entonces ya ha alcanzado cierta estabilidad y madurez, se ha ido dando cuenta de que es necesario abordar de mane-

El 1 de octubre de 2012 se celebró en Washington, EE. UU., la conferencia de prensa por el nuevo Informe sobre el Desarrollo Mundial del Banco Mundial.

ra integral el asunto del desarrollo económico, y son cada vez más los economistas del desarrollo que adoptan este enfoque. D. Hunter, por ejemplo, considera que hay que salir de la trinchera de la economía, y poner nuevamente atención en el análisis de factores no económicos (sociedad, política, cultura, moral, etc.). Por su parte, Rosenstein-Rodan observa que la economía del desarrollo identificó en su momento las condiciones necesarias para el crecimiento, pero "la presencia de los llamados factores no económicos sugiere que todavía existe una brecha entre las condiciones necesarias y las suficientes". Por ello es que el estudio del desarrollo no debe ser abordado únicamente desde la economía, sino que debe considerar también los factores históricos, sociológicos, demográficos, políticos y ecológicos, así como el enfoque tecnológico y el enfoque económico en los distintos sectores, constituyéndose en un campo interdisciplinario que dé lugar a un estudio más profundo e integral del tema en sí.

Las nuevas teorías del crecimiento y del comercio, el análisis institucional del desarrollo económico y el planteo del desarrollo humano, surgidos en la segunda mitad de la década de 1980, vinieron a enriquecer enormemente el estudio de la economía del desarrollo, sentando a su vez sólidas bases teóricas para las ideas y prácticas del desarrollo sostenible. Así fue como la idea de desarrollo sostenible entró en auge a principios del siglo XXI, y con el establecimiento de los objetivos de desarrollo sostenible de la ONU, terminó convirtiéndose en agenda política mundial, aceptada y practicada por la gran mayoría de los países.

El concepto de desarrollo sostenible es de un contenido sumamente variado, ya que combina el desarrollo económico con un gran espectro de factores, incluidos el medio ambiente, los recursos naturales, la población, las instituciones, la cultura y el progreso tecnológico, entre otros, profundizando y expandiendo nuestro conocimiento y entendimiento acerca del desarrollo. Vista de esta manera, la teoría de desarrollo sostenible es claramente un nuevo avance de la economía del desarrollo.

5.3 Evolución de la visión de desarrollo de Naciones Unidas

El artículo 1 del primer capítulo de la Carta de las Naciones Unidas llama expresamente a "Realizar la cooperación internacional en la solución de problemas internacionales de carácter económico, social, cultural o humanitario, y en el desarrollo y estímulo del respeto a los derechos humanos y a las libertades fundamentales de todos, sin hacer distinción por motivos de raza, sexo, idioma o religión"[21]. Esto se ha convertido en la base legal y la piedra angular de todas las acciones de las Naciones Unidas relacionadas al desarrollo. A modo de ampliación del objetivo arriba mencionado, el artículo 55 de la Carta señala que "con el propósito de crear las condiciones de estabilidad y bienestar necesarias para las relaciones pacíficas y amistosas entre las naciones, basadas en el respeto al principio de la igualdad de derechos y al de

21 Sitio web de la ONU. *Carta de las Naciones Unidas* <http://www.un.org/zh/documents/charter/chapter1.shtml> (Chino).

la libre determinación de los pueblos, la Organización promoverá: 1) niveles de vida más elevados, trabajo permanente para todos, y condiciones de progreso y desarrollo económico y social; 2) la solución de problemas internacionales de carácter económico, social y sanitario, y de otros problemas conexos; y la cooperación internacional en el orden cultural y educativo; 3) y el respeto universal a los derechos humanos y a las libertades fundamentales de todos, sin hacer distinción por motivos de raza, sexo, idioma o religión, y la efectividad de tales derechos y libertades." Estas líneas definen en términos generales la visión básica de las Naciones Unidas sobre el desarrollo, que contiene los tres grandes pilares de la paz, el desarrollo y los derechos humanos y sintetiza la interrelación que existe entre ellos. Según esta visión, el desarrollo económico puede promover la estabilidad y el bienestar de la comunidad internacional y de toda la humanidad, y es la condición necesaria para establecer y mantener la paz y la amistad entre los países. Asimismo, destaca el respeto de los derechos humanos como una de las principales tareas de las Naciones Unidas para promover el desarrollo económico y social[22]. Todos estos contenidos posibilitaron un mayor enriquecimiento de la visión de desarrollo.

Mirando hacia atrás, se puede observar que en los 70 años de historia de la ONU, su visión acerca del desarrollo ha evolucionado en tres grandes etapas. La primera etapa abarca los dos decenios de las décadas de 1960 y 1970, en donde la visión del desarrollo avanza en torno a la relación entre desarrollo y paz, y entre desarrollo y derechos humanos. La segunda etapa abarca los dos decenios de las décadas de 1980 y 1990, en donde la visión del desarrollo parte de la base del concepto de desarrollo sostenible, para enriquecerse y ampliarse en las tres grandes dimensiones económica, social y ambiental. La tercera etapa comienza en el nuevo milenio con la idea de desarrollo ejecutable, participativo y mensurable. A partir de aquí, el ciclo de implementación de la agenda de desarrollo se extiende a 15 años, con el año 2015 marcando el fin

---

22 La Agenda de Desarrollo de las Naciones Unidas: Desarrollo para Todos, por el Departamento de Asuntos Económicos y Sociales de Naciones Unidas, junio de 2007 <http://www.un.org/esa/devagenda/UNDA_BW5_Final.pdf>.

del primer ciclo y el comienzo del siguiente[23]. Estos dos períodos en el nuevo milenio se caracterizan no solo por una visión del desarrollo en sí más enriquecida, sino también por una gama más amplia de organizaciones participantes en el sistema de agenda de desarrollo internacional liderado por Naciones Unidas. En esta etapa, la búsqueda del desarrollo deja la fase de implementación de conceptos, para pasar a una fase de objetivos e indicadores específicos y mensurables, que en su conjunto constituyen un sistema de medición y un mecanismo de evaluación que resultan aceptados por toda la sociedad internacional.

Haciendo una síntesis general de la evolución de las distintas visiones sobre el desarrollo a lo largo de estos seis períodos de la agenda, se podrían distinguir de la siguiente manera: visión orientada al crecimiento económico (décadas de 1940-1960), visión orientada al desarrollo económico (década de 1970), visión orientada al desarrollo sostenible (década de 1980), perspectiva cultural del desarrollo (década de 1990), visión orientada al desarrollo ejecutable (2000-2015), y visión orientada al desarrollo digno (2015-2030)[24].

---

23 Desde las décadas de 1960 hasta 1990, la ONU emitió cada un período de 10 años una estrategia de desarrollo internacional para cada decenio. A partir de la *Declaración del Milenio* del 2000, el período se extendió de 10 a 15 años. Ver la *Guía General para la Aplicación de la Declaración del Milenio* y el informe del secretario general de la ONU, *El Camino hacia la Dignidad para 2030: Acabar con la Pobreza y Transformar Vidas Protegiendo el Planeta,* entre otros documentos.

24 Hay muchos estudios referidos a este tema, entre ellos: WANG Shu-ming, SONG Yu-ling (1999), "Cong 'zengzhang youxian' dao 'fazhan wenhua', Lianheguo Fazhan Sixiang de Yanjin Licheng [Del 'Crecimiento como Prioridad' a la 'Cultura del Desarrollo': Evolución del Pensamiento de Desarrollo de las Naciones Unidas]" en *Shijie Jingji yu Zhengzhi [Economía y Política Mundial],* No. 2, pp 47-52; SUN Jie-wan (2001), "Lun Lianheguo Fazhan Guannian de Gengxin yu Fengfu [Sobre la Renovación y el Enriquecimiento del Concepto de Desarrollo de las Naciones Unidas]" en *Zhengfa Luntan [Foro Político y Jurídico],* No. 4, pp. 149-155; SUN Yi-ran (2012), "Lianheguo Fazhan Yicheng de Xianzhuang yu Zouxiang [Situación Actual y Orientación de la Agenda de Desarrollo de las Naciones Unidas]" en *Xiandai Guoji Guanxi [Relaciones Internacionales Modernas],* No. 9, pp. 42-49; WANG Wen (2001), "Lianheguo Si Ge Fazhan Shinian Zhanlüe Pingxi [Análisis de las Estrategias de Desarrollo de las Naciones Unidas para los Cuatro Decenios]" en *Guoji Luntan [Foro Internacional],* No. 3, pp. 35-41.

5.3.1 Concepto de desarrollo desde la relación entre desarrollo, paz y derechos humanos (décadas de 1960 y 1970)

Las primeras expresiones del concepto de desarrollo de la ONU se manifiestan en el programa del Decenio de las Naciones Unidas para el Desarrollo, iniciado en la década de 1960. El 19 de diciembre de 1961, durante su 16º período de sesiones, la Asamblea General de la ONU aprobó la Estrategia de Desarrollo Internacional para el Primer Decenio de las Naciones Unidas para el Desarrollo, poniendo especial énfasis en la relación entre la paz y el desarrollo, y destacando que el desarrollo económico y social de los países en desarrollo no solo es importante para estos países en sí, sino que es también condición fundamental para alcanzar la paz y la seguridad internacional, y para lograr la prosperidad mundial[25]. En este primer programa estratégico, el trabajo de la ONU se concentró en acelerar el crecimiento económico de los países en desarrollo (con una tasa de crecimiento económico del 5% a lo largo del decenio), a fin de que pudieran salir de su estado de subdesarrollo e industrializarse, disminuyendo la brecha con los países desarrollados y mejorando el bienestar general de toda la humanidad. Estos diez años de programa trajeron significativos resultados, entre ellos el Programa Mundial de Alimentos de la ONU, bajo responsabilidad de la FAO, mediante el cual, desde 1963 hasta finales de 1971, se destinaron $1.000 millones de USD para 500 proyectos de ayuda alimentaria en 83 países en desarrollo. Asimismo, en este mismo período, la ONU también proporcionó un fondo de ayuda de $3.400 millones de dólares para los países en desarrollo[26].

El 24 de octubre de 1970, durante su 25º período de sesiones, la Asamblea General de la ONU elaboró la Estrategia de Desarrollo Internacional para el Segundo Decenio de las Naciones Unidas para el

25 Sitio web de la ONU. *Decenio de las Naciones Unidas para el Desarrollo. Programa de Cooperación Económica Internacional (I)*, A/RES/1710 (XVI), <http://www.un.org/zh/documents/view_doc.asp?symbol=A/RES/1710%20 (XVI)> (Chino).

26 U. Thant (1978). *View from the UN [Mirada desde la ONU]*. New York: Doubleday, 1ra edición, p. 39.

Desarrollo, en la cual no solo se determinó una serie de metas de desarrollo económico nacional, entre ellas incluida la de crecimiento económico (6%)[27], sino que también se tomaron en consideración otros aspectos del desarrollo económico, como por ejemplo, un régimen más justo de distribución de los ingresos y la riqueza, o la promoción del empleo y del desarrollo científico y tecnológico. Durante este decenio, el punto central de la visión de desarrollo de Naciones Unidas era el desarrollo endógeno y centrado en la gente, abogando por un desarrollo arraigado en el interior del país y cuyo objetivo fuera servir a las personas. Desde este punto de vista, la estrategia de desarrollo endógeno de Naciones Unidas rompió con las vías y los modelos de desarrollo de los países desarrollados de occidente, al proponer un modelo en el que lo material y lo humano fueran de la mano. Asimismo, ante la realidad de algunos países en desarrollo que a pesar de haber obtenido su independencia nacional, seguían sometidos al orden económico injusto de los países desarrollados, la estrategia para el segundo decenio insistió en la formación de un orden social y económico mundial más justo y razonable, en el que cada país y cada persona tuviera derecho a la igualdad de oportunidades. Es claro entonces que la visión de desarrollo plasmada en la estrategia para este decenio excede los límites de la dimensión económica y se extiende a la dimensión social, lo cual se refleja en cuatro documentos aprobados por Naciones Unidas a lo largo de la década, a saber: la Declaración sobre un Nuevo Orden Económico Internacional (1974), el Plan de Acción (1974), la Carta de Derechos y Deberes Económicos de los Estados (1974) y la resolución de Desarrollo y Cooperación Económica Internacional (1975). Estos documentos también contienen principios y normas del derecho internacional, sirviendo de guía para las relaciones económicas entre países con diferentes niveles de desarrollo y

27 Entre estas metas se incluyen también lograr para 1980 una tasa media de crecimiento anual del PIB per cápita del 3,5%; una tasa de aumento del ingreso medio per cápita del 2%; una expansión anual media de las importaciones y las exportaciones del 7%; una relación entre el ahorro interno bruto y el producto bruto del 20 %, entre otras. Ver *Estrategia Internacional del Desarrollo para el Segundo Decenio de las Naciones Unidas para el Desarrollo,* párrafos 13 a 18, sitio web de la ONU <http://daccess-dds-ny.un.org/doc/RESOLUTION/GEN/NR0/347/59/IMG/NR034759.pdf?OpenElement>.

con diferentes sistemas económicos.

5.3.2 Visión de desarrollo desde la sostenibilidad (décadas de 1980 y 1990)

El 5 de diciembre de 1980, durante su 35° período de sesiones, la Asamblea General de la ONU definió la década del 80 como el tercer decenio para el desarrollo, y aprobó la Estrategia Internacional del Desarrollo para el Tercer Decenio de las Naciones Unidas para el Desarrollo[28]. Además de continuar con los lineamientos generales de los dos decenios anteriores, referidos a la importancia de la dimensión económica, de la dimensión social y de un orden económico mundial más justo y razonable, la estrategia del tercer decenio incursiona por primera vez en la dimensión ambiental, proponiendo la idea de desarrollo sostenible[29]. Asimismo, establece específicamente una serie de indicadores económicos y sociales de evaluación, abarcando las áreas de reducción de pobreza, empleo, educación, cuidado de la salud, vivienda, infraestructura y derechos de la mujer, entre otras[30]. Estos índices se convirtieron posteriormente en el prototipo y la base sobre la cual se erigirían los nuevos objetivos de desarrollo del milenio y el correspondiente sistema de indicadores. No obstante, más allá de los índices eco-

28 *Estrategia Internacional del Desarrollo para el Tercer Decenio de las Naciones Unidas para el Desarrollo,* A/RES/35/56, párrafos 41-51.

29 El 15 de marzo de 1980, la ONU hace un llamado a "estudiar las relaciones naturales, sociales, ecológicas, económicas y fundamentales en el uso de los recursos naturales para asegurar un desarrollo global sostenible". Por otro lado, en la Estrategia Mundial para la Conservación, publicada ese mismo año, aparece por primera vez el término "desarrollo sostenible" en una publicación oficial de la ONU. Ver: WANG Shu-ming, SONG Yu-ling (1999), "Cong 'zengzhang youxian' dao 'fazhan wenhua', Lianheguo Fazhan Sixiang de Yanjin Licheng [Del 'Crecimiento como Prioridad' a la 'Cultura del Desarrollo': Evolución del Pensamiento de Desarrollo de las Naciones Unidas]" en *Shijie Jingji yu Zhengzhi [Economía y Política Mundial],* No. 2.

30 Sitio web de la ONU. *Estrategia Internacional del Desarrollo para el Tercer Decenio de las Naciones Unidas para el Desarrollo,* A/RES/35/56, párrafos 41-51, <http://daccess-dds-ny.un.org/doc/RESOLUTION/GEN/NR0/388/47/IMG/NR038847.pdf?OpenElement>.

nómicos específicos[31], en lo que respecta a los índices de la dimensión social, la estrategia para el tercer decenio se limita a la exposición y un análisis cualitativo de los mismos, sin establecer un marco de ejecución que contenga un calendario específico para las distintas acciones. Por otro lado, la estrategia para el tercer decenio muestra también un determinado avance del concepto de desarrollo en la dimensión de los derechos humanos, ya que el foco originalmente puesto en el desarrollo de los países y las naciones se extiende ahora al desarrollo de los individuos, destacando que "el objetivo último del desarrollo es el aumento constante del bienestar de toda la población, sobre la base de su participación plena en el proceso de desarrollo y de una distribución justa de los beneficios derivados de este"[32]. En este sentido, el crecimiento económico, el empleo productivo y la igualdad social son garantías fundamentales y elementos indisociables del desarrollo.

El 11 de diciembre de 1990, durante el 45° período de sesiones de la Asamblea General de la ONU, se aprobó la resolución 45/199 y se designó la década del 90 como el cuarto decenio para el desarrollo. El preámbulo de la Estrategia Internacional del Desarrollo para el Cuarto Decenio de las Naciones Unidas para el Desarrollo[33] expresaba que "en la mayoría de los casos no se alcanzaron las metas y objetivos de la

31 Los objetivos relacionados al crecimiento económico de los países en desarrollo en su conjunto para el tercer decenio son los siguientes: una tasa media anual de crecimiento del PIB del 7%; un incremento anual del PIB per cápita de un 4,5%; una tasa de crecimiento anual de la producción agrícola del 4%; una tasa media de crecimiento anual de la producción manufacturera del 9%, representando para el año 2000 el 25% del PIB mundial; un aumento del ahorro interno bruto del 24% para 1990; una tasa de crecimiento de las exportaciones e importaciones de bienes y servicios no inferior al 7,5%. Respecto a los países desarrollados, se propone que la asistencia oficial al desarrollo ocupe el 0,7% de su PNB. Ver Estrategia Internacional del Desarrollo para el Tercer Decenio de las Naciones Unidas para el Desarrollo, párrafos 20 a 24, y párrafo 29.

32 *Estrategia Internacional del Desarrollo para el Tercer Decenio de las Naciones Unidas para el Desarrollo,* párrafo 8.

33 Sitio web de la ONU. *Estrategia Internacional del Desarrollo para el Cuarto Decenio de las Naciones Unidas para el Desarrollo,* A/RES/45/199, <http://daccess-dds-ny.un.org/doc/RESOLUTION/GEN/NR0/563/30/IMG/NR056330.pdf?OpenElement>.

Estrategia Internacional del Desarrollo para el Tercer Decenio de las Naciones Unidas para el Desarrollo pues...se destruyeron las premisas sobre las cuales se esperaba que se basara el crecimiento...si no hay grandes cambios de política, el próximo decenio será muy semejante al anterior". Sobre esta base, además de las dimensiones económica, social y ecológica subrayadas en los tres decenios anteriores, la agenda para el desarrollo en el cuarto decenio propuso 6 objetivos interrelacionados:1) el crecimiento económico de los países en desarrollo; 2) un desarrollo en a nivel social, esto es, un desarrollo que procure la reducción de la pobreza, que promueva la utilización de los recursos y conocimientos humanos, y que sea sostenible desde el punto de vista del medio ambiente; 3) un mejoramiento de los sistemas monetarios, financieros y comerciales internacionales; 4) la implantación de una economía mundial firme y estable, y una gestión más acertada desde el punto de vista macroeconómico; 5) un fortalecimiento de la cooperación internacional para el desarrollo; 6) mayores esfuerzos para impulsar el desarrollo de los países menos adelantados[34].

Por otro lado, durante el cuarto decenio, más allá del objetivo de "esforzarse" por promover un crecimiento económico del 7%, ya no se establecieron nuevas metas cuantitativas para la dimensión económica del desarrollo, cambio que perduró en cada una de las siguientes etapas. En contraposición a esto, sí hubo avances en las dimensiones social y ambiental del concepto de desarrollo, pues "aunque la Estrategia no trata de establecer metas sectoriales amplias e interrelacionadas que los países en desarrollo en su conjunto deban alcanzar, muchos de sus elementos se han estudiado en diversas partes del sistema de las Naciones Unidas. Estos elementos comprenden, entre otras, esferas tales como el empleo y la salud, la mujer y el niño, la industria y la tecnología, la agricultura y la alimentación, la población, la educación y la cultura, los asentamientos y la vivienda, las telecomunicaciones, el transporte, incluido el transporte marítimo, y el medio ambiente. Los gobiernos han elaborado estrategias y planes sectoriales para lograr adelantos significativos. Convertidas en objetivos para las actividades nacionales e

34 *Estrategia Internacional del Desarrollo para el Cuarto Decenio de las Naciones Unidas para el Desarrollo*, párrafo 14.

internacionales, este tipo de metas ambiciosas y viables han resultado valiosas para concentrar los objetivos de la política y evaluar los adelantos."[35]

En línea con la estrategia de desarrollo para el cuarto decenio, la década de los 90 entró en una etapa de esplendor de las cumbres mundiales de Naciones Unidas, en la cual todos los gobiernos participaron activamente en las conferencias y diálogos internacionales sobre diversas temáticas, dejando como legado una serie de fructíferos documentos.

Viendo en retrospectiva los resultados de las estrategias de los primeros tres decenios, fueron muy pocas las metas que lograron alcanzarse[36]. Esto se debió a múltiples razones, por un lado, al establecer las metas cuantitativas de velocidad del crecimiento económico en la etapa de elaboración inicial de la Estrategia, no se tuvo en cuenta la diferencia conceptual entre crecimiento económico y desarrollo económico; por otro lado, el colapso del sistema de Bretton Woods en la década de 1970, la crisis del petróleo y la crisis de la deuda en la década de los 80, entre otros factores, impactaron fuertemente en el desarrollo económico de algunos países en desarrollo. Asimismo, no hubo cambios radicales en el orden económico internacional, que para muchos países era inadecuado, y los países desarrollados tampoco llegaron a los niveles estipulados en sus compromisos de provisión de fondos y apoyo tecnológico. Finalmente, otra importante razón por la cual no se lograron los resultados esperados en los primeros tres decenios de desarrollo fue la adopción de un concepto de desarrollo en cierto sentido imperfecto.

Ante el fuerte desequilibrio en el desarrollo mundial durante la década de 1980, la ONU convocó una serie de conferencias internacionales para debatir temas de desarrollo en el plano social y ecológico. Entre las primeras de estas conferencias se encuentra la Conferencia Mundial sobre Educación para Todos, celebrada en 1990 en Jomtien,

35 *Estrategia Internacional del Desarrollo para el Cuarto Decenio de las Naciones Unidas para el Desarrollo*, párrafo 18.

36 *Estrategia Internacional del Desarrollo para el Segundo Decenio de las Naciones Unidas para el Desarrollo*, párrafos 2 y 3; *Estrategia Internacional del Desarrollo para el Tercer Decenio de las Naciones Unidas para el Desarrollo*, párrafo 3; *Estrategia Internacional del Desarrollo para el Cuarto Decenio de las Naciones Unidas para el Desarrollo*, párrafo 2.

Tailandia, y organizada por el Consejo Económico y Social de las Naciones Unidas. En tal ocasión, la sociedad internacional determinó una serie de objetivos relacionados a la educación, entre ellos el de acceso universal a la educación primaria y finalización de la misma para el año 2000. Posteriormente, se celebró en 1990 en Nueva York, Estados Unidos, la Cumbre Mundial en favor de la Infancia, y en 1992 se llevó a cabo en Río de Janeiro, Brasil, la Cumbre de la Tierra, en la cual se realizaron cuatro declaraciones históricas que marcaron una era[37]. Durante esta década fue también de especial trascendencia la Cumbre Mundial sobre Desarrollo Social, celebrada en la capital danesa, Copenhague, en 1995. Esta última publicó una lista de diez documentos con compromisos para impulsar el desarrollo social, los cuales se convirtieron posteriormente en la base fundamental de los Objetivos de Desarrollo del Milenio[38].

Desde el punto de vista del contenido, no hubo grandes innovaciones en estas conferencias. En efecto, antes de la década del 90, la sociedad internacional también había discutido todos estos asuntos, y había hecho todo tipo de declaraciones y compromisos al respecto. Pero hay dos diferencias que hacen que las conferencias celebradas en esta déca-

---

37 Estos cuatro documentos son: la *Declaración de Río sobre el Medio Ambiente y el Desarrollo,* la *Agenda 21,* la *Convención Marco de las Naciones Unidas sobre el Cambio Climático y el Convenio sobre la Diversidad Biológica.*

38 Otras conferencias importantes fueron la Conferencia Mundial de Derechos Humanos de Viena en 1993, cuyo principal resultado fue la *Declaración y el Programa de Acción de Viena;* la Conferencia Mundial sobre la Reducción de los Desastres Naturales de Yokohama, Japón, en 1994, la cual aprobó el *Plan de Acción para la Reducción de Desastres;* la Tercera Conferencia Internacional sobre la Población y el Desarrollo de 1994 en el Cairo, la cual emitió el *Programa de Acción de la Conferencia Internacional sobre la Población y el Desarrollo;* la Primera Conferencia Mundial de las Naciones Unidas sobre el Desarrollo Sostenible de los Pequeños Estados Insulares en Desarrollo, en 1994 en Barbados, la cual aprobó el *Programa de Acción de Barbados;* la Cuarta Conferencia Mundial sobre la Mujer en 1995 en Beijing, la cual aprobó la *Declaración y Plataforma de Acción de Beijing,* para acelerar la aplicación de las *Estrategias de Nairobi;* la Segunda Conferencia de las Naciones Unidas sobre Asentamientos Humanos en 1996 en Estambul; y la Cumbre Mundial sobre la Alimentación en 1996 en Roma, la cual aprobó la *Declaración de Roma sobre la Seguridad Alimentaria Mundial.*

da fueran más trascendentales, y es que por un lado se emitieron resoluciones con un nivel de detalle mucho más alto, y se estipularon metas y tiempos de carácter vinculante; y por el otro lado, estas conferencias tuvieron una fuerte repercusión a nivel mundial, despertando la atención de los gobiernos de todos los países.

La década de 1990 estuvo atravesada por dos grandes contextos, en primer lugar, el fin de la Guerra Fría acabó con el sistema de polarización mundial; y en segundo lugar, con el avance de la globalización y de las tecnologías avanzadas de información y comunicación, los intercambios internacionales entre los gobiernos de cada país se fueron adaptando a los modelos de cooperación interconectada y multidimensional. Este cambio en el tablero allanó el terreno para la elaboración y la ejecución de los Objetivos de Desarrollo del Milenio. Muchos países fueron entendiendo también que en una era de globalización e interdependencia, para resolver sus propios problemas de desarrollo económico y social, de medio ambiente e incluso sus problemas de derechos humanos, ya no bastaba con la fuerza de un solo país, sino que debía hacerse mediante la cooperación y el intercambio con la comunidad internacional. Esta visión holística y conciencia de conjunto se refleja también en todas las declaraciones y acuerdos publicados en este período.

Para fines de la década de 1990, en el marco de Naciones Unidas, la sociedad internacional llegó a varios consensos sobre el asunto del desarrollo, dejándole el camino allanado a los Objetivos de Desarrollo del Milenio. En efecto, muchos de los indicadores para las metas de los Objetivos de Desarrollo del Milenio fueron previamente consensuados en las conferencias internacionales arriba mencionadas.

5.3.3 El desarrollo sostenible de la ONU en la actualidad (2000-2015, 2015-2030)

Con la llegada del nuevo siglo, la ONU dio un paso adelante en el asunto del desarrollo. En el marco del sistema internacional de gobernanza multilateral para cuestiones de desarrollo, la visión de desarrollo de la ONU fue evolucionando hacia un concepto de desarrollo ejecutable, participativo y mensurable, que la llevó a establecer por primera vez un sistema de indicadores para el desarrollo con un tiempo de cumplimiento con carácter vinculante, conocido como los Objetivos de Desarrollo del Milenio (ODM). Posteriormente, llegando al año 2015, Naciones Unidas propuso un nuevo concepto de desarrollo representado por la idea del "camino hacia la dignidad", y en torno al asunto central de la sostenibilidad elaboró los Objetivos de Desarrollo Sustentable (ODS)[39].

Concepto de desarrollo ejecutable, participativo y mensurable (2000-2015)

El 5 de septiembre de 2000, se celebró en Nueva York el 55º período de sesiones de la Asamblea General de la ONU, conocida como la Asamblea del Milenio. En esta ocasión, representantes de 189 Estados miembros de la Organización aprobaron por unanimidad la Declaración del Milenio (resolución 55/2 de la Asamblea General), en la cual se definieron las tareas de desarrollo para la sociedad humana en el nuevo siglo desde ocho aspectos. Esta declaración se convirtió en la base para la formulación y la ejecución de los Objetivos de Desarrollo del Milenio de Naciones Unidas en el siglo XXI. El documento abarca los siguientes ocho aspectos: 1) Valores y principios; 2) Paz, seguridad y desarme; 3) Desarrollo y erradicación de la pobreza; 4) Protección de nuestro entorno común; 5) Derechos humanos, democracia y buen gobierno; 6) Protección de las personas vulnerables; 7) Atención a las necesidades especiales de África; y 8) Fortalecimiento de las Naciones Unidas[40]. Los ocho aspectos están todos fuertemente relacionados entre sí, y son también el reflejo real de la estrecha conexión que existe entre los tres grandes pilares de la ONU, a saber, la paz, el desarrollo y los derechos humanos, en tanto representan la determinación de la Or-

39 XU Qi-yuan, SUN Jingying (2015). "Lianheguo Fazhan Yicheng Yanjin yu Zhongguo de Canyu [Evolución de la Agenda para el Desarrollo de Naciones Unidas y Participación de China]" en *Shijie Jingji yu Zhengzhi [Economía y Política Mundial]*, No. 4.

40 Sitio web de la ONU. *Declaración del Milenio* <http://www.un.org/chinese/aboutun/ir/millen-main> (Chino).

En marzo de 2004 se celebró en Beijing la Conferencia Internacional sobre los Objetivos de Desarrollo del Milenio de la ONU.

ganización de erradicar la pobreza, promover el desarrollo y proteger el medio ambiente. En la tercera sección del documento, referida al desarrollo y la erradicación de la pobreza, se declara que "no escatimaremos esfuerzos para liberar a nuestros semejantes, hombres, mujeres y niños, de las condiciones abyectas y deshumanizadoras de la pobreza extrema, a la que en la actualidad están sometidos más de 1.000 millones de seres humanos. Estamos empeñados en hacer realidad para todos ellos el derecho al desarrollo y a poner a toda la especie humana al abrigo de la necesidad", aclarando que esto se hará mediante "la creación de un entorno propicio para el desarrollo y la erradicación de la pobreza en los niveles nacional y global". En dicha sección se propone entonces resolver para finales de 2015 los problemas de empleo, pobreza, hambre, salud, educación, medio ambiente y los derechos de las mujeres. En la Guía General para la Aplicación de la Declaración del Milenio (A/56/326), el entonces secretario general de la ONU, Kofi Annan, expresó que "la sociedad internacional acaba de dejar la era de los compromisos, para pasar a la era de la ejecución, por lo que ha llegado la hora de movilizar todos los recursos necesarios y de cumplir con las promesas"[41]. Cabe notar que la mayoría de los objetivos listados en la Declaración del Milenio no son nuevos, por el contrario, venían ya de las conferencias mundiales de la década del 90 y de las normas y leyes internacionales codificadas durante el último medio siglo. Asimismo, la mayoría de los planes de acción para lograr dichos objetivos ya habían sido elaborados y aprobados por los Estados miembros de forma individual o colectiva dentro de las organizaciones internacionales o en conferencias internacionales[42].

Finalizada la conferencia, la ONU organizó la formación de un grupo de trabajo compuesto por el Banco Mundial, la Organización de Cooperación Económica y otras organizaciones multilaterales, dedicado a la elaboración de metas cuantitativas más específicas para la tercera y cuarta parte de la Declaración del Milenio, referidas a los asuntos de desarrollo y protección ambiental, respectivamente. En el año 2001, Naciones Unidas publicó oficialmente en la Guía General para la Aplicación de la Declaración del Milenio, una lista de 8 objetivos relacionados al desarrollo[43] (justamente, los ODM), con 48 indicadores y 18 metas cuantificables con plazos definidos.

Posteriormente, en el año 2002, se celebró en Monterrey, Méjico, la Conferencia Internacional sobre la Financiación para el Desarrollo de Naciones Unidas, en la cual se planteó la necesidad de formar nuevas relaciones de asociación entre los países desarrollados y los países en

---

41 Bertrand, Ms. Doris. *El Enfoque Basado en los Resultados en las Naciones Unidas: Aplicación de la Declaración del Milenio.* Dependencia Común de Inspección de la ONU. Febrero de 2002, p. 6. <https://www.unjiu.org/zh/reports-notes/JIU%20Products/JIU_REP_2002_2_Chinese.pdf> (Chino).

42 56 Período de Sesiones de la Asamblea General de las Naciones Unidas, tema 40 del programa provisional, seguimiento de los resultados de la Cumbre del Milenio: *Guía General para la Aplicación de la Declaración del Milenio,* A/56/3, 6 <http://www.un.org/zh/documents/view_doc.asp?symbol=A/56/326> (Chino).

43 Los 8 objetivos consisten en: erradicar la pobreza extrema y el hambre; lograr la enseñanza primaria universal; promover la igualdad entre los sexos y la autonomía de la mujer; reducir la mortalidad infantil; mejorar la salud materna; combatir el VIH/SIDA, el paludismo y otras enfermedades; garantizar la sostenibilidad del medio ambiente; y fomentar una asociación mundial para el desarrollo.

desarrollo, garantizando la financiación integral para la implementación de los ODM mediante medidas tales como la apertura de mercados, el comercio justo, el aumento de la asistencia oficial para el desarrollo y la movilización de recursos económicos nacionales. En el mismo año se celebró en Johannesburgo, Sudáfrica, la Cumbre Mundial sobre el Desarrollo Sostenible, en la cual siguió enriqueciéndose el contenido de los ODM. Luego de esto, la resolución de la Cumbre Mundial de 2005, celebrada en la Sede de las Naciones Unidas en Nueva York, determinó "adoptar, para 2006, y aplicar estrategias nacionales amplias de desarrollo para alcanzar los objetivos y metas de desarrollo convenidos internacionalmente, incluidos los Objetivos de Desarrollo del Milenio"[44], lo cual representó un enorme logro, ya que indicaba la incorporación de los ODM a las estrategias de desarrollo nacional de cada país, dejando de ser metas de carácter global, para pasar a ser objetivos más específicos y con un mayor nivel de implementabilidad. Por otro lado, en lo que respecta a la AOD, la resolución reitera que "la asistencia oficial para el desarrollo (de los países desarrollados) que se presta a todos los países en desarrollo aumentará anualmente en unos 50.000 millones de dólares de los Estados Unidos para 2010" y el "establecimiento por muchos países desarrollados de plazos para alcanzar el objetivo de destinar el 0,7% del producto nacional bruto a la asistencia oficial para el desarrollo a más tardar en 2015 y de llegar a dedicar por lo menos el 0,5% del producto nacional bruto a la asistencia oficial para el desarrollo a más tardar en 2010"[45].

El camino hacia la dignidad: acabar con la pobreza y transformar vidas protegiendo el planeta (2015-2030)

En junio de 2012, se celebró en Río de Janeiro, Brasil, la Conferencia de Desarrollo Sostenible de Naciones Unidas, conocida como

44 Resultados de la Cumbre Mundial de la ONU de 2005, Resolución 60/1, párrafo 22 (a), <http://daccess-dds-ny.un.org/doc/UNDOC/GEN/N05/487/59/PDF/N0548759.pdf?OpenElement>

45 Idem supra, párrafo 23 (b).

Río+20, la cual resultó ser la segunda conferencia de la ONU sobre desarrollo más importante después de la Cumbre del Milenio, sentando sólidas bases para la reconstrucción del proceso global de desarrollo. Los dos temas centrales de Río+20 fueron la economía verde en el contexto del desarrollo sostenible y la erradicación de la pobreza y el marco institucional para el desarrollo sostenible. En el documento final de esta conferencia, titulado El Futuro Que Queremos (The Future We Want)[46], los representantes presentes de cada país se comprometieron a seguir trabajando en la concreción de los Objetivos de Desarrollo Sostenible. Asimismo, la conferencia también ordenó el lanzamiento de un proceso internacional para la agenda de desarrollo post-2015. Pero sin dudas uno de los resultados más importantes de Río+20 fue el acuerdo de los Estados miembros para elaborar un conjunto de objetivos de desarrollo sostenible efectivos (justamente, los ODS), a fin de concentrar y unificar las acciones relacionadas a este asunto. La conferencia de Río+20 concluyó que la continuidad de los ODS en el futuro debe mantener una coherencia con la de la agenda para el desarrollo post-2015 de Naciones Unidas.

Tras recopilar los resultados de varios sistemas de trabajo de la ONU, de las negociaciones intergubernamentales en el marco de la ONU, las conferencias sobre desarrollo sostenible, incluidas las de los Pequeños Estados Insulares, y las negociaciones internacionales sobre el cambio climático, el secretario general de la ONU, Ban Ki-moon, presentó en la 69º sesión de las Naciones Unidas de diciembre de 2014 un informe sobre la agenda de desarrollo sostenible posterior a 2015, titulado "El camino hacia la dignidad para 2030: acabar con la pobreza y transformar vidas protegiendo el planeta", sobre el cual los Estados miembros entablaron una profunda discusión. El informe apunta a la sexta etapa de desarrollo de la ONU, que abarca desde 2015 hasta 2030, y propone una agenda universal y transformadora para el desarrollo sostenible, basada en derechos, y en la que las personas y el pla-

46 Sitio web de la ONU. *El Futuro Que Queremos* <https://rio20.un.org/sites/rio20.un.org/files/a-conf.216l-1_english.pdf.pdf>.

neta ocupan un lugar central[47].

El informe establece un conjunto integrado por seis elementos esenciales para ayudar a enmarcar y fortalecer la agenda de desarrollo sostenible y asegurar que se ejecute a nivel de los países. Estos seis elementos son: 1) dignidad: acabar con la pobreza y luchar contra las desigualdades; 2) personas: garantizar una vida sana, el conocimiento y la inclusión de las mujeres y los niños; 3) prosperidad: desarrollar una economía sólida, inclusiva y transformadora; 4) planeta: proteger nuestros ecosistemas para todas las sociedades y para nuestros hijos; 5) justicia: promover sociedades seguras y pacíficas e instituciones sólidas; y 6) asociación: catalizar la solidaridad mundial para el desarrollo sostenible[48]. En torno a estos seis elementos, el Grupo de Trabajo Abierto estableció 17 objetivos específicos con 167 indicadores, buscando además de lograr los ODM no concretados, expandir el contenido de los objetivos de desarrollo sostenible a las áreas de desigualdad, crecimiento económico, trabajo decente, ciudades y asentamientos humanos, industria, energía, cambio climático, consumo y producción sostenibles, paz, justicia e instituciones. Dentro de este sistema, el asunto del medio ambiente es tanto un medio de implementación como el motivo de formación de la alianza global, y este doble rol en la agenda favorece la consecución general de los ODS.

Por otro lado, el informe señala que "así, la labor relativa a elaboración de esas modalidades para medir los progresos, que excedan el PIB, debe recibir la atención dedicada de las Naciones Unidas, las instituciones financieras internacionales, la comunidad científica y las instituciones públicas. Estos criterios deben centrarse claramente en la medición del progreso social, el bienestar, la justicia, la seguridad, la igualdad y la sostenibilidad. Las mediciones de la pobreza deben reflejar su carácter multidimensional. Es posible que las nuevas medidas de bienestar subjetivo constituyan importantes instrumentos nuevos para

---

47 Informe del Secretario General de Naciones Unidas. *El Camino hacia la Dignidad para 2030: Acabar con la Pobreza y Transformar Vidas Protegiendo el Planeta.* Diciembre de 2014, p.1 <http://www.un.org/en/ga/search/view_doc.asp?symbol=A/69/700&referer=http://www.un.org/millenniumgoals/&Lang=C>.

48 Idem supra.

En septiembre de 2013 se celebró en la sede de la ONU, en Nueva York, el Foro Político de Alto Nivel sobre el Desarrollo Sostenible.

la elaboración de políticas."

En el año 2015, liderada por Naciones Unidas, la sociedad internacional entró en la sexta fase de desarrollo, por lo que puede decirse que este fue un año crucial para la definición de la agenda de desarrollo sostenible. Las tres conferencias de alto nivel celebradas a lo largo de este año fueron también de suma importancia para impulsar el avance del desarrollo sostenible hacia una nueva era de implementación integral. La primera de ellas fue la Tercera Conferencia Internacional sobre la Financiación para el Desarrollo, celebrada en julio en Adís Abeba, la cual se focalizó en promover la construcción de nuevas relaciones de alianza global. La segunda de ellas fue la Cumbre sobre el Desarrollo Sostenible, celebrada en septiembre en la sede central de Naciones Unidas, en Nueva York. En esta ocasión, se procuró lograr que el mundo entero adoptara una nueva agenda de desarrollo y una serie de objetivos de desarrollo sostenible, lo cual representó un cambio de paradigma para la relación entre el ser humano y el planeta Tierra. La tercera conferencia fue la XXI Conferencia de las Partes de la Convención Marco de Naciones Unidas sobre el Cambio Climático, celebrada en diciembre en la ciudad de París, la cual sirvió para que los Estados miembros avanzaran en la implementación de la agenda para el desarrollo sostenible.

5.4 El Plan Chino para el desarrollo mundial

5.4.1 El rol del gobierno según China y Estados Unidos

El debate sobre el rol que debe jugar el gobierno en la "mejora de la capacidad de creación de riqueza de los participantes" siempre ha sido algo controversial. Hay quienes opinan que el gobierno no debería intervenir directamente en el proceso de creación de riqueza, pues esto solo trae efectos contraproducentes. Friedrich Hayek, defensor del liberalismo, señala que "la política de libertad exige una abstención del control deliberado, y una aceptación del desarrollo no planificado y espontáneo"[49]. Hayek distingue entre la tradición inglesa y la tradición francesa de libertad, o "libertad anglicana" y "libertad galicana", y destaca que la última procura "conseguir el más alto grado de civilización política (...) en el más alto grado de intervención estatal", mientras que la tradición de Inglaterra de oponerse a la intervención es en donde realmente yace el verdadero significado de la libertad, por lo que sus instituciones y tradiciones se convirtieron en "el modelo para el mundo civilizado"[50].

Por su parte, el padre de la teoría de protección de la industria naciente, Georg Friedrich List, también consideraba que Inglaterra se había "convertido en un modelo a seguir para todos los países", siendo de carácter "ejemplar" tanto en política interior como exterior. No

49 Friedrich Hayek (1960). *Los Fundamentos de la Libertad* (Traducción al chino de Deng Zhenglai). Beijing: Shenghuo·dushu·xinzhi sanlian shudian [SDX Joint Publishing Company], 1997, p. 80.

50 Friedrich Hayek (1960). *Los Fundamentos de la Libertad* (Traducción al chino de Deng Zhenglai). Beijing: Shenghuo·dushu·xinzhi sanlian shudian [SDX Joint Publishing Company], 1997, p. 204.

obstante, a los ojos de List, las políticas de Inglaterra no eran del tipo *laissez-faire,* sino políticas que "siempre alentaron la introducción de fuerzas productivas, dejando en segundo plano la introducción de mercancías", de "introducción limitada a las materias primas y productos agrícolas, y salida limitada a los productos industriales", y que "reconocen la libertad del comercio y del transporte marítimo en las colonias, pero sólo en la medida en que se beneficien de ello". No sin ánimo de crítica, List propone que la teoría de apoyo al libre comercio de Adam Smith oculta las políticas realmente implementadas por Inglaterra, para "evitar que se repliquen estas políticas en el extranjero", y para que una vez que Inglaterra llegue a lo más alto, pueda patear la escalera para que ningún otro país la alcance[51].

Siguiendo la idea de List[52], Ha-Joon Chang tomó como objeto de estudio los sistemas utilizados en el siglo XIX y principios del siglo XX en varios países, incluidos Reino Unido, Estados Unidos, Alemania, Francia, Suecia, Bélgica, Países Bajos, Suiza, Corea del Sur y Japón (remontándose en algunos casos al siglo XVIII e incluso al siglo XIV, y extendiéndose a veces hasta después de la Segunda Guerra Mundial), y analizó sus políticas industriales, comerciales y tecnológicas, así como sus sistemas de elecciones, justicia administrativa, derechos de propiedad, gobernanza empresarial, finanzas, trabajo y seguridad social. Su conclusión fue que el éxito de los países desarrollados no fue gracias a las políticas y regímenes que ellos mismos recomendaban a los países en desarrollo, sino que por el contrario, su fórmula secreta para el auge fueron justamente aquellos sistemas y políticas comerciales e industriales a los que entonces se resistían firmemente por ser "políticamente incorrectos"[53].

---

51 Friedrich List (1840). *El Sistema Nacional de Economía Política* (Traducción al chino de Chen Wanxu). Beijing: Shangwu Yinshuguan [Commercial Press], 1961, pp. 306-307.

52 El título del libro de Ha-Joon Chang, *Retirar la Escalera: la Estrategia de Desarrollo en Perspectiva Histórica,* cita justamente la alegoría de List de la patada a la escalera por parte de Inglaterra.

53 Ha-Joon Chang (2002). *Retirar la Escalera: la Estrategia de Desarrollo en Perspectiva Histórica* (Traducción al chino de Xiao Liandeng). Beijing: Shehui Kexue Wenxian Chubanshe [Editorial de la Academia de Ciencias Sociales], 2009, pp. 151-153.

Por otro lado, Alexander Cerschenkron sostenía que los países menos avanzados podrían contar en su proceso de industrialización con cierta ventaja por el desarrollo tardío, con la posibilidad de adoptar políticas de introducción de equipamiento tecnológico y conocimientos avanzados para alcanzar más rápidamente e incluso superar a los demás países. Pero al mismo tiempo también advertía que las políticas podían fracasar, como ocurrió con las políticas económicas desacertadas de Italia que terminaron apoyando sectores industriales sin ventajas comparativas[54].

Desde un punto de vista teórico, es cierto que no es posible pretender que el gobierno reemplace al mercado convirtiéndose en el principal responsable de la distribución de los recursos, pero tampoco es apropiado considerar todas las actividades gubernamentales relacionadas con la economía o todas las políticas industriales como "tabúes políticos". La clave está entonces en la capacidad de los gobiernos de reducir de manera eficiente los costos de transacción del mercado y de estimular exitosamente la creatividad y la participación de las entidades del mercado en las actividades comerciales.

En cuanto al primero de estos últimos dos aspectos, en áreas como la infraestructura para el transporte, en donde es bastante evidente el carácter de bien público, la inversión centralizada del gobierno puede sin dudas producir mayores beneficios. Tal como señala el historiador Gengwang Yan, "el transporte es la condición fundamental para el desarrollo espacial, involucrado en la implementación de decretos, la comunicación política, el avance y retroceso militar, el desarrollo económico y el flujo de bienes y materiales, y la fluidez del transporte es un factor determinante en lo que respecta a la difusión de la cultura y la religión, la fusión de los sentimientos nacionales y la armonía de las relaciones internacionales. Por ello es que el desarrollo del transporte es la base de todo tipo de desarrollo, sea político, económico o cultural, y la construcción para el transporte ocupa también el primer lugar entre todos los tipos de construcción. China tiene un vasto territorio, lo que

54 Alexander Gerschenkron (1962). *Economic Backwardness in Historical Perspective [El Atraso Económico en su Perspectiva Histórica]* (Traducción al chino de Zhang Fenglin). Beijing: Shangwu Yinshuguan [Commercial Press], 2009, pp. 439-440.

hace que la construcción para el transporte sea un asunto particularmente importante"[55].

Ahora bien, la inversión en construcción para el transporte es de ciclo largo, requiere de grandes capitales y tiene una tasa de rendimiento relativamente baja, por lo que si proviene únicamente del sector privado, su nivel real puede ser inferior al nivel requerido para maximizar los beneficios sociales. En tal caso, con un buen manejo de las políticas estatales y con inversión gubernamental, es posible reducir los costos de transacción para estimular la inversión del sector privado y mejorar en última instancia el bienestar de la sociedad en su conjunto.

Otro caso, por ejemplo, son algunas industrias tradicionales que cuentan con refinadas cadenas de producción, y que elaboran productos ya maduros y de amplia aceptación en el mercado, con una técnica exquisita y confiable, un proceso de producción relativamente fijo, riesgos controlados y una retribución estable. Las ganancias de estas industrias provienen principalmente de los rendimientos de escala producidos por el uso intensivo del espacio. Estos modelos industriales pueden ser imitados e introducidos, con la posibilidad de generar beneficios de manera inmediata. En este caso, en tanto estén correctamente resueltos los problemas de incentivo interno, con políticas estatales industriales también es posible superar los problemas que suponen las grandes inversiones, los ciclos largos y la demanda de múltiples medidas de apoyo de este tipo de industrias, y el sector estatal puede explotar su capacidad de "concentrar fuerzas para realizar enormes empresas".

Sin embargo, para las industrias emergentes, que invierten nuevos factores, desarrollan nuevos productos y crean nuevos mercados, cuyas perspectivas de éxito o fracaso son más inciertas, y que en cuanto triunfan tienen un alto nivel de rentabilidad, sus ganancias dependen principalmente de que puedan adelantarse a sus pares e innovar primero. En este caso, el gobierno queda en cierta desventaja con respecto a la información y los incentivos, por lo que probablemente no pueda aprovechar su ventaja de escala, y sus políticas industriales terminen

55 YAN Geng-wang (2016). "'Tangdai Jiaotong Tukao' Xuyan [Prólogo de 'Mapa del Transporte de la Dinastía Tang']" en *Zhishi San Shu [Ensayos sobre Historia]*. Shanghai: Shanghai Renmin Chubanshe [Editorial del Pueblo de Shanghai], p. 215.

siendo contraproducentes. Bajo estas circunstancias, el Estado debe concentrarse en incentivar y cuidar el entusiasmo innovador de los actores del mercado, y mediante la construcción de sistemas adecuados de protección de derechos de propiedad (incluidos los de propiedad intelectual) y el desarrollo de una buena capacidad de implementación, debe procurar aprovechar al máximo el espíritu emprendedor de la gente.

En Estados Unidos existe una cierta desconfianza hacia el "gran Estado". Según un estudio, el 57% de los estadounidenses encuestados considera que la intervención del Estado en la administración de los negocios tiene más contras que pros, el 64% considera que los asuntos gestionados por el Estado normalmente resultan ineficientes y provocan derroche de recursos, y el 75% tiene menos confianza en el gobierno federal que en los gobiernos locales[56]. No obstante, las palabras muchas veces no son fieles a la realidad. En efecto, a lo largo de la historia de Estados Unidos los gobiernos de cada nivel administrativo han ido creciendo de manera constante. En 1902, la recaudación de los gobiernos federal, estatales y locales de Estados Unidos representaba el 3%, 0,8% y 4% del PNB respectivamente; en 1952, los porcentajes subieron a 20,4%, 4,1% y 4%; y en 1992, llegaron a 20,8%, 9,3% y 7,3%. Durante un largo período de tiempo, entre fines del siglo XVIII y la primera mitad del siglo XIX, los gobiernos estatales de Estados Unidos fueron los principales inversores de los proyectos internos (incluidos bancos, canales y otros proyectos de renovación de instalaciones de transporte)[57].

La realidad es que los Estados Unidos del siglo XX ya habían desarrollado un gigantesco sistema regulatorio. El libro *Política Económica*

---

56 James MacGregor Burns y otros (1963). *Government by the People [El Gobierno de la Gente],* título en chino: *Jin Juli Kan Meiguo Zhengzhi [La política de Estados Unidos desde Cerca]* (Traducción al chino de Wu Aiming y Li Yamei). Beijing: Zhongguo Renmin Daxue Chubanshe [Editorial de la Universidad de Renmin], 2016, p. 90.

57 Price Fishback, Robert Higgs, Gary D. Libecap et al. (2007). *Government and the American Economy. A New History. [Gobierno y la Economía de Estados Unidos. Una Nueva Historia],* título en chino: *Meiguo Jingjishi Xinlun* (Traducción al chino de Zhang Yan, Guo Chen, Bai Ling y otros). Beijing: Zhongxin Chubanshe [CITIC Press Group], 2013, pp. 20-26.

Estadounidense en la Década de 1990 compara la economía del país con un barco cuyo destino está ya determinado. La llegada de este barco a destino depende del clima y la capacidad del capitán y sus tripulantes, como también del diseño, la estructura y la contextura del barco en sí. En el caso de la economía estadounidense, el capitán del barco es el presidente del país, quien puede hacer muchas cosas, pero sus acciones están en definitiva limitadas por factores inciertos tales como el clima o las condiciones meteorológicas, y por la estructura misma del barco. Siguiendo la metáfora, la estructura del barco son las regulaciones estatales de todas formas y colores, incluidas las regulaciones económicas, de salud y seguridad, financieras, las leyes antimonopolios y las políticas de seguridad social, entre otras[58].

Estados Unidos tiene más de 40 agencias reguladoras, a menudo de naturaleza política y legislativa, y que son también en sí organismos ejecutivos del gobierno federal, por lo que puede decirse que tienen una triple funcionalidad: administrativa, legislativa y jurídica. Entre los departamentos más importantes con funciones regulatorias dentro del gobierno de Estados Unidos pueden citarse la Agencia de Protección Ambiental, la Administración de Alimentos y Medicamentos, la Reserva Federal (que desempeña el papel del banco central), la Comisión de Bolsa y Valores (que supervisa los mercados financieros), la Comisión de Energía y la Comisión Federal de Comunicaciones, entre otras. A la par de estas agencias, existe también un departamento encargado exclusivamente de revisar y aprobar todos los reglamentos, y que tiene la facultad de pronunciarse sobre la vigencia de las normas o de solicitar la modificación de su contenido. Se trata de la Oficina de Administración y Presupuesto (OMB, por sus siglas en inglés). La Oficina se ubica en la Casa Blanca, su director tiene rango de ministro, y su función y poder son de tal magnitud que muchos la llaman el "súper gobierno" de Estados Unidos, ya que no solo aprueba todos los reglamentos y regulaciones del gobierno, sino que también se encarga de elaborar todos los presupuestos del país.

58 Jeffrey A. Frankel, Peter R. Orszag (2002). *American Economic Policy in the 1990s [Política Económica Estadounidense en la Década de 1990]* (Traducido al chino por Xu Weiyu). Beijing: Zhongxin Chubanshe [CITIC Press Group], 2004.

Generalmente solo se ve que Estados Unidos es de los países con la economía de mercado más libre del mundo, pero la realidad es que al mismo tiempo, también es un país con un control gubernamental omnipresente. Entre 1976 y 2001, entraron en vigencia 138.000 nuevas regulaciones en Estados Unidos, con un promedio de 5.300 por año, las cuales pasadas a papel son más de 1,4 millones de páginas. Cuanto más grandes se vuelven las empresas, más y más estrictas son las regulaciones que las rigen. La población de Estados Unidos es apenas el 5% de la población mundial, pero el país concentra el 35% de los abogados de todo el mundo, y sus estudios jurídicos generan alrededor de $250.000 millones de USD en ingresos anuales. Si la abogacía está tan desarrollada en Estados Unidos, esto se debe en gran medida a la cantidad de regulaciones que existen, y que requieren de gran cantidad de abogados que ayuden a las personas a interpretarlas, para luego pelear contra el Estado en su nombre.

Con semejante extensión del control gubernamental, los costos de personal, material y financieros son necesariamente muy altos. Según estimaciones de economistas estadounidenses, en el año 2001, el país gastó una suma de $854.000 millones de USD en control estatal, lo cual representó un 8,4% del PIB de aquel año, con 132.000 personas empleadas para ello a nivel federal, cifra que hasta la actualidad se ha mantenido en alrededor de 120.000. Generalmente se cree que el Estado de Estados Unidos es un Estado pequeño, pero la realidad es muy diferente. Justamente, cuanto más desarrollados son los países, más grandes son sus Estados y más son los recursos de los que disponen. En este punto, Estados Unidos no es para nada una excepción. En efecto, los empleados estatales en Estados Unidos representan el 15% del total de empleados en todo el país, y solo en California, el gobierno federal emplea a más de 300.000 personas que reciben un sueldo del Estado. Una simple comparación entre Estados Unidos y China permite ver la diferencia entre el tamaño del Estado en ambos países. En general, la población ocupada de un país es alrededor de la mitad de su población total. En el caso de China, que tiene actualmente 1.300 millones de habitantes, su población ocupada debería ser de más o menos 650 millones de personas. Ahora bien, si las personas que perciben un sueldo del Estado en China representaran el mismo porcentaje que en

Estados Unidos (esto es, un 15%), el personal estatal en China debería aumentar a nada más y nada menos que a 100 millones de personas. Por otro lado, el gasto público del gobierno federal de Estados Unidos ocupa el 20% de su PIB, mientras que el presupuesto del gobierno central de China está muy lejos de alcanzar ese porcentaje, y lo mismo para los niveles inferiores, en donde el presupuesto de los gobiernos locales y municipales en Estados Unidos ocupan en suma un 35%-37% de su PIB, superando por mucho los porcentajes de China.

Hay además otro punto que requiere de especial atención, y es que varias regulaciones en los Estados Unidos son "no neutrales", es decir, afectan de manera distinta según se trate de distintos grupos o individuos. Aquí entran en juego dos conceptos: el de regulaciones neutrales y el de regulaciones no neutrales. Las primeras son aquellas que no solo se aplican por igual a todas las personas, sino que todos se benefician de ellas de la misma manera. Por ejemplo, las normas que exigen que todos los automóviles y las personas avancen por el lado derecho de la carretera son justas para todos y por lo tanto, son normas neutrales. Por el contrario, las normas no neutrales no se aplican por igual a todas las personas, e incluso si aparentan ser igualitarias, las personas no se ven afectadas o beneficiadas en el mismo nivel.

Los economistas suelen citar una regulación de la industria azucarera como típico ejemplo de norma no neutral del gobierno estadounidense. La regulación en cuestión establece estándares extremadamente altos para el consumo de azúcar en el territorio nacional, resultando en un gran obstáculo para la exportación de azúcar por parte de compañías extranjeras hacia los Estados Unidos. Los motivos que justifican la incorporación de dicha regulación son sumamente grandilocuentes, alegando por ejemplo la protección de la salud y el bienestar de los ciudadanos estadounidenses. Sin embargo, la verdadera razón detrás de todo eso, es un grupo de productores nacionales de azúcar, quizás cultivadores sureños de remolacha azucarera o de caña de azúcar, que presiona al gobierno para que emita dicha regulación, protegiendo de esa manera sus propios intereses adquiridos. Hace unos años hubo un escándalo que involucró a un destacado senador republicano de los Estados Unidos. Luego del "11 de septiembre", este senador propuso aprobar una regulación para exigir que las compañías navieras responsables del transporte de suministros, armas y personal de Estados Unidos a Medio Oriente en la guerra contra el terrorismo, fueran únicamente empresas estadounidenses o empresas en las que los estadounidenses tuvieran más del 85% de las acciones. Él alegaba que su iniciativa nacía del interés de proteger la seguridad nacional de su país, ya que el contratar empresas extranjeras para el transporte de suministros era demasiado riesgoso. Pero gracias a investigaciones posteriores, se descubrió que los principales patrocinadores de este senador eran justamente las empresas de transporte estadounidenses, que sin duda resultaban fuertemente beneficiadas con su propuesta.

La "no neutralidad" de las regulaciones de Estados Unidos no se limita únicamente al interior de su territorio, de hecho también se ve reflejada en la sociedad internacional. La formulación de los famosos "Acuerdos de Basilea" es un claro ejemplo de eso. En la década de 1980, 10 de los países más desarrollados del mundo firmaron en la ciudad suiza de Basilea un acuerdo para reforzar la importancia de la supervisión bancaria, en el cual se elevó al 8% el índice de adecuación de capital de los bancos de estos países. Ahora bien, investigaciones posteriores descubrieron la existencia de un vínculo evidente entre la motivación para formular dicho acuerdo y la influencia de los grupos de interés bancarios de EE. UU. en el gobierno. El contexto de entonces era el siguiente: los grandes bancos comerciales estadounidenses habían prestado enormes sumas de dinero a los países latinoamericanos, que llegado el momento del vencimiento, no pudieron cancelar sus deudas, provocando una crisis de deuda para los primeros. Ante semejante situación, estos bancos comerciales intentaron trasladar las pérdidas a las empresas y los depositantes elevando las tasas de interés de los préstamos para las empresas, al mismo tiempo que reducían las tasas de interés de los depósitos para los ahorradores. En consecuencia, las empresas y los depositantes suspendieron sus actividades y se unieron para exigir al gobierno la aprobación de leyes para una estricta supervisión a los bancos, de manera tal que pudieran reducir sus riesgos de inversión. Los grupos bancarios estadounidenses replicaron entonces que si el gobierno aumentaba la supervisión, esto daría mayor ventaja competitiva a los bancos extranjeros en el mercado global. Entonces, para salir del aprieto, el gobierno de los EE. UU. finalmente decidió reunir a los jefes de los bancos centrales de los países desarrollados y adoptar un acuerdo regulatorio internacional para supervisar tanto la industria bancaria de los Estados Unidos como la industria bancaria de todos estos países. Y así es como nacieron los Acuerdos de Basilea.

Existen también muchas regulaciones internacionales de propiedad intelectual que son de carácter "no neutral". Por ejemplo, para vender medicamentos en Estados Unidos, las empresas extranjeras deben ser aprobadas sí o sí por la Administración de Drogas y Alimentos de EE. UU. Pero la realidad es que obtener esta aprobación es extremadamente difícil, debido a que el derecho de protección de la fórmula molecular de las drogas deja a muchas drogas extranjeras fuera del mercado estadounidense. Ocurre entonces que las empresas estadounidenses producen un medicamento a un costo quizás de unos pocos centavos, pero lo venden en el mercado a más de 10 dólares. Es claro entonces que estas regulaciones de propiedad intelectual de los medicamentos no son neutrales, y que en definitiva lo que hacen es proteger los intereses de las grandes farmacéuticas estadounidenses.

Más allá del fuerte y siempre tan criticado carácter "no neutral" del control gubernamental en Estados Unidos, hay una realidad bastante visible, y es que de ninguna manera existe en el mundo una economía de mercado que sea totalmente pura, lo que hay son economías controladas por los gobiernos y reguladas por la ley. En otras palabras, sin gobierno no hay mercado, y sin control, no hay libertad. Una economía de mercado eficiente, debe necesariamente apoyarse en un sistema de control también eficiente, y si no se establecen e implementan leyes y regulaciones, el mercado no puede funcionar de manera eficiente. Cuanto más desarrollado es un mercado, mayores y más detalladas son las regulaciones del gobierno. El filósofo Karl Popper dijo una vez una frase aparentemente contradictoria: "Cuantos más límites haya, más es lo que obtienes". Esta frase tiene cierto carácter dialéctico: cuanto más restringes, más puedes disfrutar de esos derechos que no están restringidos.

El control gubernamental efectivo es el prerrequisito para poder explotar positivamente la fuerza del mercado. Extendiéndonos sobre lo dicho anteriormente, podríamos incluso llegar a la siguiente conclusión: la economía de Estados Unidos no solo es una economía de mercado controlada, sino que es una economía de mercado que busca mejorar sus regulaciones mediante el mercado. En el mundo de la economía, sea en Europa o en Estados Unidos, la opinión universal apoya la flexibilización del control gubernamental. Esto suena aparentemente a la exigencia de un control cada vez menor, más laxo, y con menos cumplimiento, pero la realidad no es así. La llamada flexibilización del control no es más que mejorar la calidad y la eficiencia del mismo. O quizás podemos derivar algunas otras proposiciones, por ejemplo, que el criterio básico para distinguir entre economía de mercado y economía de "no mercado" no debe evaluar si el gobierno se involucra en la vida económica de la gente o en qué medida lo hace, sino evaluar si lo hace imponiendo o usando métodos de mercado; o podríamos decir también que una de las diferencias esenciales entre las economías de mercado desarrolladas y las subdesarrolladas radica a menudo en si el gobierno brinda o no una garantía institucional integral y efectiva para maximizar la función del mercado.

Hay que reconocer que desde los inicios hasta la actualidad, la economía de Estados Unidos en general ha sido bastante exitosa, llegando a convertirse en la más desarrollada en el mundo de hoy, y acumulando muchas experiencias dignas de ser estudiadas. Pero para aprender de los demás, primero hay que observar juiciosamente las condiciones y el momento de los hechos, para poder entender paso a paso su proceso de desarrollo. En el caso de China y su paso de una economía planificada a una economía de mercado, hay un punto que debe quedar claro: la reforma del sistema original de economía planificada para construir una economía de mercado socialista de ningún modo aspira a una libertad sin restricciones y sin gobierno, sino que por el contrario requiere de un gobierno que pueda utilizar su poder de manera efectiva.

En realidad, desde un punto de vista conceptual, la diferencia entre los no intervencionistas (*laissez faire*) y los intervencionistas radica en cómo cada cual entiende la función del gobierno. Los primeros consideran que el gobierno solo debe preocuparse en mantener el orden legal, y que cualquier otra intervención en última instancia no hará más que aumentar los costos de transacción y destruir el funcionamiento perfecto del mercado. Mientras se mantenga el estado de derecho en general, se definan y protejan los derechos de propiedad privada y se respeten los contratos, el mercado podrá seguir funcionando espontáneamente con los costos de transacción más bajos, permitiendo así el crecimiento. Por el contrario, los intervencionistas consideran que el gobierno debe intervenir proactivamente en el mercado, porque el gobierno sabe cómo reducir mejor los costos de transacción y qué reglas adoptar para motivar a los actores del mercado y promover su capacidad innovadora y espíritu empresarial.

5.4.2 El plan de crecimiento económico de los países en desarrollo

El desequilibrio en el desarrollo económico mundial es una realidad objetiva, y para resolverlo hay que pasar por un largo proceso. Los países en desarrollo que quieran en este contexto alcanzar el crecimiento sostenido, deberán procurar avanzar en cinco aspectos, a saber, capacidad de innovación, capital humano, escala del mercado y división del trabajo especializada, bases institucionales y reglas comerciales internacionales[59].

La fuente fundamental del crecimiento económico es el aumento de la productividad laboral, y el principal motor de dicho aumento es la innovación científico-tecnológica. Entre los factores más importantes que permitieron que Estados Unidos, Europa y Japón se convirtieran en los principales países desarrollados del mundo de hoy es justamente su capacidad de innovación en ciencia y tecnología. Ahora bien, en el caso de los países en desarrollo, cuyos recursos son más limitados, es ingenuo pensar que pueden alcanzar el mismo nivel de inversión en investigación y desarrollo que los países desarrollados, por lo que deben partir de su situación real, y enfocarse en superar las dificultades técnicas más urgentes para su cadena industrial nacional o que estén en línea con la dirección de su ajuste estructural. Por supuesto que además

59 ZHANG Yu-yan. "Fazhan zhong Guojia Ruhe Shixian Changqi Zengzhang [Cómo Logran el Crecimiento Duradero los Países en Desarrollo]" en *Renmin Ribao [People's Daily]*, 12 de julio de 2015.

de I+D, la imitación y el derrame tecnológico también son una importante fuente exógena para el aumento de la productividad laboral en los países en desarrollo.

Como determinantes del nivel de productividad, el conocimiento, la acumulación de habilidades y la capacidad de innovación, o en otras palabras, el capital humano, depende en gran medida del nivel de educación de la gente. Según las estadísticas del Banco Mundial, en el año 2012, las tasas de escolaridad secundaria de Estados Unidos, China e India eran respectivamente del 94%, 89% y 71%. Estos datos explican al menos en parte la razón por la cual estos tres países se encuentran en distintas etapas de desarrollo, y permiten también estimar su potencial de desarrollo a futuro. La proporción de personal de I+D y personal altamente calificado en los países en desarrollo es significativamente menor que en los países desarrollados, lo cual hace que por largo tiempo se mantengan en el extremo más bajo de la cadena de valor industrial mundial. Los países en desarrollo deben entonces esforzarse particularmente en popularizar la educación secundaria, ampliar la cobertura de la educación superior y fortalecer la formación técnica, para poder mejorar su capital humano.

El aumento de la productividad laboral también está altamente relacionado con la división del trabajo y el nivel de especialización. Si los involucrados en las distintas actividades económicas mejoran su nivel de especialización, dedicándose al sector productivo en el que mejor se desempeñan, por más que no haya progreso tecnológico, el intercambio mercantil puede generar las llamadas "ganancias del comercio" y aumentar la productividad laboral sin necesariamente haber avance tecnológico. Hay dos factores que determinan el nivel de división del trabajo y de especialización: uno es la escala del mercado, otro es la calidad de la base institucional. Para expandir la escala del mercado, además de impulsar el flujo de factores productivos, reducir los costos de transacción en el mercado y crear un mercado nacional unificado, es necesario también participar activamente en la división del trabajo internacional, procurando maximizar las propias ventajas. Los más de 40 años de reforma y apertura de China son justamente una demostración exitosa de cómo es posible mejorar el nivel de especialización y división del trabajo mediante la expansión de la escala del mercado.

El crecimiento acelerado de India en los últimos años también está estrechamente relacionado con el aprovechamiento pleno y la enérgica expansión de su mercado interno y externo.

La condición primordial de toda base institucional no es más que la protección efectiva de los derechos de propiedad, el respeto universal a los contratos y la implementación de los principios de transacciones voluntarias y competencia leal. Su efecto impulsor para el crecimiento económico se manifiesta principalmente de tres maneras: proporcionando a los involucrados en las actividades económicas un entorno comercial en el que puedan generarse expectativas estables, proveyendo incentivos efectivos, y reduciendo los costos de transacción. Estas tres funciones constituyen el prerrequisito central para que el mercado juegue un rol determinante en la distribución de los recursos. Cabe aclarar que la protección de los derechos de propiedad y el respeto por los contratos no son cosas que ocurren de manera natural. En efecto, sin un poder estatal en su sentido amplio, no puede haber derechos de propiedad ni contratos universales. La clave para establecer una base institucional de calidad, radica en tener un gobierno fuerte y eficiente que pueda potenciar las funciones del mercado y expandir su escala.

Las reglas comerciales internacionales son en su mayoría "no neutrales", pues una misma regla a menudo implica distintos costos o beneficios según se trate de distintos países. En un mundo en donde es imperativo participar profundamente en la división del trabajo global, la meta del juego es naturalmente elaborar normas económicas y comerciales internacionales que sirvan más al beneficio propio. Las negociaciones para el Acuerdo Trans-Pacífico de Asociación Económica y el Acuerdo Transatlántico sobre Comercio e Inversión (TPP y TTIP respectivamente, por sus siglas en inglés), lideradas por Estados Unidos durante el gobierno de Obama, tenían como objetivo justamente obtener mayores ventajas en el orden económico internacional. La cooperación de BRICS busca por un lado ampliar los espacios para el beneficio mutuo, pero también busca ejercer influencia en la evolución de las normas económicas y comerciales internacionales. Esta situación actual en la que las negociaciones comerciales multilaterales se bloquean, en tanto las negociaciones plurilaterales prosperan, no solo retrasará la formación de un mercado global unificado, sino que también diferenciará aún más el desempeño de crecimiento de los países en diferentes bloques económicos y comerciales. Para alcanzar el desarrollo económico mundial equilibrado, es necesario crear un nuevo orden económico global, procurando evitar la fragmentación de las normas económicas y comerciales internacionales, y fortalecer el derecho de los países en desarrollo a opinar en los asuntos internacionales.

5.4.3 Inclusión y aprendizaje mutuo: nuevo paradigma de crecimiento

La inclusión y el aprendizaje mutuo son los principios básicos para manejar las relaciones internacionales bajo las condiciones de esta nueva era, y el reconocimiento y el respeto de la diversidad de las civilizaciones son la base y el impulso para la práctica de ambos principios. Tradicionalmente, la palabra “civilización” en chino hacía referencia al talento literario, la prosperidad en la literatura y la educación, mientras que en la actualidad indica el abandono de la sociedad humana de su estado de atraso y barbarie, para pasar a un nivel de desarrollo y cultural mayor. En el caso del inglés, la palabra “civilización” proviene del latín *civilis*, cuyo significado era “urbanización” o “ciudadanización”, y por extensión también, “división del trabajo” y “cooperación”, esto es, un estado en el que las personas viven armoniosamente dentro de un “grupo social”. El concepto comprende tanto ese estado de desarrollo social y cultural avanzado, como el proceso para alcanzarlo. Ya sea en el mundo oriental u occidental, no hay evidencia de que exista un solo camino hacia la prosperidad de la cultura y la educación, o hacia la armonía y el progreso, no hay forma de determinar que existe una única forma de división del trabajo o de cooperación para lograr la civilización, y no existe tampoco ningún argumento convincente que pruebe que todos estos caminos lleven a un mismo estado final de civilización[60].

Observando la evolución histórica, puede verse que cada región ha

60 ZHANG Yu-yan, FENG Wei-jiang (2017). *Zhongguo de Heping Fazhan Daolu [El Camino de Desarrollo Pacífico de China]*. Beijing: Zhongguo Shehui Kexue Chubanshe [Editorial de la Academia de Ciencias Sociales], p. 221.

desarrollado un tipo de civilización adaptada justamente a las propias condiciones geográficas, a su clima, a su entorno, a sus recursos y sus riquezas particulares. En efecto, las principales civilizaciones del mundo han sido llamadas con nombres que reflejan claramente sus respectivas condiciones geográficas. Por ejemplo, la civilización mesopotámica, que significa "entre dos ríos", debe su nombre a que se originó en los ríos Tigris y Éufrates; la antigua civilización egipcia es conocida también con el nombre de "civilización del Nilo"; el subcontinente de Asia meridional tiene la "civilización del Indo"; el Mediterráneo oriental tiene la "civilización del Egeo"; y la civilización Huaxia de China se originó a partir de las civilizaciones del río Amarillo y el río Yangtze. Tras los miles de años de desarrollo, el mundo de hoy cuenta con más de 200 países y regiones, más de 7.000 millones de personas, más de 2.500 grupos étnicos, más de 6.000 lenguas, y una multiplicidad de religiones, incluido el cristianismo, el catolicismo, el islamismo, el budismo, el taoísmo y muchas más. Los seres humanos, con sus distintos colores de piel, lenguas y culturas, han creado un mundo sumamente rico y diverso. La Convención para la Diversidad Cultural, aprobada el 20 de octubre de 2005 en París por la Unesco afirma primero y ante todo que "la diversidad cultural es una característica esencial de la humanidad", aclarando expresamente que el valor de la diversidad cultural radica en que "crea un mundo rico y variado, que acrecienta la gama de posibilidades y nutre las capacidades y los valores humanos, y constituye, por lo tanto, uno de los principales motores del desarrollo sostenible de las comunidades, los pueblos y las naciones".

Para lograr la inclusión y el aprendizaje mutuos, y realmente "convertir la diversidad de nuestro mundo y las diferencias entre los países en dinamismo y motor para el desarrollo"[61], no basta únicamente con reconocer la diversidad de las civilizaciones, también hay que respetarla. Pero esto no es para nada sencillo. Desde la antigüedad, China siempre ha respetado la diversidad en la elección de los distintos caminos para

61 Xi Jinping. "Gongtong Chuangzao Yazhou he Shijie de Meihao Weilai. Zai Bo'ao Yazhou Luntan 2013 nian Nianhui shang de Zhuzhi Yanjiang [Trabajar Juntos Hacia un Futuro Mejor para Asia y el Mundo. Discurso en la Ceremonia Inaugural del Foro de Boao 2013]", en *Renmin Ribao [People's Daily]*, 8 de abril de 2013.

el desarrollo, con la conciencia de que "un caballero se lleva bien con los demás, pero no necesariamente está de acuerdo con ellos"[62]. La Doctrina de la Medianía reza la siguiente frase: "Escoltarlos en su partida y recibirlos en su llegada; elogiar sus virtudes y ser compasivo con los menos capacitados: esta es la manera de tratar con indulgencia a la gente de lugares lejanos." Aplicada a las relaciones internacionales, esta frase invita a celebrar más la buena voluntad y las buenas acciones de los demás y tratar racionalmente las insuficiencias de cada uno, pues solo de esta manera es posible mantener la paz entre los países y los pueblos lejanos. Si cada país, y en especial los países más fuertes, procurara comprender con buena fe las vías de desarrollo de los demás países y tener una postura racional respecto de las diferencias o las "insuficiencias", analizando objetivamente las razones y resolviendo las diferencias de manera pacífica, entonces la paz mundial ya no sería un deseo irrealizable. Los chinos de la antigüedad tenían incluso sus propias fábulas para advertir sobre las graves consecuencias que tiene la imposición de unos sobre otros, y es que por más que con buena fe "hagamos a los demás lo que nos gusta que nos hagan a nosotros"[63], esto puede traer resultados totalmente opuestos a lo esperado, muchas veces hasta trágicos.

En un discurso durante su visita a Tanzania, el presidente Xi expresó que: "no existe un modelo de desarrollo único para todos en el mundo. La diversidad de civilizaciones y modelos de desarrollo debe ser respetada por todos. China continuará apoyando firmemente a los países africanos en su búsqueda de caminos de desarrollo que se adapten a sus condiciones nacionales y aumenten el intercambio de experiencias en gobernanza entre los países africanos, aprovechando la sabiduría de ambas civilizaciones milenarias y de sus prácticas de desarrollo, y promoviendo mejor el desarrollo y la prosperidad comunes de China y África."[64]

La idea de "inclusión y aprendizaje mutuo" es producto de la herencia de la cultura tradicional china y de la reflexión sobre las prác-

62 Frase recogida de las Analectas de Confucio (N. del T.).

63 Referencia a una frase de las Analectas de Confucio (N. del T.).

64 Xi Jinping. "Yongyuan Zuo Kekao Pengyou he Zhencheng Huoban. Zai Tansangniya Nilei'er Guoji Huiyi Zhongxin de Yanjiang [Amigos de Confianza y Socios Sinceros para Siempre. Discurso en el Centro Internacional de Convenciones Julius Nyerere]" en *Renmin Ribao [People's Daily]*, 26 de marzo de 2013.

ticas actuales en las relaciones internacionales. Aquí la inclusión hace referencia a la capacidad de aceptar las diferencias. Reza un pasaje del chino antiguo: "con la armonía, todo crece, pero si todos son iguales, entonces no hay forma de desarrollarse y continuar". La convivencia armoniosa entre seres distintos entre sí es lo que permite la reproducción de todas las cosas, y la clave para ello está en el aprendizaje mutuo. Cada país en el mundo tiene una realidad diferente y está limitado por condiciones sumamente diversas. Si ante los demás creemos que "por no ser de nuestro pueblo, no piensan como nosotros"[65], por más que no nos perjudiquemos con nuestra propia fanfarronería, esa arrogancia no nos permitirá avanzar. Por lo tanto, la única manera de acumular experiencia y sabiduría, y evitar cometer los mismos errores que los demás, es aprender honesta y humildemente de las virtudes de los demás países, pues solo así es posible lograr un desarrollo estable.

El concepto de inclusión y aprendizaje mutuo arriba mencionado no es exactamente igual que aquel del que habla el llamado "crecimiento inclusivo". Este último se refiere a un crecimiento beneficioso para todos los países y regiones, y para todos los grupos humanos. Como un nuevo concepto de desarrollo económico, los valores del crecimiento inclusivo son la equidad, la justicia, el compartir y la inclusión, esto es, derechos equitativos, normas justas, resultados compartidos e intereses inclusivos. En pocas palabras, el crecimiento inclusivo incluye al menos las siguientes tres dimensiones[66].

En primer lugar, el crecimiento inclusivo debe centrarse en la gente, y beneficiar a todos los grupos humanos. Observando el mundo en los últimos 20 años de globalización económica, vemos que el desarrollo económico relativamente acelerado que se logró, vino de la mano de una creciente brecha de ingresos entre los países ricos y pobres, lo cual también sucede al interior de muchos países, en donde ocurre una situación similar entre los grupos de ingresos altos y los grupos de ingresos bajos. Este aumento en la brecha de ingresos ya está provocando conflictos, y

65 Frase contenida en la obra clásica china *Crónica de Zuo* (N. del T.).

66 ZHANG Yu-yan, FENG Wei-jiang (2017). *Zhongguo de Heping Fazhan Daolu [El Camino de Desarrollo Pacífico de China].* Beijing: Zhongguo Shehui Kexue Chubanshe [Editorial de la Academia de Ciencias Sociales], p. 226.

actualmente hay quienes consideran la distribución injusta de los ingresos a escala global como la mayor amenaza para la sociedad humana en las próximas décadas, ante lo cual cada vez más estudiosos proponen el aumento de la inclusividad en el desarrollo como contramedida fundamental para afrontar los grandes desafíos que le esperan a la humanidad.

En segundo lugar, el crecimiento es asunto de cada país, e incluso de cada persona. Si bien cuando se habla de crecimiento inclusivo suele prestarse más atención a aquella primera dimensión, no debemos pasar por alto que cada país y cada pueblo tiene responsabilidad en el desarrollo económico. El objetivo del progreso social es mejorar generalizadamente el bienestar de la gente, y esto solo puede lograrse con el esfuerzo de los pueblos de cada país. Cada país tiene distintas riquezas y por lo tanto, distintos puntos de partida para el desarrollo, las personas a su vez tampoco cuentan con las mismas capacidades y oportunidades, por lo que algunas economías crecen más rápido y otras más lento, algunos ganan más y otros ganan menos. Pero esto no puede ser motivo para eximir a nadie de responsabilidades por el crecimiento. Justamente, cada país y cada persona debe contribuir de la manera que mejor pueda, y no quedarse sentados esperando ayuda o donaciones, y disfrutando por igual los frutos del crecimiento económico.

Finalmente, la inclusividad y el crecimiento deben estar en armonía. La inclusividad exige una distribución justa de los frutos del desarrollo y un acceso justo a las oportunidades de trabajo, siempre y cuando esto no perjudique el crecimiento. El desarrollo económico es la única fuente para mejorar el bienestar general de la humanidad. Sin desarrollo económico, la prosperidad común se vuelve agua sin manantial, árbol sin raíz. En este sentido, el "crecimiento" debe anteponerse a la "inclusividad". En un país relativamente atrasado, y que se encuentra en plena etapa de industrialización y urbanización aceleradas, el deseo de mejorar rápidamente el nivel de vida de la gente mediante el desarrollo económico es mucho más fuerte, por lo que el crecimiento económico se vuelve un asunto primordial. Asimismo, viendo la otra cara de la moneda, la falta de plena "inclusividad" puede también corroer e incluso desmoronar las bases y condiciones para el desarrollo. Y es que sin armonía y estabilidad social, el desarrollo económico se vuelve difícil de sostener. En este punto, el desarrollo inclusivo viene a demostrar que la "inclusividad" y el "desarrollo" no son mutuamente excluyentes. Lejos de eso, lo que debemos hacer es esforzarnos por lograr la armonía entre el desarrollo económico y la prosperidad común, procurando disipar las inequidades a la hora de diseñar el esquema para el desarrollo económico, y procurando no reducir la eficiencia a la hora de diseñar los esquemas institucionales que buscan garantizar la equidad.

La inclusión y el aprendizaje mutuo contribuyen al "crecimiento inclusivo" de la economía global, y a lograr la prosperidad común en todo el planeta. Este espíritu debe ser especialmente fomentado en las relaciones internacionales. Por ejemplo, hay que ayudar a los países en desarrollo y a las regiones subdesarrolladas a fortalecer su propia capacidad para el desarrollo, para que puedan compartir los frutos de la globalización económica; asimismo, hay que defender la competencia justa en el comercio y la economía internacional, fomentar la liberalización del comercio y las inversiones, oponerse al proteccionismo comercial en cualquiera de sus formas, y crear un entorno comercial y de inversiones abierto y justo para el desarrollo de los países y regiones y para la recuperación de la economía mundial. De esta manera, los países en desarrollo y en especial las regiones subdesarrolladas, podrán obtener las herramientas necesarias para resolver por sí mismos sus problemas, sin necesidad de apoyarse en los demás países, pues "si das pescado a un hombre hambriento, le nutres una jornada; si le enseñas a pescar, le nutrirás toda la vida"[67]. Así es como en última instancia podremos mejorar generalizadamente la economía mundial.

67 Frase recogida de la antigua obra china *Huainanzi* (N. del T.).

EPÍLOGO

Desde la reforma y la apertura en adelante, la relación de China con el mundo tuvo un cambio histórico. Con el avance de la globalización económica, China ya se ha convertido en "la China del mundo", pues su economía y la economía mundial han llegado a depender altamente la una de la otra, y el desarrollo de China ha quedado también estrechamente ligado al desarrollo mundial. La formación de un nuevo patrón de desarrollo es una decisión estratégica de China para mejorar su nivel de desarrollo económico de acuerdo a las demandas de los nuevos tiempos, y para forjar nuevas ventajas en la cooperación económica y la competencia internacional. Como gran país comprometido con el avance de su apertura a un nivel más elevado, en la formación de su nuevo patrón de desarrollo, China dará pasos más grandes y más firmes para promover el desarrollo de alta calidad de su economía, y creará más y mejores oportunidades para que sus frutos puedan también ser disfrutados por los demás países del mundo.

Nuevas ventajas a partir de la circulación fluida de la economía nacional

El entorno político y económico global se encuentra en una etapa de profundos cambios, con movimientos antiglobalización más intensos, materializados en un enérgico unilateralismo y proteccionismo por parte de algunos países, lo cual afecta la interacción positiva entre la economía china y la economía mundial. Ante este escenario, China necesita mirar hacia adentro y apoyarse más en su mercado interno para promover el desarrollo económico, procurando explotar el papel central de la circulación doméstica, sin dejar de inyectar energía a la circulación internacional.

A nivel mundial, las distintas políticas y acciones antiglobalización han provocado un evidente debilitamiento en la tradicional circulación internacional, frenando el crecimiento de la inversión y el comercio internacional. Todo esto, sumado a la pandemia de coronavirus y a las políticas proteccionistas de algunos países, llevaron a una fuerte caída de las inversiones y el comercio internacional en 2020. Mientras tanto, a nivel nacional, las bases de la circulación interna en China fueron por el contrario consolidándose más y más. Actualmente, China ya cuenta con una completa cadena industrial doméstica, y con sus más de 1.400 millones de habitantes y su PIB per cápita por encima de los 10.000 dólares estadounidenses, se ha convertido en el mercado de consumo más grande y más prometedor del mundo, con amplísimos horizontes para su crecimiento económico. Al mismo tiempo, su capacidad científico-tecnológica, pilar fundamental del desarrollo económico, continúa también aumentando a paso firme y seguro. En efecto, con el avance de la implementación de la estrategia de desarrollo guiado por la innovación y de la reforma científico-tecnológica a nivel institucional, la innovación en ciencia y tecnología trae al país constantemente nuevos y trascendentales logros. Entrando a su nueva etapa de desarrollo, China debe poner la mirada en el sector interno, y procurar alcanzar su desarrollo económico de alta calidad estimulando su mercado doméstico y promoviendo la innovación autónoma en el área de alta tecnología, a fin de desarrollar nuevas ventajas para participar en la competencia y la cooperación económica internacional.

Asimismo, hay que ver además que el efecto impulsor de la circulación interna de China también está en constante aumento. En los últimos años, la contribución de China al crecimiento económico mundial se ha mantenido en alrededor del 30%, y a pesar del duro impacto de la pandemia de coronavirus, su economía nacional ha demostrado tener una fuerte resiliencia. Según el último informe Perspectivas de la Economía Mundial del Fondo Monetario Internacional, publicado en abril de 2021, el crecimiento estimado del PIB mundial en ese año era del 6%, mientras que para la economía de China se pronosticaba un crecimiento del 8,4%. Actualmente, China muestra una tendencia de crecimiento positivo y sostenido, y a medida que su economía continúe fortaleciéndose, su poder de influencia en el entorno externo seguirá también aumentando. El entorno externo ya no dependerá entonces fundamentalmente de condiciones exteriores preexistentes, sino que pasará a depender más de las propias decisiones y acciones que tome China.

Optimización de la distribución global de recursos mediante la circulación dual

La exitosa experiencia de China, y en general del mundo entero, demuestra que la apertura trae progreso, y el aislamiento, retraso. La única forma para que un país se desarrolle y prospere es mediante la apertura de alto nivel. La reforma de China no se detendrá ni ahora ni en el futuro, y sus puertas solo se abrirán más y más. Por esto es que el nuevo patrón de desarrollo de China de ninguna manera será una circulación interna cerrada, por el contrario, será una circulación abierta y dual, nacional e internacional. Para construir este nuevo patrón, China necesita atraer más recursos y factores del resto del mundo, mejorando la distribución global de recursos, y a la par de alcanzar su propio desarrollo de calidad, también promoverá el crecimiento de la economía mundial.

Mejor atracción de los recursos globales. La globalización económica hace que la distribución de los recursos se expanda de los límites de un país a la escala global. En este proceso, la distribución global de recursos se vuelve cada vez más eficiente, promoviendo el crecimiento sostenido de la economía mundial. Los más de 40 años de reforma y apertura de China también han sido un proceso de aumento continuo en la eficiencia de la distribución de recursos, y el crecimiento acelerado y sostenido de su economía es en sí un reflejo del alto grado de eficiencia alcanzado por el mercado chino a este respecto. La promoción de una circulación económica nacional vasta y fluida, con miras a alcanzar una circulación dual abierta, permite una mejor atracción de los recursos y factores globales, lo cual es en sí una de las formas más directas y efectivas de promover el crecimiento económico mundial. Según datos publicados por el Ministerio de Comercio, la inversión extranjera directa (IED) realizada en China en 2019 representó el 9,2% de la IED total mundial, y el uso real de capital extranjero en China en 2020 superó los 140.000 millones de USD, marcando un récord histórico. Durante todo el período del XIII Plan Quinquenal, el volumen total de inversiones atraídas por China alcanzó los 690.000 millones de USD, lo cual representó un aumento promedio anual de más de 10.000 millones de USD en comparación con los cinco años del período anterior.

Compartir mejor las oportunidades de desarrollo de China. Con su nuevo patrón de desarrollo, China no busca "florecer sola en su propia rama", por el contrario, lo que quiere es compartir sus oportunidades de desarrollo con los demás países del mundo. Por un lado, la apertura es política estatal nacional en China, y seguirá siéndolo firmemente en todo momento. China abre sus puertas al mundo, e invita a todos los países a sumarse a su tren hacia el desarrollo. Asimismo, China continúa expandiendo sus importaciones, construyendo plataformas tales como la Exposición Internacional de Importaciones, y procurando constantemente facilitar la importación. Por otro lado, China está también implementando activamente la Agenda de 2030 para el Desarrollo Sostenible de la ONU, conduciendo la cooperación internacional para la respuesta al cambio climático, y promoviendo firmemente un desarrollo global más inclusivo y sostenible.

Promover un círculo virtuoso para la economía mundial. El nuevo patrón de desarrollo requiere una mejor utilización de los mercados nacional e internacional, y de los recursos internos y externos, y procura alcanzar un desarrollo más fuerte y sostenible en este proceso de formación de un círculo virtuoso para la economía mundial. En el plano comercial, China es el país comerciante más grande del mundo y su mercado de importación ocupa el segundo puesto en el ranking mundial. En el año 2019, el comercio de China con otros países alcanzó los 31,54 billones de RMB, logrando un récord histórico tanto en sus exportaciones como en sus importaciones. Asimismo, China se ha convertido en el principal socio comercial de más de 120 países y regiones en el mundo. En el plano de inversiones, la inversión extranjera directa de China y la entrada de capital extranjero a China ocupan el segundo lugar en el mundo, con una positiva interacción bidireccional en constante aumento. Los datos del Ministerio de Comercio revelan que en 2019, la inversión extranjera directa de China alcanzó los 136.910 millones de USD, y más de 27.500 inversores chinos establecieron alrededor de 44.000 empresas de IED en el extranjero, en un total de 188 países y regiones, aportando un total de 56.000 millones de USD en impuestos y dando empleo a 2,266 millones de extranjeros. La construcción de un nuevo patrón de desarrollo promoverá una mayor integración entre la economía china y la economía mundial, optimizando las cadenas de suministro, industrial y de valor a nivel global, y dando un soporte más sólido para el desarrollo de la economía mundial.

Apertura de alto nivel para una mejor conexión entre los mercados interno y externo

El nuevo patrón de desarrollo es un patrón en el que los mercados nacional e internacional están profundamente conectados. Por un lado, con la expansión de la demanda interna como estrategia básica, este nuevo patrón busca fortalecer el apoyo al mercado doméstico en sus distintos eslabones de producción, distribución, circulación y consumo, desbloqueando la circulación económica interna y creando constantemente las bases y condiciones para la conexión con el mercado internacional. Por otro lado, con el norte puesto en la apertura de alto nivel, se busca también promover una mayor conectividad en las relaciones de asociación global y aumentar la fluidez de la circulación internacional, a fin de lograr el desarrollo conjunto.

En primer lugar, hay que desbloquear la circulación económica interna. La clave para alcanzar la fluidez del enorme ciclo doméstico está en identificar correctamente y desbloquear cada sistema y cada eslabón obstruido en la economía nacional, eliminando de raíz todos los obstáculos que bloqueen el potencial de la demanda interna. Desde un punto de vista más amplio, para aquellos problemas que entorpezcan la conexión entre los distintos eslabones de producción, distribución, circulación y consumo, hay que implementar políticas precisas e ir superando estos problemas uno por uno, hasta formar una cadena de circulación de eslabones interconectados, orgánicamente vinculados y totalmente libres de obstáculos. En un plano más específico, todo aquello que limite y bloquee las fases de diseño, producción, transporte, venta y almacenamiento de productos por parte de las empresas, debe ser eliminado mediante la ley, para ir optimizando constantemente el entorno empresarial. Asimismo, también hay que modelar un mercado interno unificado, eficiente, normalizado y con competencia justa, rompiendo con los obstáculos que impiden la competencia leal entre las empresas de las distintas regiones.

En segundo lugar, hay que consolidar las bases de la conectividad internacional. La clave para lograr la estimulación recíproca de la circulación nacional e internacional está en promover la conectividad global. La conectividad incluye la llamada conectividad física, referida principalmente a la infraestructura, la conectividad institucional, formada por las regulaciones, las instituciones y las plataformas, y la conectividad de persona a persona. Es preciso entonces que todos los países trabajen para lograr una apertura global y de alto nivel y para promover la conectividad global integral, ayudando a los países a superar los cuellos de botella en el desarrollo, eliminando todos los obstáculos que impidan la conectividad, y creando constantemente mejores condiciones para el crecimiento económico mundial y para la construcción de una economía mundial abierta.

En tercer lugar, hay que prestar atención a la apertura institucional. La apertura institucional es una apertura en sintonía con las reglas internacionales, y que promueve constantemente la formación de una economía mundial abierta orientada por reglas. Es el camino que China debe necesariamente elegir si quiere adaptarse a las exigencias que la globalización económica impone en esta nueva etapa de desarrollo. Una de las grandes características del avance de la globalización económica es el aumento del alcance y la aplicabilidad de las reglas internacionales, las cuales determinan cada vez más la orientación de este proceso. Ante esto, China debe fortalecer continuamente sus bases nacionales para adaptarse a las nuevas reglas internacionales, convirtiendo los desafíos en oportunidades, y su propia fuerza, en mayor derecho a opinar en los asuntos institucionales, para de esta manera promover el avance hacia una globalización económica más abierta, inclusiva, balanceada y beneficiosa para todos.